挑战不可能

——创业企业向国际企业腾跃实战经典

丁麒钢　著

中国财富出版社有限公司

图书在版编目（CIP）数据

挑战不可能：创业企业向国际企业腾跃实战经典/丁麒钢著. -- 北京：中国财富出版社有限公司，2024.11（2025.4重印）. -- ISBN 978-7-5047-8301-1

Ⅰ. F279.29

中国国家版本馆CIP数据核字第2024DZ3023号

策划编辑	王 靖	责任编辑	刘 斐 陈 嘉	版权编辑	李 洋
责任印制	尚立业 苟 宁	责任校对	庞冰心	责任发行	敬 东

出版发行	中国财富出版社有限公司			
社　　址	北京市丰台区南四环西路188号5区20楼		邮政编码	100070
电　　话	010-52227588 转 2098（发行部）		010-52227588 转 321（总编室）	
	010-52227566（24小时读者服务）		010-52227588 转 305（质检部）	
网　　址	http：//www.cfpress.com.cn	排　　版	宝蕾元	
经　　销	新华书店	印　　刷	北京九州迅驰传媒文化有限公司	
书　　号	ISBN 978-7-5047-8301-1/F·3743			
开　　本	710mm×1000mm 1/16	版　　次	2024 年 11 月第 1 版	
印　　张	19.25	印　　次	2025 年 4 月第 2 次印刷	
字　　数	295千字	定　　价	75.00 元	

时代变迁背景下企业成长与职业经理人生涯发展的故事

人生有缘，在一次同事聚会上遇到了丁麒钢先生（同事好友的大学同学），交谈中得知他刚退出公司一线转到顾问队伍继续为公司服务，处在生活方式转型的新阶段，且手头正在做着一件十分"有趣"的事情。按丁总当时的说法，这件事情不仅是对自己职业生涯做一个总结、画一个句号或者说是分号，也是对自己在任职企业中参与发展历程的总结，更是出于对中国大发展时代的感慨，以及在企业工作期间所获得的深刻触动和感悟，希望通过整理和呈现这些体验来表达自己的感受，并以这样的方式与青年人交流，给正在企业中的、有兴趣投身企业的和研究企业的朋友提供一个参考案例，为积累中国企业发展的史料做一点点贡献。了解到我在学校给研究生讲授"公司治理"课程，且聚焦于做企业研究，也略有些心得和论著成果，丁先生当即就决定请我给他的大作写个序，并很快将大作提纲和已经写就的前两章文字通过邮件发给我，此后不久又收到了他提交给出版社的稿子，就这样我幸运地成为这部企业成长史的第一位读者。

通读大作，我强烈地感受到中国经济快速发展的脉动：从企业快速成长的进程透视到市场化、全球化与工业化互为融合促进经济发展的亮丽风景。

伴随产业技术的快速进步、市场规模和消费规模的扩大升级，企业如何做出快速反应，提高驾驭市场的决策力和执行力，其表现为企业组织结构变化、管理架构变化、发展战略调整、企业团队执行力成长和凝聚力发育巩固等多重图像。伴随企业成长，作为新创设企业如何从低端客户突破，以规模成长推动客户升级，从依附于主机生产企业起步，到成长为独立面向市场的专业的电信电子类电源生产企业；从通信设备电源类单一产品、单一技术大类产品的生产逐渐扩展到电子信息类多产品线多技术门类产品的制造；再拓展为数据中心行业的基础设施集成制造和提供综合服务的企业。另外，职业经理人如何在企业成长中成就自己，是基于积极进取的从业心态和对企业平台的珍惜和忠诚，是对事业的钟情和不断学习思考的努力、对团队合作精神的理解，还是敢于担当不断接受挑战的个性、认真履职的敬业精神和"干中学"得到锻炼提高所释放出来的强大的执行力？

下面的文字是我阅读该作品的读书笔记，和各位读者做一个交流。

第一方面，企业运营是一个复杂系统，对这个系统的认知理解，需要每一位从事企业管理工作的当事人在岗位实践中勤于思考。作者经历过系统的EMBA（高级管理人员工商管理硕士）课程训练，能够基于理论叠加实践过程，总结出系统性的企业管理经验，为读者奉上与MBA（工商管理硕士）课堂教科书理论性描述结合相关企业案例印证不一样的、实操性强的内容，既有过程叙述，又有管理流程的理论升华。

"麻雀虽小，五脏齐全"，常用来形容一个生命体由多个子系统构成，且各子系统既发挥各自独特功能（各司其职）又有机耦合，展现出生命体"体质"活力的健康状况。企业作为经济生活的基本单位，是经济活动基本的生命单元体，或者称为"经济动物"，它的生存和成长类似于动物发育经历的不同阶段。作者近三十年的企业服务生涯中，除了财务和技术条线管理工作之外，几乎涉足了所有部门条线，并经历了近十次岗位部门变换，其在书中全面描述了每次岗位变换"受命出山"被赋予的工作目标。我们可以从字里行间展现的企业生命体各子系统功能发育的具体图像，触摸到作者在不同岗位承担子系统管理职能时，表现出的主动思考和创造性行动，这些行动有助于企业在激烈的市场竞争中应对挑战，作者也在自己的岗位上做出了创造性的贡献。作者将"一线感受"做了较为详尽的梳理总结，得出了比 MBA 课程教材更为生动鲜活的管理学知识和经验。

作者总结了初创企业能否成功的四大因素（或者称为四大瓶颈）：资金、创新与差异化、商业模式和客户导入。在这四大瓶颈之中，初创企业进入市场的时机选择是决定初创企业存活率的第一要素，因为进入处于上升期的行业，创业企业成功的概率要远比进入新兴行业和进入处于下降期的行业的成功率要高。在业界众多进入新兴行业的不成功的创业案例中，最悲哀的创业失败是市场方向选对了、技术路线选对了、产品也做对了，但是因没有足量的订单和足够的资金支撑公司运营而倒在"黎明"前（因为市场处于培育期，需求没有足够的量），从而做了新兴行业的先驱。而进入下降期行业的创业企业，面临的是总需求下降、技术同质化、行业产能过剩和恶性价格竞争，创业企业即便有差异化的技术，只要这个差异化技术不足以抵挡恶性价格竞争，其创业大概率不会成功。

在市场开发和营销管理中，如何倾听客户的声音，从客户需要出发，运用"逆向思维"，解析复杂局面化解困难和问题，特别是作为技术跟随型生产制造商如何成功实现市场机会的"进口替代"？面对开放条件下外商快速进入的外部环境，本土企业在品牌和技术方面依然处于弱势，这种情况下可以选择"三一战略"起步，即一个跟随、一个领先和一个独到，在技术上跟随、在成本上领先，营销要独到，则可以实现"异军突起"，获取市场份额。作者对 MBA "营销学"课程中的经典模型——"4P"营销策略组合（基于产品"Product"、价格"Price"、渠道"Place"和推广"Promotion"4 个要素）进一步深化，提出在"4P"要素中，连接企业与客户的"渠道"是最重要的要素，因为渠道这个"P"决定其他 3 个"P"的营销组合能否到达客户。

要做好与企业未来发展相关的"瞭望"工作，及时应对由于经济体制和国家经济政策调整和技术、市场等因素决定的经济周期性变化，并及时做出适应性调整，包括战略回旋变化，选择扩张还是收缩产品线、进入还是退出市场的适当时机；处理好技术引进与"走出去"、基于国内延展国际市场；由民资转为外资后如何在文化融合、基因改造方面有深入的思考。

对于产品生产制造的规模管控，则通过企业战略与市场环境的综合评价，处理好从产品制造到提供应用场景解决方案，再到提供全面服务的成长转型，要回答好一个企业可持续发展需要遵循的硬逻辑，并以企业快速发展去印证这个硬逻辑。

对于技术创新与业务变革，需要结合品牌价值创造、队伍建设的人才发展与企业文化的系统匹配，包括可能有的并购重组的重大机会，目标是塑造可持续增长的能力。

关于品牌，作者提出了独到的理解，认为品牌是一种客户对企业及对企业所提供的产品和服务的综合认知，是面向市场和用户，对企业形象的传递、对企业能力的科学设计与准确传播。涉及产品营销人员选择标准，作者总结出素质评价模型——"罗马神庙模型"，具体内容包括"三有、三知、八基础"。"三有"是指产品营销人员要有调查能力、研究能力和呈现调查研究的能力（讲故事的能力）；"三知"是指产品营销人员要懂得知己、知彼、知环境；"八基础"指产品营销人员应具备相应的从业所要求的人格特性、心理素质和文化素养。作者总结性地提出需要将企业人才分为两类：A 类是能把事情从 0 做到 1 的人才；B 类是能把事情从 1 做到 N 的人才。对一个企业而言，最稀缺的是能把事情从 0 做到 1 的人才，而 99% 以上的人才是能把事情从 1 做到 N 的人才。0—1 的人才是擅长做创新和变革的人才；1—N 的人才是擅长做拷贝和做规模的人才。企业要认识危机和解决危机依靠的是 0—1 的人才，这类人才的思维方式不受限于现有的逻辑和边界，而是通过扩边界、跨界和改变逻辑的方式来思考，从而实现 0—1 的突破。

在处理产品定价的价格管理中，可以按照"一、二、三、四"的原则具体开展相关工作，即一个平台建设、两条管理聚焦、三项价格策略执行监督、四项价格服务。

对企业的整体运营而言，需要探索如何确立"年度预算"在企业管理中的"宪法"地位，掌握价值增值的内在规律。明确以销售、成本、利润、现金流为核心要素，对成本率、毛利率、运营利润率和资金周转率四大能力指数做全面管控。在年度预算的四大核心要素中，以销售为龙头、利润为核心、成本为调节键、现金流是关键，相应地，成本率直接反映业务成本竞争力，毛利率直接反映市场能力和产品竞争力，运营利润率直接反映规模化运营管理能力，资金周转率反映运营效率。应辩证地对待这四大指标之间的关系，围绕利润目标，运营管理首要的是开源管理（对销售增长的管理），当开源管理或销售增长达不成目标时，成本管理（节流管理）就成为能否达成利润目标的关键。客观地制定年度预算则是将政治（总公司的业务目标）、技术（各产品线的业务潜力）、科学（销售管理和成本管理）和艺术（分项目标的确定）四个要素组合起来进行应用的一项管理行为。由此表现出企业经营的价值增值活动的内在逻辑。

通过对以上经验总结的理论性陈述，读者可以强烈感受到一位热爱自己工作岗位的职业经理人是如何在企业成长过程中得到锻炼提高的，其"人力资本"因为不断有新的知识武装而得到增值，同时这种人力资本的能量释放是企业生命体健康活力的重要源泉。作者在企业因应市场和技术环境变化而面临挑战的节点上，亲身参与管理实践，诠释了企业生命体多个系统之间的耦合所产生的科学管理的倍增效应，验证了稻盛和夫"答案永远在现场"的管理名言，增强了读者对企业运营的可触摸的理解，彰显出一线管理者的管理创新意识和勤于思考的探索精神对于成长型企业特别重要。

第二方面，企业的健康成长需要协调处理好内外两个系统之间的关系，相较于企业内部运营体系的管理，外部环境更加具有不可控性。因此，追求企业成长的努力，要落实到企业发展战略制定、发展机会捕捉和不同发展阶段转型、对可能的市场竞争失败风险的化解等多个方面，所有这些都考验着企业的决策力和执行力，以及如何将这两个"力"有机统一起来。

作者描述了过去的近三十年里，任职的企业不断经历"危机—变革与创新—突围—成长—再危机—再变革与创新—再突围—再成长"的循环往复、螺旋式成长与发展，其间企业先后经历过五次改名，可谓波澜壮阔、惊心动魄。这些信息，向我们展示了企业快速成长过程中的诸多变化和不断自我蜕变，最终迈上新的发展台阶的生动故事。每一次战胜危机的变革创新，都反映了企业经营者决策对"症"施治的正确性，也表现出企业在正确决策前提下的强大的执行力。作者参与其中发挥了可圈可点的作用，展现了他作为一位大学和研究生阶段主修文科专业的经理人，在企业实践中将文科知识和研究工具应用于涵盖电子信息科学技术的通信设备制造企业的管理决策体系之中，并发挥了其互补性的作用。

作为企业中高层管理人员，基于自己所担负的职责，在企业整体运营面临重大决策事务时，要准确客观地对待企业全局性发展面临的瓶颈和战略决策，包括外部的体制变革给企业产品和客户带来的变化、"进口替代市场"渗透相关产品规格的快速调整应对、销售渠道和客户相关的新产品市场开发、从配套与主产品生产销售的"依附式"生存向独立面向市场的竞争性生存方式的转型、重大并购和发展机会的把握、适应互联网技术发展的企业全面转型以及在完成全面转型进入发展快车道的基础上到纽约证券交易所成功上市等。这中间还包含进入世界500强企业，在跨国企业管理模式下，顺利完成运营管理团队的"本土化"。在企业成长所经历的这些节点上，作者本人也经历了多个层级岗位，从入职担任"项目经理"到部门负责人，再到多部门负责人，特别是负责了重大重组专项，最后进入企业领导班子，在不同岗位上表现出强大的执行力，并从所操办的具体事务中参与并见证了关键时刻如何考验企业的决策能力；科学决策的形成需要有充分的交流讨论并需要从不同视角展开论证；作为企业主要业务部门的负责人又是如何参与其中发挥作用并亲历实施。本书作者基于对重大决策的准确理解，组织工作团队成功地、保质保量地完成了工作任务，实现了工作目标。

第三方面，改革开放驱动下中国经济的高速发展为有志于创业的"弄潮儿"提供了舞台、为各类企业提供了发展空间。从某种角度来看，经济体制改革带来的制度变量是我国经济快速发展的"内生变量"，也是企业管理者在经营决策制定上需要特别重视整合的重要生产要素。

企业的生存和成长处在一定的营商环境之中，如同庄稼和植物生长需要一定的"土壤""气候"等自然条件和耕作者的栽培、施肥等人工作业一样，营商环境相关因素的"供给"状况成为决定和制约企业生存状态和成长能力的重要条件。这一条件能够从一定的经济管理体制和政府对产业、市场秩序的管理方式上表现出来。因此，经济体制的制度性因素是企业经营决策需要关注和重视的"生产要素"。本书所追踪陈述的企业起步于为通信设备领域的程控交换机制造企业提供配套的电源产品，属于通信行业辅助设备的生产企业。在改革开放的强劲动力下，中国经济的快速发展为通信产业的发展提供了较大的空间，也提出了更高的要求，使这个最初的小企业顺应市场环境的变化快速成长壮大，演绎出诸多凤凰涅槃的故事，也折射出企业成长的带有规律性的道理。诚然，一方面，中国经济的快速健康发展要求通信产业的快速发展，为国民经济提供基础设施；另一方面，通信产业的快速发展成为中国经济健康快速发展的一道亮丽的风景。

通信行业属于国民经济的基础设施行业，加之其技术性特点，使其在传统的经济管理体制下，以"政企合一"的方式建设运行。初创企业如何才能稳健起步？企业股权配置的制度设计，有着对经济改革带来的体制松动的洞察理解。为了能将自己的产品触角伸向用户，在这里，初创企业鉴于具体的制度性因素，充分利用了改革开放带来的传统经济体制的松动，在股权设置中主动联合了177家通信运营的基站单位，由他们的工会出面出资持股，通过这样的安排，将"用户的利益"与企业"捆绑"起来，这样体制因素被整合为企业成长的重要因素。这就如同改革开放初期，企业引入奖金制度所表现出来的"利益刺激"手段对经济生活产生的影响，代表员工福利的工会组织自然也寻求为职工福利改进而有所作为。当时流行的允许工会出面持股这样的体制性变化因素很好地被初创企业所利用，其股权安排为直达客户架起了一座特别的"桥梁"。这有助于初创企业更好地进入市场、有一定数量的基本客户，通过体制性因素安排获取客户资源，对于初创企业站稳脚跟有着重要的意义。作者针对初创企业在这方面所面临的挑战和如何有效应对有专门的讨论。

在改革开放的背景下，通信行业从原来政企合一的运营方式转型迈向政企分开，叠加的因素还有通信技术的快速发展促成通信服务运营商组织结构的变化，这些体制性变化成为通信设备和配套器件企业经营决策内容调整的重要因素。本书作者在负责公司市场部工作时，敏锐地捕捉到这些信息，并及时做出调整，将企业初创时期确定并业已取得相对成功的、以县级通信营运机构为主的客户群，转移到市域公司层面，公司营销组织和渠道架构也相应调整。本书作者在书中对此所做的讨论给我们的启发在于，重视经济体制变革因素，将其纳入经营者视野，并整合进经营决策的相关因素体系中，是极其必要且重要的。因为我国的经济体制改革还处在"进行时"状态，改革不断深化必然会出现经济管理体制、管理方式的新变革，这样的"制度性因素"是决定企业生存发展的重要的"要素变量"。因此本书作者特别提出企业的日常经营需要导入对体制变革的"瞭望"，应设置具备前瞻性职能的岗位，或进一步扩展和深化市场部门的功能。这样的分析和思考极富参考价值。

以上是我阅读《挑战不可能——创业企业向国际企业腾跃实战经典》一书后，感受特别深刻的三个方面，也是阅读丁总大作后作为读者与作者之间的第一次对话。呈现给大家，是为序。

张晖明

2024 年 6 月

[张晖明，经济学博士、复旦大学经济学院教授、博士研究生导师。先后出版有《中国国有企业改革的逻辑》（1998 年）、《国有资本存量结构调整研究》（1999 年）、《国有企业改革的政治经济学分析》（2019 年）等著作。]

这是一本以企业实战故事来讲述 MBA 和 EMBA 原理的读物。笔者以所服务的一家起于中国民企，后被并入世界 500 强，最后成为在纽交所独立上市的国际化的中国企业为蓝本，真实再现了该企业在 27 年的发展历程中，每次在应对危机突破瓶颈时的问题发现、原因寻找、机遇捕捉、战略调整、运营改善和绩效优化的连续解决难题的管理场景。在本书中，读者不仅能看到惊心动魄的企业成长故事，更能深入了解职业经理人在面临挑战和危机时的思考和决断，以及他们在职场发挥个人创造力的过程和取得成绩背后所付出的努力。

从中国企业经营的经验看，每隔 7~8 年，企业都会伴随宏观环境的变化而呈现一个业务波动周期：当宏观环境处在周期性的低谷时，有的企业由于跟不上外部环境的变化会在这个周期末尾彻底衰退并退出市场；有的企业则会及时调整运营策略通过引入外部资源重组进入新的市场或新的赛道，进而跨周期地继续高歌猛进；有的企业则通过创新和内部变革获得新的动能，继而避免了周期性低谷而继续前行。对企业发展而言，不断遇到成长瓶颈是常态，而不断寻求突围是企业可持续发展的不二法则。

本书故事的时间跨度达 27 年，贯穿了中国经济的大循环周期；故事覆盖了企业创业、并购、战略调整、危机与应对、产品线扩张与收缩、市场进入与退出、技术引进来与走出去、基于国内延展国际、技术创新与业务变革、人才发展与企业增长等方面的主题；本书完整阐述了该企业如何通过由产品到解决方案再到服务的三次重大转型继而走上可持续发展道路的最佳实践；故事阐述的是一个企业可持续发展需要遵循的硬逻辑，以及在这个硬逻辑下展开的企业从零起步发展成为年收入达 70 亿元的大型企业的不断成长过程。

笔者自 40 岁进入该企业至 66 岁撰写本书止，在该企业履职 27 年。这 27 年正是中国经济从变革、起飞、高速发展到进入经济平台期的 27 年。笔者在这家细分行业的头部企业履职，完整经历了中国通信业和中国互联网业的发展周期，并踏足于中国制造业数字化升级的初期。笔者全程参与了该企业在跨越这两个行业发展周期中长达 27 年的不同阶段的危机应对决策，完整经历了从中国创业企业到并入世界 500 强企业再到在纽交所独立上市的公众企业的历程。笔者曾经担任过除财务和生产部门之外的所有部门的主管职位，推动和亲手创立了该企业一半的业务线，获得了企业授予的 5 年、10 年、15 年、20 年和 25 年的履职金币，并继续在该企业担任全球服务新技术的副总裁和在职的高级顾问。

笔者期望本书能助益中国的企业主、企业管理者、企业投资者、企业研究者，以及工商管理专业、市场营销专业、人力资源专业、财务管理专业和社会学专业的学生等。

丁麒钢

2024 年 6 月

目 录

第一篇

初创公司的机遇、挑战与成功

1 利用机会的智慧、磨难中变革、放大创新能量体制所造就的创业公司

20 世纪 90 年代初，邓小平在经济领域成功推行改革开放政策，中国政府张开双臂欢迎外资、外企和外国的先进技术。邓小平在经济领域施行的改革开放政策使中国成为 20 世纪末世界最大的新兴市场。十几亿人口的巨大内需、低水平的城市化、供应充足的低成本劳动力和渴望引进新技术的政府出台的各项政策，吸引了各领域的外资、外企带着新技术逐步进入中国市场。与此同时，邓小平的改革开放政策驱动中国经济由计划经济向市场经济转型。同时，为保护中国市场和帮助中国企业，中国政府用"以市场换技术"的政策鼓励欧美的国际化企业以独资或与中国企业合资的形式在中国建立工厂；其中，中国的通信行业作为国民经济的基础产业，成为最早引进外资、外企和组建中外合资企业的行业。

深圳作为中国改革开放的特区，处在经济市场化探索和实践的最前沿，深圳的民营创业企业如雨后春笋般出现。在最早出现的巨龙、大唐、ZX 和 HW 四大中国通信企业中，ZX 和 HW 就坐落在深圳。

和世界所有新兴市场后起者所采用的发展策略一样，在与国际企业的竞

争中，中国企业采用的是后发优势的竞争策略，这个策略就是"进口替代"策略，即技术上跟随，成本上领先的策略。将"进口替代"策略用于市场竞争，就是在技术上采用与进口品牌相同或略低但在成本和价格上领先于进口品牌的竞争策略。例如，HW 就是这个策略的坚定实践者之一。

我所服务的这家企业的第一个名称叫莫贝克，最初它只是一家寄生于 HW 这家私营企业并为 HW 生产配套件和包装箱的小型企业，其后，HW 将自己的电源事业部并入莫贝克，与全国各省市邮电管理局[①] 下属的 177 家工会的基金成立了混合所有制创业企业。我的故事就是讲述这间成立于 1996 年初的、混合所有制的创业企业历时 27 年不断经历的"危机—变革与创新—突围—成长—再遇危机—再变革与创新—再突围—再成长"的循环往复、螺旋式成长与发展的故事。

莫贝克作为混合所有制企业由 HW 控股，其注册资金为 7 亿元人民币。HW 在当时也是一家创业企业，其业务起步于代理销售进口的用户交换机，后自己开发生产用户交换机，继而又开发生产通信局用的程控交换机。用户交换机的客户是企业，而程控交换机的客户则是通信管理局。HW 在创业初期就已经把自己定位在高点：技术跟随对象是国际著名通信设备制造企业，其服务的客户是政企合一[②] 的通信业客户——邮电管理局。

HW 智慧利用"以市场换技术"的机会，建立莫贝克通信电源创业公司

从事通信设备生产的HW 为什么还要进入通信电源市场

20 世纪 90 年代中期，中国的通信业处于有线通信业升级发展的起步阶

---

① 在邮电体制改革之前，国家、省、市和县的通信网规划、建设和运营由原邮电部下属的电信总局统辖各省（直辖市）邮电管理局的电信处负责。1998 年，邮电部被拆分为两个独立的部门，实现了政企分开，同时组建了信息产业部来负责电信行业的监管，各个通信运营商作为通信运营的企业负责具体通信网的规划、建设和运营。

② "政企合一"：政企合一的体制是指在计划经济时代将政府职能和企业职能在一个组织内履行的管理体制。中国的经济改革任务之一就是将政府职能与企业职能分开，正确处理国家和企业的关系。

段，步进制交换机技术正在被纵横式交换机技术所替代，与其同步的是相控式通信电源技术正在被开关式电源技术所替代。无论是程控式交换机技术还是开关式通信电源技术都是进口技术，其初期的产品都是进口产品。在需求大于供给的时代，其早期的中国通信市场是卖方市场。在中国政府"以市场换技术"的改革开放政策背景之下，相关外企纷纷进入中国，或直接开设工厂或设立中外合资企业。作为有客户背景的本土中国国有企业则设立由外企授权的 OEM（原始设备制造商）工厂，来落地"以市场换技术"的国策。

莫贝克作为 HW 旗下的国内私人企业与国有通信运营商工会合资的混合所有制企业正是在此背景下诞生的。在此之前，国内已有中澳合资企业"洲际"电源、中瑞合资企业"珠江"电源、中国台湾独资企业"中达"、新西兰独资企业"施威特克"。其中，洲际和中达是主流供应商。在需求大于供给的卖方市场，通信运营商一般都派车候在这些工厂等着取货。正是通信电源的卖方市场特性驱动了 HW 以莫贝克这个混合所有制企业的身份渗透进这个市场。

HW 为什么要以混合所有制的方式进入通信电源市场

HW 通过与自己的客户建立合资企业的方式进入通信电源市场的目的有三个：第一个目的是解决创业企业初期的融资问题，在当时的宏观环境下，建立合资企业是解决初创企业融资最有效的一种方法；第二个目的是解决莫贝克的通信电源产品能够顺利获得市场准入和客户准入问题，因为有一定比例的客户是莫贝克的股东；第三个目的也是最重要的目的，就是通过莫贝克这个混合所有制企业的客户侧的股东为 HW 程控交换机进入各级邮电管理局牵线和搭桥。

合资后的莫贝克的主营业务是开发、生产、销售和服务通信电源产品，该产品是给通信设备提供 48 伏或 24 伏直流电源。当时的通信电源市场和客户就是政企合一的各省、市、县的邮电管理局（邮电管理局同时具有管理邮政与通信的政府职能和发展邮政和通信业务的企业职能）。莫贝克的合资方通过合资企业各取所需：HW 期望通过合资公司顺利将通信电源产品卖进各级邮电管理局这个唯一的、政企合一、集市场和客户于一体的客户，以此解决客户侧合资方的投资回报问题；与莫贝克合资的 177 家邮电管理局下属的工会基金则是希望通过这个合资企业每年的业务收益分红为邮电管理局的职工提供额外的福利。

莫贝克则是借助 HW 与客户的合资关系，将通信电源这个由 HW 通信主设备衍生出来的配套供电业务演变成一个独立谋求发展的业务。该业务从进口的通信电源市场寻找立足空间，以兼具股东关系的客户关系为加持，起初是用本土技术替代进口技术，其后以技术跟随和成本领先的策略与进口品牌和合资品牌进行市场竞争。

HW 和莫贝克的这些举措，在处于市场化初期的中国，是一种体制和制度上的创新。这种利益共同体帮助莫贝克在发展初期有效地解决了市场准入和客户准入问题，从而解决了莫贝克的初始立足问题。

中国政府的"以市场换技术"的开放政策给莫贝克进入通信电源市场提供了关键机会

业界的实践表明，影响初创企业成功的有四大瓶颈：资金、创新与差异化、商业模式和客户导入。在这四大瓶颈之上，初创企业进入市场的时机选择是决定初创企业存活率的第一要素：进入处于上升期的行业，创业企业成功的概率要远比进入新兴行业和进入处于下降期的行业的成功率要高。在业界众多进入新兴行业的不成功的创业案例中，最悲哀的创业失败是市场方向选对了、技术路线选对了、产品也做对了，但是由于没有足量的订单和足够的资金支撑创业公司运营而倒在"黎明"前（因为市场处于培育期，需求没有足够的量），从而做了新兴行业的先驱。进入下降期行业的创业企业，面临的是总需求下降、技术同质化、行业产能过剩和恶性价格竞争，在这样的背景下创业企业即便是有差异化的技术，只要这个差异化技术不足以抵挡恶性价格竞争，其创业大概率不会成功，不成功的也就做了行业的陪葬者。

初创的莫贝克正赶上以开关电源替代相控电源的通信电源技术变革时期，处于中国政府推行"以市场换技术"的对外开放的初期，中国政府的开放政策与国际新兴技术的结合，给中国造就了一个持续 15 年以上的基于中国通信网大发展的通信电源市场。

在"以市场换技术"的开放政策下，国际品牌的开关电源公司开始以独资品牌、合资品牌和进口 OEM 品牌的形式进入中国市场，这给中国本土企业学习国际新技术带来了机会。在这个开放政策下，电信管理系统内的国企以合资方式和进口 OEM 方式学习国际新兴技术，而民营企业走的是在大学专业教科书中学习国际新兴技术的路线。

开发团队是初创的莫贝克公司的核心资源，开发人员大都来自电力电子专业的大学和科研机构，开发人员的平均年龄低于 28 岁，其拥有的核心技术是电力电子技术，通信用的开关电源只是电力电子技术的一种产品化的应用。中国早期的开关电源技术来自大学里的专业教科书和进口产品。莫贝克作为初创企业，走的是以技术和产品起家，用新兴技术进入新兴的具有成长性的市场的道路。HW 管理者通过与客户建立混合所有制企业来进入通信电源市场的决策，既抓准了方向，又选对了进入市场的时机，当时的开关式通信电源市场正处于起飞阶段的初期。

初创的莫贝克在起步阶段就建立了两条产品线，即通信电源产品线和电路板板装电源产品线。通信电源产品线是以邮电系统的电信局为客户，以国际领先品牌的产品技术为标杆，以满足通信交换中心、接入网母局和接入网点的需求进行通信电源产品的开发和生产；电路板板装电源产品线以母公司 HW 为内部客户，以国际领先品牌的产品技术为标杆，以满足 HW 的程控交换机、用户交换机和传输设备的小功率、低电压的直流供电需求进行产品开发和生产。

这是莫贝克创业起家的两条产品线，得益于改革开放的有利时机和条件，这两条产品线带着莫贝克冲进了新兴的持续增长了 15 年之久的通信电源市场。

莫贝克需要另辟蹊径将通信电源的创业机会转换成实业

1996 年的中国不仅通信技术是进口技术，通信电源技术也是进口技术

在中国改革开放政策和以市场换技术的政策下，除少部分的通信主设备和通信电源是直接进口外，无论是通信主设备还是通信电源设备，大部分都是通过在中国独资建厂、与本土企业合资建厂或授予本土企业 OEM 进口产品等方式进入中国市场。值得注意的是，这些合资厂和 OEM 厂都是邮电行业的内部企业。通信市场的准入门槛迫使民营性质的 HW 和旗下的莫贝克也要寻求通过与邮电体系内的企业合资的方式来解决客户准入难题。

20 世纪 90 年代的初期和中期，中国的通信运营商只有一个覆盖全国的运营商——电信管理局。国家电信总局隶属邮电部，各省、市、县的电信局隶属各省、市、县的邮电管理局。国家电信总局在技术和业务上对各省、市、县的电信局进行技术、规范和业务指导。20 世纪 90 年代的中国邮电体系是政府职能与企业职能合二为一的管理体系。

1996 年，通信设备的客户和通信电源的客户是同一个客户——电信管理局。当时占据中国通信市场的都是进口独资、进口合资和进口 OEM 品牌。通信设备已开始出现巨龙、大唐、ZX 和 HW 本土品牌替代部分进口品牌的实践，但通信电源领域全部由进口独资、进口合资和进口 OEM 品牌所占据。中国通信电源市场与中国通信市场一样具有巨大的发展潜力和机会，但尚未出现本土品牌供应商。这就是莫贝克能够创业成功的最重要的机会：通信电源市场属于成长性市场，且供不应求，也没有中国本土品牌。

HW 以中国本土品牌的程控交换机渗透进中国农村通信网市场后，进而努力渗透城市通信网市场，而通信电源是与程控交换机配套的供电设备，这两个因素促使 HW 决定进入通信电源市场。

起初，HW 想通过将通信电源与通信主设备捆绑进入中国通信市场，然而电信客户内部的管理体制是将通信主设备与配套设备分不同部门进行管理

的。通信电源属于通信基础设施，其产品准入和采购决策链是独立的且与通信主设备不同，因此 HW 无法通过通信主设备将通信电源带入其已进入的农村通信网市场。

通信电源发展的机会大、无本土供应商、市场与客户准入难这三大特点驱使 HW 采用以莫贝克与客户进行合资的形式渗透通信电源市场。

莫贝克要从弱小变成强大需要有正确的战略来指引创新和变革

1996 年，中国处于市场经济发展的初期，通信电源市场的状况是：进口品牌处于垄断地位，进口的独资、合资、OEM 品牌与刚刚发展起来的本土品牌都要挤上省、市、县电信局这座独木桥，而电信客户独大且强势。与进口挂钩的品牌占据通信电源市场的主导地位，进口独资品牌依靠在技术上领先的先发优势，进口合资品牌和进口 OEM 品牌依靠与邮电体制内的企业联合渗透市场的后发优势。莫贝克尽管也采用了与邮电体制内单位联合的策略，但作为本土品牌的初创公司在初期是小而弱的。

面对品牌与技术均处于弱势的现实，莫贝克管理层提出了"三个一"发展战略，即一个跟随、一个领先和一个独到。"一个跟随"是技术上跟随，"一个领先"是成本上领先，"一个独到"是营销上独到。技术上跟随就是以国际最先进的开关电源企业产品为标杆在产品技术上跟进学习；成本上领先就是利用民营企业独到的管理在产品制造成本上明显低于进口独资产品、进口合资产品和进口 OEM 产品，因为所有与进口挂钩的产品都会在产品制造成本之外多一个进口成本；营销上独到就是利用 HW 已有的广泛接触客户的营销平台渗透市场，能与 HW 通信主设备捆绑销售的就捆绑销售，不能捆绑销售的再独立销售，必要的时候请股东帮忙。

莫贝克作为初创企业尽管在技术和企业实力上处于弱势，但利用其经营灵活和企业活力的优势在一定程度上弥补了弱势，加之莫贝克作为与体制内单位合资的混合所有制企业，也具有了与体制关联的优势。

莫贝克正是采用了在技术上跟随国际先进品牌、在成本上明显领先和独到的营销三重组合策略，渗透进已被进口独资品牌、进口合资品牌和进口OEM 品牌占据的通信电源市场，顺利起航了创业之路。

处于起航阶段的莫贝克面临着复用HW 平台的困局

莫贝克在初创期只是一个半独立、半依附性的创业企业。半独立是指有独立的财务报表、有独立的研发团队，但是莫贝克的印刷板板装电源的客户只有 HW，HW 作为控股股东也是莫贝克最大的客户，莫贝克对印刷板板装电源没有定价权，莫贝克与 HW 的交易是通过内部订单进行的，财务上采用月结制；半依附是指莫贝克的供应、生产制造和物流完全依赖于 HW 的供应链平台。半独立的好处是解决了莫贝克的现金流，莫贝克在产量需求不大的情况下可以通过分享 HW 的供应链体系降低制造成本。半独立的局限性是不能有效应对客户需求的波动，在与 HW 的供应和生产计划发生资源冲突时只能给 HW 让路。

"半独立"的销售人员虽然由莫贝克的"营销工程部"直属管理，但业务是寄托在 HW 的各省办事处；HW 区域营销平台主管虽然不承担莫贝克的销售指标，却实际控制着省、市、县电信局中高层客户的访问权。

莫贝克产品销售分享 HW 区域营销平台的机制并没有实现 HW 和莫贝克管理层的初衷：依托 HW 区域营销平台，低成本扩张通信电源业务。实际的状况是：与 HW 通信主设备的捆绑销售微乎其微，通信电源的独立销售发展缓慢。莫贝克对依托于 HW 区域营销平台上的销售人员的管理采用的是遥控式长臂管理，而 HW 区域营销主管并不具有管理莫贝克销售人员的职责，造成莫贝克的销售组织只有"销"的概念，而没有"营"的概念。

此外，半独立的莫贝克在服务策略上一开始就完全照搬 HW 统一的服务政策：为客户提供终身免费的产品服务。这也决定了莫贝克服务部门就是一个为让客户满意的解决客户产品问题的成本中心。

这种"半独立"在 HW 体制内无形中形成了"内部歧视"：莫贝克的员工在 HW 员工面前似乎"低人一等"，莫贝克的员工常常被认为缺乏"HW

文化"，HW 的干部不愿到莫贝克任职，莫贝克的员工想方设法跳槽到 HW 工作。

初创企业的半独立在赋予莫贝克发展能量的同时也给莫贝克的成长设置了障碍。莫贝克艰难的发展状况是 HW 不能容忍的，于是 HW 管理者更换了莫贝克总裁。HW 希望莫贝克快速发展，但是莫贝克必须通过变革来清除影响其快速发展的障碍。

莫贝克的成长优先需要解决销售和服务独立发展的问题

销售是初创企业的第一要务，要将莫贝克的通信电源产品卖进各省、市、县的电信局，就需要在企业与客户之间架设一座桥梁（Go to market）。这座桥梁可以是企业自己建立的直接连通客户的桥梁，它支持企业将产品直接推广和销售给客户；也可以是借助市场上广泛存在的第三方的渠道商，它支持由企业到渠道、再由渠道到客户的产品推广和销售；企业还可以同时建立直销和分销两种连接客户的桥梁，但针对具体的细分市场，企业只能选择一种。初创企业是选择直接连通客户的桥梁还是选择间接连通客户的桥梁，这需要根据市场的特性来决定。针对客户集中或客户少而大的市场，企业一般采用直接连接客户的桥梁以建立直接面向客户的营销平台；针对客户分散或客户小而众多的市场，企业一般借助第三方的销售组织推广和销售产品。

1997 年的中国通信市场是客户大而集中的市场，通信市场的客户就是各省、市、县的电信局。对此，莫贝克开始以省为单位试点，建立自己的区域营销组织来直接面对客户，用区域营销平台对市、县级电信局进行产品推广和销售覆盖，采用"4P"营销策略组合，即基于产品（Product）、价格（Price）、渠道（Place）和推广（Promotion）这四个要素的营销组合。其中连接企业与客户的渠道在"4P"中是最重要的要素，渠道决定其他 3 个"P"能否到达客户。

我有幸成为莫贝克建立区域营销组织的第一个践行者和探路人，扮演了为莫贝克探索建立、运作区域营销组织，探索策划以销售和服务成果为导向来覆盖县、市电信客户进行营销活动的角色，同时也扮演了努力解决莫贝克通信电源的客户选型入围和成功销售的角色。这部分内容将在后面的有关章节作阐述。

谈谈营销：突破中高端市场需要"营"与"销"的组合

莫贝克的创业实践表明：品牌是一道客户实际准入的墙。早期，莫贝克在没有营销组织支撑产品销售时，面对客户交流所做的第一件也是最重要和最难做的事就是把莫贝克公司向客户阐述清楚。客户只有在认识和认可了你的企业之后才会有兴趣听你的产品介绍。对初创企业而言，在卖产品给客户之前要先把本企业"卖"给客户，客户只有在接受了你所代表的企业后才会考虑接受你的产品。这是品牌弱势下做销售的第一要诀，也是弱势品牌穿透客户准入的墙的唯一有效方法。

从销售人员突破客户准入墙的实践中，我发现了一个初创企业共有的重要问题，即销售人员面对客户时是"十人十辞，十人十面"，不同销售人员在面向客户讲故事时，不但讲述的企业故事是不同的，而且讲述的产品故事也是不同的，对初创企业而言，这是在客户端建立企业形象和产品形象的大忌，也是企业在起步阶段销售成长极其缓慢的重要原因。如何解决这个问题？专业的事情要让专业的人去做：莫贝克急需组建一个专门"讲故事"的团队，在企业推广和产品推广中做到"千人一面、千口一辞"。

莫贝克立刻行动，组建面向客户提升企业品牌影响力和产品技术影响力的部门——产品部。这个使命落在了我的头上。我在组建了莫贝克第一个独立的省级区域营销部并成功取得市场和客户突破之后，受命回到总部组建产品部。

当时摆在我面前的难题是，讲故事的队伍从哪里来？如何建？如何运作？社会学的教育背景帮助了我：从认识、理解、参与这个创业企业和创业产品的人中去选拔和组建讲故事的队伍。于是我将莫贝克的开发部作为内生的讲故事资源池，从中选拔有兴趣面向客户工作、形象好、表达清晰流利、有一定情商的开发人员做讲故事的工作。

我将以"讲故事"为主的产品部门的工作职责定位为：以统一的概念和包装，面向客户讲述企业故事和产品故事，为销售组织清除客户端的企业品牌认可和产品认可的障碍，促进销售组织的销售突破和销售增长。

既然产品部是负责客户端和市场端的企业品牌和产品技术认可工作的，据此可将产品部的工作对象定义为三类：邮电管理系统各级主管单位的客户、邮电设计院的客户和使用产品的客户，继而以市场突破和客户突破为核心设立相应的考核指标来衡量产品部人员的工作绩效：A 指标，企业推广和产品推广的客户覆盖率；B 指标，产品在检测机构的检测通过率；C 指标，目标客户的准入覆盖率；D 指标，客户使用产品的样板点建设。这 4 个指标的考核权重各占 25%，意味着这 4 项工作在建立企业品牌影响力、产品技术影响力和客户准入上同等重要。

KPI（关键绩效指标）是撬动产品团队工作方向和工作聚焦的指南。A 指标考核的是将企业品牌和产品技术主动推广到目标客户和目标市场的广度；B 指标考核的是产品市场准入所获得的成果；C 指标考核的是县级客户和地市级客户的准入成果；D 指标考核的是可供未使用莫贝克产品的客户参观莫贝克产品应用的展示点。这 4 项指标考核的都是产品部作为企业和产品价值传递者的工作成效，即将企业品牌和产品技术传递到目标客户和目标市场的覆盖度。

我采用 4 个措施来达成"千人一面"，即统一产品和销售人员面向客户时的着装；统一面向客户交流时所用的胶片模板；统一营销人员的名片模板；统一面向客户的礼貌用语。"千人一面"解决的是企业形象的传递问题。

我采用 2 个措施来达成"千口一辞"：一是用技术 KTV 的方式培训产品和销售人员在介绍企业和介绍产品上的价值聚焦点，让产品人员和销售人员分别上台作演讲并作自我评价，让学员互相借鉴、互相启发，由主管作必要的点评；二是设计针对不同层面客户的产品故事，因为客户的运维操作层、技术管理层、管理决策层在评价产品时所关注的产品价值点是有差异的。运维操作层的客户关注的是产品的可靠和可用性以及维护性问题；技术管理层的客户关注的是产品的技术先进性、成熟度、易升级和易扩展性问题；管理决策层的客户关注的是产品的生命周期的长度、产品的性价比和产品服务易获得性问题。客户的层面不同、关注点不同，产品故事的聚焦和传递的价值点也就不同。这两个措施有效地解决了让同一个产品在客户的不同层面形成"好"的共识的问题。我在客户端和市场端推动"千人一面、千口一辞"策略的落地，有效地解决了弱势品牌下的客户准入、市场准入和销售突破与销售增长的难题。

用"以农村包围城市最后占领城市"的市场渗透策略弥补品牌弱势

在进口独资、进口合资和进口 OEM 品牌强势的市场，走"以农村包围城市，最后夺取城市"的市场进攻路线是本土品牌渗透进市场的唯一一条能够走得通的道路。当时进口独资、进口合资和进口 OEM 品牌都聚焦于省会城市和地级市的通信网市场，很少涉及县域农村通信网市场，这给莫贝克这样的创业公司进入通信网市场留下了空间和机会。莫贝克以 2000 多个县和偏远地市的通信网市场作为初始突破市场，用"人海战术"覆盖县级邮电管理局，以华东、华中、东北、华北、西北、西南、华南 7 个片区为区域销售的管理单位，将销售人员"寄宿"在 HW 的省级销售平台上，迈过千山万水，走进县级邮电管理局的大门，用一张一张的投影幻灯片向客户做产品推广，以终身免费服务作为对客户购买莫贝克产品的承诺。对有严苛要求的客户，莫贝克采用设备安装队前脚撤离客户机房、服务人员后脚就带着备件入驻的方式提供保姆式服务。

县域农村通信网客户对开关电源新技术充满好奇，对用体积小、重量轻、易维护和易维修的开关电源产品替代傻大笨粗的、虽然可靠性好但维护困难的相控电源产品持支持态度。在没有进口独资、进口合资和进口 OEM 品牌先入为主的技术推广下，在县域通信网客户的眼里，莫贝克的通信电源就是最好的、最先进的通信电源。此外，县域农村通信网的客户包容性较强，对于产品技术问题、应用问题和服务问题，只要供应商做出快速的响应

和完成故障恢复，客户一般都会继续购买该供应商的产品。县域客户的这种
包容性给了创业公司足够的改错和产品优化的时间，因此农村通信网市场有
力地帮助了莫贝克的通信电源在技术和产品上逐渐成熟。随着开关电源替代
在网使用的相控电源计划的扩大，莫贝克一步一步地扩展了其在县域农村通
信网的客户覆盖面，只用了 2~3 年的时间就在中国农村通信网站稳了脚跟。

有了在县级农村通信网的客户基础、有了在农村通信网产品上的应用经
验和服务经验，莫贝克开始渗透地市级的城市有线通信网市场，甚至开始尝
试渗透省会城市有线通信网和省域骨干传输网市场。但在城市有线通信网市
场，莫贝克遭遇到了进口独资、进口合资和进口 OEM 品牌的强烈抵抗，莫
贝克在县域获得成功的销售方法用在地市通信网市场显得力不从心。地市通
信网、省会城市网、省域骨干传输网的进入需要很强的品牌推广、技术推
广、应用推广和中层客户关系的支撑。莫贝克虽然在部分偏远地市通信网获
得局部突破，但这种突破不影响进口独资、进口合资和进口 OEM 品牌占据
主导地位的格局。莫贝克管理层意识到，莫贝克通信电源要想大举进入城市
通信网市场，销售人员首先必须解决"农民进城"的问题，即洗干净脚上泥
巴，放下卷起的裤腿和衣袖，学会见客户时的西装革履，在洽谈时表现出专
业技术素养，等等。要求销售人员解决"农民进城"问题不但需要时日，而
且还需要新生力量的加入。

莫贝克作为创业企业，用了 2~3 年的时间在中国农村通信网的通信电源
市场站稳了脚跟，在县域农村通信网中的覆盖率超过 40%，在地市级城市通
信网中的覆盖率超过 5%，通信电源产品线迈过了盈亏平衡点，开始为企业
创造利润。与此同时，莫贝克公司生产的印刷板板装电源也开始为公司创造
利润。莫贝克依靠这两条电源产品线已经能够独立存活了。

建立向死而生的第三条产品线——通信局（站）监控产品线

为何要在创业初期冒险创建监控产品线？

莫贝克为何在通信电源业务尚未获得成功，印刷板板装电源销量也未有

大起色时就急于建立第三条产品线进行监控产品的开发？这对创业公司而言是一个**风险决策**，其决策风险主要来自两个方面：一是在资源紧张的情况下拉长了投资战线，这对初创企业是一大忌；二是莫贝克并不具有完整的监控开发技术，当时行业内也没有相关的成熟技术，监控产品能否开发成功一开始就具有相当大的不确定性。其后的实践也证明这是一个极为冒险的决策——监控产品几乎胎死腹中。

但是莫贝克的这个冒险投资决策也有其合理性：一是监控产品是中国通信网的未来需求（以前没有，未来有大的市场空间）；二是监控产品与通信电源产品都是应用在同一个场景（通信局/站），莫贝克已经进入通信电源市场，可以复用销售资源；三是监控产品的客户与通信电源客户相同，其客户的采购决策链相同，莫贝克可以复用客户关系资源。上述三个投资的合理性表明：只要监控产品开发成功，就可以借助通信电源销售队伍进入市场（Go to market）。

产品开发遭遇了技术不成熟的风险

监控产品技术是一种基于 IT 的集成技术，涉及通信与传输技术、数据库技术、传感与采集技术。这三种技术在 20 世纪末期的中国商用市场还处于起步阶段，把这三种处于起步阶段的技术集成起来还需要叠加 IT 的集成开发技术，而这类技术人才大都集中在高校和研究机构。

莫贝克开发监控产品首先面对的就是技术风险，莫贝克监控开发团队的开发主管与开发人员大都是来自大学相关专业的老师和学生。开发团队的组成背景决定了将监控技术转化为监控产品所必然存在的风险。开发团队懂技术和原理但缺乏产品工艺经验、缺乏软件与硬件契合的经验、缺乏产品在广域网上应用的经验。

当时的中国通信市场是个新兴的高科技市场，对通信市场进行管理的是国家电信总局。所有进入中国通信网使用的产品都必须符合国家电信总局的技术规范，都必须通过邮电部相关机构的检测和技术鉴定。国家电信总局的相关技术规范用于指导企业进行产品开发，邮电部相关机构的检测和技术鉴定用于对进入通信网使用的产品在技术规范的相符性和产品的稳定性、可靠性及成熟度上进行市场准入的把关。

莫贝克的监控产品是遵循国家电信总局的相关技术规范开发的，但在相关机构的测试上没有通过。通不过就不能获得进入通信网的市场许可，监控产品线也就面临关闭，这会导致莫贝克在这个项目上的投资失败，而这种失败对创业公司而言是难以承受的。

开发的技术问题与营销问题的混合导致监控产品面临"出生危机"

监控产品的检测和技术鉴定由国家电信总局委托给某省的邮电管理局进行。当时有五家监控产品供应商申请参加监控产品检测和技术鉴定。其中两家是进口品牌，三家是本土品牌。

两家进口品牌的监控产品顺利通过了检测和技术鉴定，从而获得了在中国通信网的市场准入，但三家本土品牌的监控产品都没有通过产品检测。"以市场换技术"是政府开放市场的国策，基于此，国家电信总局为这三家本土品牌的监控产品进行了第二次产品检测。但遗憾的是，这三家本土品牌的监控产品仍没能通过第二次产品检测。

为支持本土品牌的技术应用和产品发展，国家电信总局准备进行第三次，也是最后一次事关监控产品市场准入的产品检测和技术鉴定。莫贝克的监控产品在前两次都没能通过国家电信总局的技术鉴定，如果第三次技术鉴定再通不过，监控产品线将会被砍掉，监控产品也就胎死腹中了。

莫贝克的监控产品线在第一次鉴定失败后曾寄希望于销售团队用市场公关方式来解决测试通不过的问题。莫贝克作为初创企业，销售团队相对年轻，大多是近几届的大学毕业生。销售团队年轻的好处是有活力、有冲劲、做事无惧无畏，但问题是缺乏处理复杂环境的经验和能力。销售团队在参与监控产品第二次检测的危机处理时，其危机公关方向和公关措施存在不当之处。解决检测问题最主要的是要解决测试通不过的技术问题，与检测机构的关系只是表面问题；只有先解决了技术问题，与检测机构的关系问题才能顺理成章地解决。在检测问题上，技术问题与关系问题是一枚硬币的正反两面。首先，莫贝克的销售团队并没有推动监控开发团队找自身技术问题和解决方法，而是向外把问题归咎于检测方，这是一个本末倒置的公关方向。其次，莫贝克的销售团队在公关策略上也犯了错误：不是拉着开发人员到检测机构听取检测人员的意见和建议、向检测人员了解和学习已通过检测的厂商之所以能通过检测的机理，而是到邮电管理局的相关部门进行投诉，说已通过产品检测的那两家企业之所以能通过检测，是因为那两家企业与邮电管理局下属的企业有合作关系。销售团队的公关错误不仅使莫贝克与检测机构的关系更加紧张，同时也得罪了客户。

莫贝克高层对监控产品两次测试失败的真正原因并不了解，而开发团队主管和销售团队主管都把**失败的原因归结在"公关不力"**上。**HW 管理者明确指示：如果第三次通不过检测，立即解散监控产品线**。为拯救监控产品线，莫贝克在企业内部**招募"敢死队员"**到一线救火。

第一次临危受命，拯救将要胎死腹中的监控产品线

HW 的企业文化是"胜则举杯相庆，败则拼死相救"。我一进入莫贝克的体系就领受了 HW 企业文化的教育：为市场救急是所有莫贝克企业后台部门的首要义务和责任。到市场去，到前线去，到企业最需要的地方去，是莫贝克员工成为优秀者的座右铭。

然而，企业文化在关键时刻是经不起人性的考验的，莫贝克在内部招聘"敢死队员"的大会上一无所获，因为莫贝克的员工都知道监控产品开发不成功，两次都没有通过国家电信总局的检测，也都知道 HW 管理者的态度：检测再通不过就砍掉产品线。企业内部无人愿意冒失败的风险去为前人犯的错误"背锅"。

我是被莫贝克管理层"强征加入敢死队"的，当时我刚加入莫贝克公司3 个月，还处于新员工试用期，突然被领导通知"借调出差"，并要求在 20

分钟内交接完工作就去省城的 HW 代表处报到，既不告诉借调原因，也不告诉出差事由和出差时长，只告诉要当天到达省城的 HW 代表处找莫贝克市场部的某人报到。从业经验告诉我一定是被借调去"扑火"，但不知道要扑灭什么火。

在没有任何背景信息也无人可以咨询的情况下，我赶到了 HW 设在省城的代表处，可刚进代表处的门就被我要找的联系人一个电话叫到了他与客户单独沟通的现场。至此我才明白，我成了要救莫贝克监控产品于水深火热之中的"敢死队员"。

在进入莫贝克之前，我曾任职于中国香港的一家投资公司，出任过董事局董事和电力设备公司的总经理。在香港的三年从业经验告诉我：**弄清真相是制订灭火策略和行动计划的关键**。要让莫贝克监控产品通过国家电信总局的第三次检测，第一步也是最重要的一步是了解"发生了什么？怎么发生的？"，弄清真相的工作决定后续的灭火策略和行动计划。

倾听客户的"骂声"是最快也是最好的了解问题真相的方法，尽管这个方法会伤到自尊。这个方法也来自我在香港从业三年的经验。作为新加入莫贝克的我，当时还不是正式员工，也没有任何头衔，要听到客户中高层的声音必须先给自己安排一个有资格"挨骂"的头衔，没有对应的头衔，在当时的市场，连挨骂的资格都没有。于是，为了救火，我"提拔"了自己，给自己打印了名片：莫贝克市场部副总经理。从打印这盒名片开始，我自己也没有想到，会在这家创业企业一待就是 27 年。

我首先从省邮电管理局的不同部门的不同"骂声"中了解问题的真相。当我拿着自己给自己打印的名片一个一个敲开相关部门主管办公室的门，自报家门并说明来意是"听骂"时，这些客户都很诧异，几乎所有被拜访的中高层客户在沉默了几分钟后，也都毫不留情地"开骂"了。我唯一能做的就是记录客户"骂"的内容，并不时表达"我们做错了"的歉意。我经过省邮电管理局不同部门大半天的"开骂"洗礼，收获满满，不仅了解到了莫贝克做监控产品检测工作的前任、现任成员究竟在哪些事、哪些问题上得罪了客户和得罪到了什么程度，还从客户的骂声中区分出哪些是 HW 的产品和服务问题引发客户将对 HW 的不满牵连到了监控产品的检测上，哪些是莫贝克的监控产品本身客观存在的技术问题，哪些是莫贝克人员在处理监控产品检测问题中与检测方、与客户在沟通方法、沟通态度和沟通内容上引发的客户不满。

挑战不可能：将不可能变成可能的拯救监控产品线的灭火计划

弄清危机的真相只是重要的第一步，铲除产生危机的根源是解决危机的不可或缺的第二步。产生危机的根源有两个：一是产品技术不成熟；二是公关策略和措施不当。铲除危机根源虽然困难但还是可为的，只是需要时间，**我面临的最大的挑战是解决危机的时间只有 20 天。**

挑战第一个不可能：在距离监控产品检测只有 20 天的时间里如何能安抚客户情绪并重新改善全面的客户关系？如何为第三次检测营造宽松的客户环境？

以纠错和改进为先，让客户和检测机构的管理层体会到莫贝克和 HW 知错就改的诚意，为下一步的沟通做好铺垫。我牵头组织了解决客户问题的内部紧急沟通会，逐条转述客户的不满，随即在管理层的指令下，组建若干个客户问题解决小组，同步推进客户问题的解决，每个小组按天向客户报告解决问题的进度，以行动向客户认错并同时改错。在资源聚焦下，莫贝克只用了 3~4 天的时间就解决了客户抱怨的问题。莫贝克的纠错行动使中高层客户转变了态度，这为改善操作层的客户关系，营造了一个更加宽松的氛围和环境。

以学习、进取、不断改进、对客户负责的莫贝克企业精神与客户和检测机构操作层专家进行沟通，在改善关系的同时还获得了检测操作层的支持。客户和检测机构的操作层人员分布在不同的地市邮电管理局，我用一周的时间穿梭在 10 个地市之间，对 10 位检测专家做一对一的密集拜访和沟通，向测试专家坦诚**莫贝克**监控技术的瑕疵，但强调莫贝克的技术进取精神和为客户负责到底的精神，听取检测专家提出的改进设计技术的建议，代表莫贝克向测试专家表决心：莫贝克要成为本土监控产品的第一品牌，希望专家们能给莫贝克一个改进和完善技术的机会。花一周时间在 10 个地市之间来回穿梭的紧急公关非常有成效，这 10 天不仅改善了客户关系，还获得了检测专家中肯的技术建议。

挑战第二个不可能：推动监控开发部在 10 天多一点的时间里，汲取前两次检测失败的教训，结合客户和检测专家的技术建议，**优化出一个能基本通过检测的监控产品。**

我将从测试专家处了解到的相关技术信息完整地传递给监控产品线负责人，并将要在 10 天多一点的时间优化出大致可通过测试的产品的压力传递给监控产品线一把手，同时告知莫贝克的总裁，将此事升级为公司级的最重要、最紧急、只能成功不能失败的项目。

对监控产品线而言，这是破釜沉舟的生死之战。只有打破既有的开发流程和改变现有的开发方法才有可能完成这个任务。莫贝克管理层全力支持，不计成本地特事特办，监控产品线包下客户某实验通信机楼附近的整个招待所，让全部开发人员入住招待所，紧贴客户进行两班倒式的 24 小时连续开发；派出部分开发人员入驻客户的测试机楼，按照测试纲要和条目，围绕检测指标，逐条逐项做测试性的现场试错式开发，一边测、一边改，一边改、一边测，循环往复，直到指标测试达标。

进驻测试现场的试错性开发方法很有效，测试指标的合格项每天都在增加，但要通过这种方式把所有指标都优化合格，10 天多一点的时间是不够的。**我给开发团队的解决方法是，在有限的时间里，抓主要矛盾、解决主要问题。**开发团队按照重要性对测试指标做出分类和排序，将测试指标分为非常重要、重要和普通三类，并将这种分类和排序方式征求测试专家的意见。非常重要和重要的指标不多，开发团队聚焦资源在规定的时间内必须 100% 完成优化和达标；普通指标能优化多少就优化多少，但优化过的普通指标必须达标。

真是一切皆有可能！监控开发团队在 10 天多一点的时间里，100% 完成了非常重要和重要指标的技术优化并在测试中达标，超过一半的普通指标完成了优化并在测试中达标！经过各团队的全力协同和努力，终于拿出了一个基本可以通过测试的监控产品，尽管这个产品还不完善。

挑战第三个不可能：监控产品现场检测的规则是，由检测专家组随机抽出测试指标进行测试，检测指标总体合格率达 90%，产品才算通过检测，事后还要对不合格项进行优化；但重要指标有一项不合格，产品测试就不能通过。对不完善的产品而言，测试指标的选择有可能成为产品检测能否通过的关键。

销售团队在产品检测的现场管理中起了关键作用。通过提前与测试专家组的沟通和互动，了解到在产品合格性测试中要选 13 个指标进行测试，非常重要和重要的指标是 100% 的全测，普通的指标是抽测。按照 90% 的合格线，13 个指标中只能有一个普通指标可以不合格。客户工作组可以做的是，通过互动影响测试专家组确定普通指标的抽样范围。

20 天拯救监控产品线行动的所有成果都需要通过现场检测这最后一关进行检验。努力加上运气，被抽中的 13 个指标全部通过了检测。莫贝克在三家参加国家电信总局监控产品检测的本土企业中第一个通过了测试。

监控产品的柳暗花明

测试当天到达现场主持检测的是省邮电管理局的总工程师、电信处长、科技处长，测试专家组是来自 10 个地市邮电管理局的技术专家。基于现场检测的结果，省邮电管理局鉴定小组对莫贝克监控产品给出了如下技术鉴定：莫贝克的监控产品达到了 20 世纪 90 年代的国际先进水平。鉴定书由省邮电管理局总工程师签字确认。莫贝克的监控产品终于获得了进入中国通信网的技术许可，监控产品从难产到顺产，终于柳暗花明。我协同监控产品线和销售团队用 20 天时间创造了将失败项目翻盘成为成功项目的"项目管理"奇迹。

监控产品检测项目运作由失败转向成功的方法论

我临危受命被借调到"敢死队"扑火时对该项目能否翻盘成功既没有心

理预期也心中无底。但作为新入职的员工，在"敢死队"里比老员工有心理优势：我在莫贝克是一张白纸，没有过荣辱的体验，也就没有心理负担，项目如果不成功则自己辞职走人。有了这个心理优势，思维框架也就不受限制，行动上也就无所畏惧。

做成事首先需要有"亮剑"精神，"亮剑"精神解决的只是"勇"的问题，成功更需要"谋"。 这里的"谋"是指项目管理中的**"逆向思维方法论"**，即以要达成的总目标为核心倒推：①需要先达成哪些子目标才能达成总目标？②哪些子目标能够达成？哪些子目标无法达成？③是什么障碍导致了子目标达不成？④用什么方法和资源去清除这些障碍？对于"拯救莫贝克监控产品线诞生危机"这个"不可能"，我之所以能够挑战成功，用的就是**"逆向思维方法论"**。这个方法论不仅指导了我的拯救行动，也指导了我对产生危机根源的了解。我用"逆向思维方法论"解决了整个拯救策略中的"知行合一"问题。

向死而生的监控产品客户准入之战

监控产品通过国家电信总局的技术检测解决的只是准生（市场准入）问题，而监控产品的销售则需要解决客户的技术选型及客户准入的问题。客户准入是监控产品线能否成活的关键。

在国家电信总局组织的三次测试中，五家申请测试企业中的四家通过了技术测试：两家是外企，两家是本土企业。作为国家电信总局的监控产品应用示范省，某省邮电管理局计划从四家通过检测的企业中只选择两家作为省邮电管理局的采购供应商。

监控产品客户准入的争夺战至此拉开序幕，四选二的客户入围之战如何打？竞争的形势是：最先通过技术测试的是两家外企，这两家外企都与某省邮电管理局下属的企业和机构在监控产品上有着合作关系，而两家本土企业都是后通过产品检测的。客户入围竞争一开始，两家本土企业都处于劣势。

莫贝克的拯救监控产品"敢死队"在完成使命后被解散。莫贝克销售管理层错判了形势，以为监控产品检测通过就能顺理成章地成为该省邮电客户天然的供应商，于是将监控产品的客户准入工作移交给负责该省销售的人员。

我在帮助企业解决了监控产品线的市场准入后，再次被销售管理层借调到另一个省去参加某地市邮电管理局的监控产品销售项目组。为拿下这个项目，莫贝克集中了开发、产品技术和销售领域的四位精英，并由负责销售的片区总经理带队去攻克该项目。结果在该项目组，我的队友依然与前面的"敢死队"一样，做事有勇气、有冲劲，但缺谋略、缺方法。我的项目主管职位高但经验少，年少脾气大，也许这是创业公司固有的局限和通病。项目组有这个局限和通病自然是拿不下项目的，项目攻关了两个月，把能用的销售攻关手段用尽了也无果。无奈之下，领队的销售片区总经理回去继续做他的片总（老虎走了），另一个监控技术支持主管也撤离了项目组回到原岗位工作。我由于还没有过试用期（试用期为半年），没有正式的岗位职能，因此继续留在项目组。"山中无老虎，猴子称霸王"，我就这样拉着留在项目组里的一个监控开发人员，"篡权"接管了这个已经失败的项目。

思维方式决定项目的成败，我还是用项目管理的逆向思维方法重新去厘清客户的需求和想法，不仅找到了客户不接受莫贝克技术方案的原因，也明白了客户为什么在不接受莫贝克监控技术方案的情况下也没有采购第三方的产品，因为客户的需求是一种新需求，即在监控产品上叠加视频监控。当时的市场上既有设备监控产品供应商也有视频监控供应商，但没有将设备监控与视频监控组成一个产品的供应商。该客户前期的监控产品试点是莫贝克做的，客户实际上是要推动莫贝克按照客户的思路把视频监控整合进监控系统。

倾听客户的声音是我将该项目由失败转为成功的关键。我和监控开发人员每天在下班后缠着分管该业务的客户高管，一次又一次地套他的思路和想法，终于弄清了客户的技术思路，也发现客户的技术思路比莫贝克自己的技术思路更好。于是按照客户的技术思路，与那位项目组的开发人员一起在招待所起草了一份新的带视频监控的监控产品技术规格书。当我们拿着新的监控产品技术规格书给客户看时，客户笑着说："你们终于搞明白我们要的东西了。"

莫贝克作为初创企业，其执行力在业界是首屈一指的，只用了大约一周的时间，监控产品线就在实验室里搭建了客户所希望的、将视频监控与设备监控整合为一体的样机系统。当我邀请客户到莫贝克实验室参观该样机系统时，客户因不相信莫贝克这么快就能搭建起这个系统而拒绝来参观。于是我就先让开发人员用录像机拍摄运行的样机系统，再拿着拍摄的录像带和录放机到客户的办公室播放给客户看。

认真倾听客户声音的结果不仅使本销售项目由败转胜，还推动公司借势开发出了将视频监控与设备监控合二为一的新的监控产品。客户在此项目上也达成了他们的目标，在不废除前期已在试用的莫贝克监控产品的前提下，在中国通信网上首家使用了将视频监控与设备监控整合为一体的新的监控系统。该客户给了莫贝克一个金额超过 600 万元的订单和 6 个月的交付期，让莫贝克有充分的时间把这个新监控系统开发整合好。这个订单也是莫贝克自成立以来的第一个大订单。

还没等我享受成功的喜悦——把签合同的事情进行到底时，突然接到了公司的紧急电话：把该项目的合同事宜转交华东片区，两天内到公司总部报到。得到的好消息是自己已获批准提前转正成为莫贝克正式员工，得到的不确定的消息是，我将接手本以为能顺理成章入选某省邮电管理局监控产品供应商的项目，因为监控产品在客户准入上又出了大问题。

某省邮电管理局在供应商选择上，采用从四家通过检测的供应商中选择两家的策略。莫贝克的客户选型入围工作告急，负责客户入围选型的销售人员从客户内部探听到，客户已有让两家与邮电管理局下属的企业和机构有合作关系的外企入围的意向。

客户准入项目告急不仅使监控产品线和销售团队再次恐慌，也让莫贝克管理层意识到，原先那种散兵游勇式地寄生在 HW 市场平台上，由莫贝克销售员单兵作战的销售模式已经不能拉动莫贝克的销售增长，更不能胜任像产品检测、市场入围、客户选型这种带有浓厚的营销意图的市场拓展工作。于是，莫贝克管理层试图探索在 HW 的市场体系下建立莫贝克独立的区域营销组织的可行性。公司于是决定，就拿客户选型入围的省做试点，在省会城市设立第一个区域营销部来解决客户选型入围问题和莫贝克在该省的市场销售拓展问题。如果这个试点成功，则在全国所有省份的省会城市都设立区域营销部。莫贝克管理层的决心已下，但让谁负责组建和运作第一个区域营销部呢？

我的名字再次被莫贝克管理层想起，这也是我被公司紧急召回的深层原因。在回到总部报道的当天我就被主管市场的公司副总裁召见，见面的原话就是："老丁，今天叫你来，首先把你的头剃光，送你去战场，这次是让你组建一支敢死队，把你武装到牙齿，到省城去建立一个全国最大的区域营销部，为明年在这个省实现 2 个亿的销售打开大门！"我在诧异之余好奇地问："武装到牙齿有什么装备吗？最大区域营销部有多大？"得到的回答是"连你在内 4 个人，每人配备一部移动电话！"我明白了，这是以小米加步枪的装备去夺取核心城市，难怪这位公司副总裁直言不讳地说"把你的头剃光，送你上战场"。

第二次临危受命，组织监控产品的客户选型入围之战

莫贝克的第一个，也是当时最大的区域营销部——某某办事处，其第一个使命是让莫贝克监控产品入围省邮电管理局的客户选型，将不可能变成可能。我由此也成为莫贝克第一个践行"狼性文化"的人。HW 的"狼性文化"的核心是，肉即使已被对手咬在口里，只要还没有被吞进肚子里，就必须设法将肉夺回来！这种文化如果没有合适的人去践行，也就只是一句口号，因为践行狼性文化是需要遵守规则和底线的。

解复杂的难题，要在弄清真相的基础上，使用微积分的方法，把看不清的总体现象解构细分成若干个可以看得清的片段或层面，再看各个片段或层面是如何构成目前对莫贝克不利的局面的；用逆向思维的方法确定要清除哪些障碍才能使这个局面向有利于莫贝克所希望的方向转变。我的社会学专业研究方法在解构复杂现象和看清其相互之间的互动规则上发挥了作用。

商场上随处可见的都是显规则，这些显规则大都是写在纸上的、被公开的。该省客户选型入围的显规则是以技术选型来确定供应商的入围范围。参与技术选型的竞争者首先要读懂这条显规则，即在通过检测的供应商中有不同的实现监控的技术方式。看清了这点就看到了解题的核心：该客户内心倾向何种技术路线或技术实现方式。

看清显规则中的解题核心只是第一步，接下来就是要摸清和寻找解题钥匙。实际上客户在产品选型中的主观因素要远高于客观因素，对实现功能的技术路线或实现方式的选择取决于客户的偏好和价值判断，这种价值判断是主观大于客观的，在所有通过检测的技术中选择何种技术进行应用，客户拥有自由裁量权。懂得了这个原理，我们就要去摸清客户选型的技术偏好，摸清了客户的技术偏好，也就找到了解题的钥匙。"技术偏好"和"解题钥匙"就成为客户选型入围的工作方向。

我们通过解构，看清了两家已实际进入客户选型企业名单的进入方法和关系支撑。这个世界上是没有无缘无故的"爱"的，占先发优势的这两家外企实际上是"以市场换技术的"受益者，这两家外企的共同特性是通过与某省邮电管理局下属的机构或企业的合作来申请监控产品测试，这两家外企都是第一次就通过了国家电信总局的测试。其中一家外企是通过与省城的邮电管理局下属的科技处合作直接在省城的电信机楼开了监控实验局；另一家外企是通过与省邮电管理局下属的研究院合作在某个地市的电信机楼开了监控实验局。由此我们看到，客户的技术偏好是由"以市场换技术"的合作关系决定的。看清了这一点，解难题的钥匙也就找到了：以技术合作的方式替代一家外企进行合作，只要合作成功，莫贝克的技术路线就是客户认可的技术路线，就会入围客户的选型名单。

以打破现有合作关系建立新的合作关系为破局方向，从与竞争对手合作的客户入手，选择一个可以合作的客户，将竞争对手取而代之。

只要关注了就会有机会。在与其他客户的互动中偶然得知，研究院与那家外企在监控产品合作上似乎有一些矛盾。于是我便立即通过各种渠道打听到了研究院内与那家外企合作的负责人。找到了可以谈合作的关键人物，这就迈出了成功的第一步。

通过与研究院负责合作的负责人的沟通和互动，我了解到研究院与外企合作的不愉快和矛盾主要是因为在合作利益分配上达不成一致，此外，双方合作的对接人之间也有矛盾。真是商战无小事，利益分配关系是可以通过谈判来解决的，但双方合作对接人彼此心存芥蒂就会毁掉合作。

至此，替代这家外企与研究院在监控产品上进行合作的方案也就有了。我代表莫贝克起草了一份与研究院在监控产品上进行合作的合作框架，要点是，在市场合作上实行利润平分，在监控技术上实行相互授权使用，以莫贝克为主导，研究院配合做省内客户的拓展，工程交付和维护全部由莫贝克完成。

当我拿着这份合作框架与研究院的合作接口人洽谈时，对方很感兴趣，当即表示会以最快的速度向研究院汇报。于是很快就有了答复：研究院同意与莫贝克在监控产品上进行合作，基本同意莫贝克提出的合作框架，研究院将与莫贝克合作的事宜上报给省邮电管理局。

研究院与莫贝克的合作意向需要得到省邮电管理局的认可。我立即启动紧急公关机制，一边直接与该业务的主管部门省邮电管理局通信处报告莫贝克与研究院的合作意向；一边向 HW 高层求助，希望 HW 管理者出面与邮电管理局主管会面，促成这项合作。真是机缘巧合，HW 与省邮电管理局正准备举办一场 HW 在某项通信技术上与该研究院进行技术合作的发布会。HW 管理者、省邮电管理局主管、研究院院长都到场参加了该发布会。在该发布会上，研究院院长当面向省邮电管理局主管报告，其下一个合作的项目就是与莫贝克在监控产品上进行合作，该省邮电管理局主管给予了赞许。

随后，省邮电管理局宣布莫贝克与研究院合作，并入选监控产品采购供应商名单，而原来与研究院合作的那家外企落选。紧随选型入围的是三年有效的监控产品采购框架协议的报价和价格谈判，经过三轮谈判，最终莫贝克与省邮电管理局达成了为期三年的监控产品采购协议。省邮电管理局也彻底贯彻了中央政府的"以市场换技术"的开放路线，一是面向外企；二是面向私企。

将不可能变成可能，这是方法论的胜利：用"微积分"和逆向思维方法，以及庖丁解牛的技术，再结合互动中的人格魅力，终于使莫贝克的监控产品入选了客户的采购名单，并在框架采购价格上与客户达成了一致。

好事多磨，在省邮电管理局宣布莫贝克与研究院共同入选客户的选型名单之后发生了意外：HW 与研究院在接入网合作的知识产权问题上发生了矛盾，莫贝克是 HW 的子公司，其在监控技术上与研究院的合作也被取消。

绝不能让煮熟的鸭子飞了！我立即启动危机公关：①向省邮电管理局诉苦叫屈，停止合作是研究院的原因，莫贝克坚持原合作决议；②如果研究院坚持取消合作，莫贝克为表示坚持合作的诚意，将与研究院合作部分的利润作为折价，降低对省邮电管理局的采购报价。危机公关及时阻止了事情向坏的方向发展，让客户了解了莫贝克可以独立入选并承接和交付监控项目的决心和诚意。

危机公关巧妙解决了研究院因意外原因而中断与莫贝克进行监控产品合作所带来的入选危机，莫贝克以独立身份与省邮电管理局签署了为期三年的监控产品采购的框架协议。这个框架协议是莫贝克创立以来第一个与客户签署的采购框架协议，在该协议签署的 3 个月后，莫贝克就从某地市的邮电管理局获得了 3000 万元的监控产品订单，该订单也是莫贝克有史以来的单个合同最大的订单。监控产品的客户选型入围和三年采购框架协议为监控产品一跃成为莫贝克的第二大主营产品线奠定了基础。

2 从存活走向发展，初创公司需要突破创业公司的先天局限

中国创业公司共有的先天局限：执念于创业时的优势，不重视对外部环境变化的瞭望和运营健康的管理

绝大部分中国创业公司，或是由于积累了一些客户和市场成为贸易代理式的创业公司，或是基于已有的客户和市场叠加一定的产品技术成为产品开发型的创业公司。创业公司的通病是企业的组织不能随着业务发展而平衡发展，企业内存在着主导企业创业的强势部门，强势部门在企业决策中的话语权比其他部门具有压倒性的强势，这种强势掩盖了导致危机发生的真正原因，从而影响创业企业及时纠偏。贸易型创业公司的强势部门是销售部门，产品型创业公司的强势部门是开发部门和销售部门。在创业初期，创业企业的强势部门对创业企业的生存和发展起到了拉帆起航的关键作用，但当创业企业发展到一定规模而外部市场环境发生变化时，创业企业的组织发展不平衡的弱点会越来越明显，这种弱点不仅表现在有效管控资本的使用能力、人力资源跟不上创业企业发展，还表现在管理能力落后于企业发展、缺乏对外部环境变化的敏锐感知和内部能力调整上。

组织是企业的结构，结构支撑企业的功能。企业组织发展不均衡会导致

企业发展所需要的新功能得不到企业结构的支撑，新功能角色也就没有相应的组织去扮演。创业企业强势部门叠加组织发展不均衡，轻者会延缓企业的发展速度，重者会导致创业企业"翻船"。

莫贝克成长中的第一次危机触发了对环境进行感知的组织及业务变革

莫贝克在创业的第三个年头就遇到了主营业务危机。危机表现为：通信电源订单快速减少，公司运营绩效恶化。危机的根源是莫贝克没有负责对外部环境变化进行瞭望和对风险作早期预警的组织。莫贝克组织发展不均衡的局限是所有初创企业固有的局限："有销无营"或"重销轻营"。

"销"是销售，"营"是营销。销售组织的基本功能是找到客户并把产品或服务卖给客户。初创企业对销售组织及其功能相对重视，销售部门是企业资源的倾斜对象，这就是"重销"。营销组织的基本功能是把公司品牌和产品价值或服务价值传递给客户或代理渠道商，为销售铺垫企业品牌基础和产品技术基础，同时将及时了解和理解客户的新需求，将客户或市场需求的变化信息有效传递到企业的开发组织，并驱动相应的产品优化或新产品的开发。绝大部分初创企业是没有营销组织的，在没有营销组织的企业，"将企业品牌和产品价值传递给客户或渠道"的功能只能叠加在销售团队上，而"将客户或市场需求的变化信息有效传递到开发组织，驱动相应的产品优化或新产品开发"的功能则没有组织可以承担。这就是"轻营"或"无营"。

莫贝克的第一次危机是在通信运营商由一家拆分为三家，通信电源市场总需求呈现增长的情境下的发生的。1999 年，我国政府正式推进将政府职能和企业职能进行分离的体制改革。其中的一项改革是将原先实行政企合一体制的邮电系统分两个步骤将政府职能与企业职能分开：第一步改革是将邮政和通信进行分离，政府职能汇集到信息产业部门，企业职能则由邮政企业和通信运营企业分业承担；第二步改革是将有线通信运营和无线通信运营进行分离，有线通信运营由中国电信承担，无线通信运营由中国联通和中国移动两个企业承担（中国移动被从中国电信拆分出来）。通信运营商由一家拆分为三家的变化本身推动了通信电源市场总需求的增长，但这时初创刚刚三年的莫贝克却发生了第一次生存危机：连续半年通信电源订单下降、通信电源的销售和发货下降，企业运营恶化。

在利好的市场需求环境下莫贝克的业务为什么发生了恶化？莫贝克的组织中有扮演"搞清危机真相"的功能角色吗？答案显然是没有！当时的情况：一是通信电源的总需求量增长，这种增长是由中国联通和中国移动这两个新的无线通信运营商的网络建设带来的，但作为通信运营商母体的有线通信运营商，中国电信的通信电源需求则是减少的。二是新生的无线通信运营所需要的通信电源的产品规格与有线通信运营在主需求上有差异，用于有线通信运营商的通信电源规格不能满足无线通信运营商的无线基站对通信电源的规格需求。

用于有线通信局的通信电源无法用于无线通信基站，这是导致莫贝克在市场需求增长的环境下发生生存危机的根本原因。中国通信网最早发展的是有线通信网，莫贝克是中国最早在通信电源市场发展进口替代业务的公司，莫贝克通信电源的产品规格是按照有线通信网的需求进行开发的。有线通信网的通信电源产品规格分为 1000A 系统、500A 系统和 240A 系统；新建立的无线通信的通信电源产品的需求规格则是 1000A 系统、600A 系统和 300A 系统，其中 300A 系统是有海量需求的产品。莫贝克除 1000A 系统外，其500A 系统和 240A 系统无法用在需求呈现爆发式增长的无线通信基站上。面对这个销售中的严重问题，莫贝克整个企业却表现出"无感"，面对不断下滑的订单和发货，莫贝克找不到问题的根源，更不知从何下手来解决问题和改善业务。

这次危机暴露出莫贝克作为初创企业在组织发展上的不平衡：没有组织对外部环境的变化进行观察和预警，而强势组织也兼顾不了对外部环境进行观察和预警的功能，在这样的企业组织架构下，莫贝克的管理层无法了解产生危机的根源。莫贝克两个强势组织，即销售部和通信电源开发部，对导致莫贝克业务萎缩的原因所做的分析，采用的都是从外部环境和对方部门身上找原因的外归因法，而不是从自己部门功能扮演的缺失上找原因的内归因法。销售团队将订单和发货下降归咎为市场需求下降和莫贝克产品适应力不足；通信电源开发部则将订单和发货下降归咎为销售团队努力不够和客户关系下降。这种"鸡同鸭讲"式的不在一个频率上的无效沟通使莫贝克管理层对产生危机的原因莫衷一是。这个状况让新到任的公司总裁一头雾水，他自叹"运气不好，一上任就面临业绩下滑"。

莫贝克对市场需求变化缺乏正确的认知，误判业绩下滑是需求不足导致的。这个误判的后果很严重，新到任的总裁随即下令企业由扩张转向收缩，要求公司各部门启动裁员，企业的各个部门要快速拿出减员缩编计划。 面对企业收缩的压力，我运用所学的社会研究方法，参考在香港公司的从业经验，结合自己在本公司创建和经营第一个省级销售部时对客户需求和竞争对手的了解，发现了导致莫贝克产生销售危机的原因：**订单和发货下降不是市场需求不足，而是莫贝克现有通信电源产品规格不能满足新出现的无线通信基站的需求。** 这个发现帮助我找到了 **快速解决危机的路径和方法：从现有通信电源产品中寻找产品规格最接近 300A 和 600A 容量的产品进行升级和扩展。** 我发现危机真相、找到了快速解决危机的路径和方式，这种发现问题、解决问题的模式不是来自莫贝克的组织贡献，而是来自我个人的贡献，这对企业长期发展而言是刻不容缓需要解决的问题，企业的安危不能寄托于企业中的个人而是要寄托于企业中的组织。

莫贝克的第一次危机呼唤建立具有市场前瞻性的组织来承担市场瞭望和预警的功能。 这个事关初创企业生存与发展的组织就是营销组织。营销组织的核心职能，除将企业品牌和产品价值传递到客户、市场和代理渠道外，还需要观察和瞭望市场需求和外部环境的变化、观察和瞭望竞争对手竞争力的变化、观察和瞭望替代技术成熟度的变化，并要预警细分市场需求的变化、主流市场需求的变化、替代技术对现有技术的冲击和本企业产品的竞争力下降等。营销组织的瞭望和预警功能在时间跨度上分为中期和长期两个跨度，前瞻 3~5 年为中期，前瞻 5~10 年为长期。所谓中期瞭望和预警就是要比竞争对手早 3~5 年知道外部环境的变化、市场需求和客户需求的变化、竞争者竞争力的变化和替代技术成熟度的变化，进而为本企业的策略或战略调整提供指引。长期瞭望和预警就是要比竞争对手早 5~10 年知道市场赛道的变化、新技术的变化，为本企业进入还是退出某个赛道，扩张还是收缩某个业务，迭代还是引入新技术平台的战略调整提供指引。

正是这次危机，驱动了莫贝克管理层决定建立和强化营销组织，将开源工作从"有销无营"和"重销轻营"推向"以营引销、以营促销"的方向，将产品开发工作逐步地从"以技术为导向的开发"走向以"客户需求和市场为导向的开发"。该营销组织在后来莫贝克进入艾默生体系后，围绕市场需求的变化，有力地牵引了产品开发、产品线的扩张和业务领域的扩展，帮助该企业连续 10 年在数据中心市场获得高速增长。

突破认知局限，采用短平快的方案化解危机

前期成功的因素往往是创业公司后续发展的绊脚石，创业阶段的危机需要甄别出这些绊脚石，只有破茧才能重生

从莫贝克产生的第一次生存危机中我们看到了初创企业在产品开发管理和产品销售管理上存在的先天不足或缺陷，这种先天不足或缺陷是初创企业固有的：产品销售和产品开发是初创企业发展的两个驱动轮；产品销售是前驱动轮，它拉着初创企业往前跑；产品开发是后驱动轮，它推着初创企业往前跑。初创企业的资源是极其有限的，初创企业的初步成功往往使公司管理层把主要资源继续投在这两个驱动轮上，忽视了在协同前驱动轮与后驱动轮一致性行动上的资源投入，忽视了在企业航道瞭望及风险预警上的功能建设和与其相应的组织建设及机制建设。

创业的初步成功往往会使企业无意识地将创业初期的以客户和市场为中心的产品开发管理异化成以本企业的技术为导向的产品开发管理。莫贝克的创业发生在技术替代时期，发生在用开关电源技术替代相控电源技术的变革

时期。莫贝克在这个技术替代时期获得的成功被默认为是公司产品的成功。这种默认助长了在产品初步成功后不是继续以满足客户需求为中心进行产品开发管理，而是以技术为中心进行产品开发管理。这种导向用一位由研发副总裁转任销售副总裁的高管对销售团队训诫的话来说是"无论公司开发出什么产品，销售团队都必须把产品卖给客户"。

创业的初步成功也会无意识地将创业初期以客户和市场为导向的产品销售管理异化成以公司现有产品为核心的产品销售管理。销售部门的管理层对销售人员提出的要求是，凡公司开发出的产品，销售人员都要将其卖出去。其中最"经典"的口号是"能把废铜烂铁卖出去的销售员才是好销售员！"。

初步成功的创业企业在产品开发管理和产品销售管理上的异化，使当客户需求发生调整和换轨时，企业的前驱动轮和后驱动轮继续在原有的轨道上奔跑，不知道市场上已经有了新的轨道，不知道需要换轨奔跑。

莫贝克初创期的开发团队不仅负责设计产品的技术规格书，还负责设计产品的使用手册、维护手册、安装手册，甚至还要负责设计产品的宣传彩页和面向客户的推广资料。为承担这个职能，开发部还专门设立了产品资料编辑部。在此背景下，销售团队的市场功能被扭曲了，推广资料来自远离客户的开发部门，而面向客户工作的销售人员仅是开发部传递产品技术的传声筒，产品推广缺少围绕客户需求的价值故事。

莫贝克初创期是一个以技术为驱动成长起来的公司，有着以开发产品起家的初创公司的通病，这种病症在市场需求发生快速变化时就会"发作"。我在上文危机的根源阐述中揭示：既不是产品技术的变化导致了业务下降，也不是市场需求量的不足导致了业务下降，而是看上去微不足道的需求规格的变化导致了业务下降，是莫贝克通信电源规格没有跟随无线通信网建设需求导致的业务下降。就是这个营销功能缺失的小问题导致了当时莫贝克生存的大问题：公司因缺乏满足无线通信基站所需要的300A和600A通信电源系统而拿不到订单。

找到危机根源只是第一步，快速解决危机才是最重要的。按照莫贝克的开发流程，要开发一个新的300A和600A通信电源系统，从开发立项到新产品进入市场，最快也需要2年的时间。然而远水解不了近渴，市场不等人，如果因缺乏产品而不能参与这波呈现爆发式增长的无线通信基站的建设，莫贝克不但要裁员，而且未来公司的市场地位也会因需求响应滞后而随之后退。

用他山之石攻玉，寻找"短平快"的应对方案，走出化解危机的第一步

既然危机不是由技术的变化和需求量的变化带来的，而是由需求规格的变化带来的，能否从现有产品系列中找出能快速升级成或优化出300A和600A通信电源的产品？

我加盟莫贝克之前在香港一家组装柴油发电机的企业出任总经理。我发现，柴油发电机就是将某个品牌的柴油发动机与某个品牌的发电机进行功率匹配性集成装配；其中发动机是核心，因为它是发电机的动力源泉，发电机输出的功率越大、时间越长，要求与其匹配的发动机的功率也就越大。发动机的输出功率与发电机输出功率之间的匹配并不是1：1的固定关系，而是依据发动机的使用方式进行弹性匹配，往往是一种型号的发动机可以与两种甚至两种以上输出功率的发电机进行匹配。例如，用一种型号的柴油发动机与100kW发电机匹配组装出可以连续发电12小时的100kW柴油发电机组的话，只能与90kW的发电机匹配组装出可以连续24小时发电的90kW柴油发电机组。这个从业经验启发了我：能否从莫贝克现有的通信电源产品的系列中找出可进行匹配升级的产品？

我很快找到了突破口：莫贝克有一款用于有线通信局（站）的240A通信电源，该系统由12个20A整流模块组成，如果能够将20A整流模块升级为25A整流模块，这12个整流模块就能组成可用于无线通信基站的300A的通信电源系统。由此可以判断，将20A升级为25A具有很大的可行性，因为在通信电源技术上，莫贝克是国际技术的学习者和跟随者，其开发人员大都是刚毕业不久的电力电子专业的大学生，这些开发人员为保证产品开发成功，一般都采用有充分冗余量的功率器件进行产品开发。基于这个判断，我认为将 20A 整流模块升级为 25A 整流模块应该只需要很短的时间就能够优化升级出 300A 的通信电源产品。我就是用这个"就汤下面"式的思路为莫贝克找到了"短平快"解决危机的路径和方法。

基于上述的预判，我将这个建议当面提交给了公司总裁。总裁当即打电话约通信电源开发总监到总裁办面谈，并要求开发总监立刻启动将 20A 整流模块升级为 25A 整流模块并组成 300A 通信电源系统的可行性研究，要求开发总监以最快的速度报告可行性的研究结果。

出乎意料的是，开发总监当天下午就抱着 20A 整流模块到总裁办向总裁报告：只需将 20A 整流模块的风扇换大一号功率，再更换 20A 整流模块的面板，无须其他任何设计更改就能将 20A 整流模块升级为 25A 整流模块，升级后的 25A 整流模块的成本与 20A 整流模块相同。此外，再将 240A 通信电源系统机柜上的配电部分稍加更改就能升级成 300A 的机柜。

莫贝克公司总裁当即下令立即启动该升级项目，要求开发部以最快的速度走完开发立项流程，集中开发资源突击该项目。结果是，开发部在 1 个月内就拿出了优化后的由 25A 整流模块组成的 300A 通信电源产品样机，并以最快的速度将该样机放进了公司展厅呈现给到访的客户参观。

我的小建议给莫贝克这个处于创业期的企业解决了大问题，成功推动莫贝克迈出了走出危机的第一步。

从组织和体制上弥补创业公司的不足，是驱动公司走出摆脱危机的第二步

莫贝克公司总裁从这次危机的应对过程中认识到了企业营销职能的重要性和不可或缺性。我则借助这次成功帮助公司化解危机的机会，推动公司管理层支持产品部的职能升级。莫贝克公司总裁以行政指令的方式将原先由开发部门负责的有关产品应用资料、宣传包装资料和面向客户的推广资料的编写工作转交给面向客户工作的产品部，**由产品部扮演产品应用和产品营销的双重职责**：①产品部接手产品包装职能，由产品部负责编写产品宣传彩页、产品推广资料；②产品部承担市场需求研究和企业发展的瞭望者的角色；③产品部在产品销售中扮演品牌塑造者的角色，职能包括组织和参加展会、建设产品应用样板点、组织面向区域和面向客户的技术推广会；④产品部在产品销售中扮演"技术支持"的角色，即面对客户进行技术交流，面对销售项目竞争进行技术规格的牵引；⑤产品推广由产品的技术推广向产品的客户应用价值推广延伸，力图在客户应用价值推广上取得相对于竞争对手的优势；⑥在客户诉求中甄别出客户的核心需求并推动开发团队满足客户的核心需求；⑦在技术上跟随进口品牌，以成本优势与进口品牌进行竞争。

随着产品部的职能由最初的面向客户的传声筒职能向产品应用和产品营销双重职能方向的转化，莫贝克的企业品牌与产品价值在客户端和市场端的影响力与竞争力逐步提升。

由中国联通和中国移动建设的无线通信网，无论是 2G，还是后来的 3G、4G 和 5G，采用的都是微蜂窝式的网络覆盖。该技术的优点是个别的无线基站故障不影响无线客户的使用，因为周边的无线基站会自动覆盖发生故障的无线基站，所以无线基站对通信电源的可靠性的要求远不如有线通信局（站）那样严苛。此外，微蜂窝覆盖技术下的无线基站的数量，在同样的覆盖面积下，与有线局（站）的数量相比，呈现指数级增长，相应地，无线通信基站对通信电源的需求远大于有线通信局（站）。无线通信运营商为降低采购成本，开始以省为单位，替代原先以市、县为单位，进行批量集中采购。在以省为单位的集中采购中，通信电源的价格成了最重要的竞争要素。莫贝克的 300A 通信电源系统在无线通信市场以省为单位的集中采购中具有绝对的成本领先优势，因为它是由 20A 整流模块升级而来，且其 300A 的通信电源系统成本与原 240A 通信电源系统几乎一样。这款成本遥遥领先的通信电源产品在各省无线基站的通信电源集中采购中对竞争对手形成了极大的杀伤力。在无线通信市场大发展的前两年，莫贝克以成本优势、技术跟随、快速供货和无偿服务四大竞争优势的组合，通过"营销推其上""客户选其中""项目得其下"的产品组合营销策略，首次开创了以本土品牌通信电源打败所有进口独资品牌、进口合资品牌和 OEM 品牌的后来者居上的局面。莫贝克仅用 2 年的时间就获得了排名从无线通信电源供应商的最后一名跃至第一位的成绩。莫贝克在大部分省的无线通信电源市场都占据市场份额第一的地位。莫贝克这种从"危"中找"机"的变革打蒙了所有的进口品牌和 OEM 品牌的通信电源竞争对手。

细分通信市场，推动公司迈出走出危机的第三步

中国通信行业在实行政企分离和有线通信与无线通信分离之后，通信企业管理开始采用由通信企业集团垂直管理到省公司垂直管理，再到市公司管理的方式。在这种管理体制下，通信运营商的县级公司就失去了原有的独立运营地位。

随着通信电源市场分化为有线通信市场和无线通信市场，通信企业的采购管理模式也由原先的县、市、省三级管理转化为集团、省、市三级管理。莫贝克的"营"和"销"的工作重心也要由原先的以县、市运营商为中心调整为以省和市运营商为中心，同时要开始对三大运营商的总部进行"营"和"销"的工作。为此，我推动销售管理层按省和客户群设立矩阵式的销售组织，并设立面向运营商集团总部和设计院的营销工作代表处；按产品线设立的垂直管理的产品部则协同区域销售组织和垂直销售组织共同开展"营"与"销"的工作。

随着面向运营商市场全覆盖的营销组织的建立和运行，莫贝克的企业品牌、产品品牌及通信电源产品广泛渗透到运营商的各级客户中。莫贝克通过营销组织这个抓手将客户与本公司紧密地连接在了一起，这为莫贝克彻底走出危机、站稳创业脚跟迈出了坚实的第三步，也为莫贝克由成功创业走向稳健发展奠定了基础。

以技术创新捕捉新成长机会，开创无线通信局（站）监控市场

本书在第 1 章中陈述了我是如何通过协调公司资源成功地将监控开发的

驱动轮和监控销售的驱动轮进行同向同轨协作，从而在极短的时间内化解了监控产品危机，使公司的监控产品得以顺利通过电信总局的测试而获得市场准入；继而又陈述了我如何通过合纵连横的策略，用公司的监控产品替代了竞争对手的监控产品以合作的形式成功获得某省级客户的销售准入和采购框架协议。围绕有线通信局（站）监控产品的这两次成功的项目运作，为该业务的后续发展开了好局。

但成功的笑容没有保持多久，无线通信运营商从有线通信运营商分拆的现实又给处于增长势头的监控产品的业务扩张蒙上了阴影。用于有线通信局（站）的监控产品能应用到无线通信局（站）吗？要想知道梨子的滋味就得亲口尝一尝，只有接触了无线通信运营的客户才知道将有线通信局（站）的监控产品用在无线通信局站（站）上的想法是否可行。

我第一次拜访某省移动公司的客户就有了意外发现：新组建的移动运营商的工作人员相对精简，无线通信基站的数量在建网初期就已数倍于有线通信的局（站），且都是无人值守。无线通信基站的运行维护机制采用的是"无人值守、集中维护"的模式，即将维护人员集中待命，无线基站无人值守，在发生故障时临时抽调维护人员到故障基站进行维护。这种模式的优点是，可以用很少的人员去维护众多的基站，但痛点是，大约70%临时出现场的维护都是无效跑动。因为，移动运营商并不拥有通信传输资源，每个无线基站都需要租用中国电信的有线通信传输线，一根2M带宽的传输线当时每月租金是1万元左右，无线基站70%的故障问题不是来自基站设备，而是来自传输线路，无线基站的维护人员维护不了传输线路，传输线路问题必须转由中国电信进行维护。

基于这个痛点，移动运营商的技术人员在与我讨论将监控产品应用到无人值守的无线基站时，首先问的问题是莫贝克的监控产品在基站发生故障时能否区分出是基站设备故障还是基站传输故障。莫贝克现有的监控产品没有这个功能。但我已经意识到，如果监控产品没有这个功能，有线通信用的监控产品就不可能被应用到无线基站市场。原因有两个：一是如果不能解决客户的这个痛点，客户对此产品就会不感兴趣，二是监控产品本身就需要有线传输线，而一个基站的独立有线传输线每月租金是 1 万元，基础设备监控的使用成本是个重要的问题。当时，一线城市的无线通信基站规模还只有几百个，如果给每个无线基站配置监控产品和传输线，则该客户每月的传输租用费就是几百万元。在此情况下，即便客户对监控产品感兴趣，也是买得起马（监控产品）配不起鞍（传输线租用费）。

怎么办？如果告诉客户莫贝克监控产品没有这个功能，其结果一定是在相当长的时间内，包括莫贝克在内的监控产品都进入不了移动通信市场，这是由当时监控技术水平的限制所导致的。但是我没有轻易说"不"，而是在脑子里快速搜寻公司所有与传输有关的产品，瞬间想到一个从 2M 传输中抽空闲时隙进行传输资源复用的产品（一个 2M 传输有 32 个时隙），我将抽时隙的功能与监控产品的功能在脑子里组合叠加，当场"创意"出莫贝克监控产品能够区分出基站故障是否来自传输的功能：用抽时隙的产品从监控中心向故障基站发送测试信号，有信号反馈的就是基站设备出了故障，没有信号反馈的就是传输线路出了故障。客户听了我的阐述异常兴奋，立即要求莫贝克公司的监控开发人员到其省公司交流技术细节。

客户希望进行监控技术深入交流的要求，令我既惊喜又纠结。惊喜的是找到了监控产品打进移动通信市场的卖点，纠结的是这个卖点只是针对客户痛点做的功能组合式创意，莫贝克公司能否实现这一创意还是未知数。

我以最快的速度赶回公司，与监控开发总监讨论这个创意是否有实现的可能。讨论不到 10 分钟，监控开发总监就说，"这个创意可以实现"。这给了我再次的惊喜：给客户讲的故事可以变为现实！开发团队随即派出技术人员随我一同去客户处做技术细节的交流，其间双方不仅对莫贝克的监控产品进行了技术交流，还讨论了将客户的无线交换设备在监控中心与莫贝克监控系统通过桥接方式实现由中心对基站进行信号往返测试的技术细节。开发人员与客户的现场交流让客户确信，莫贝克监控产品具有区分基站故障是来自设备故障还是来自传输故障的功能。客户当场决定做基站监控试点，如果试点成功，客户将在全省的无线通信基站部署莫贝克的监控产品。

这是莫贝克公司自创业以来首个以客户需求为中心驱动产品开发与优化的最佳实践。我针对客户新需求的"突发奇想"式创意，通过开发团队转变成了监控产品的技术创新，使原本无法应用到无线基站市场的有线通信局（站）监控产品敲开了进入无线通信局（站）市场的大门。这也是莫贝克逐步增强的营销组织的成功，它以"抽时隙"的差异化传输技术通过推广活动在无线通信的监控市场砌起了竞争性的技术壁垒，客户也以此技术作为供应商获得采购资格的前提。**以满足无线通信客户特殊需求的功能，以实现该功能的独到技术，以营、销、研一体化的市场运作机制，使处于创业期的莫贝克成功地抓住了这个快速增长的无线基站设备监控的市场机会，只用了不到两年的时间，莫贝克监控产品的市场份额就从该市场的最后一名跃升到第一名。**监控产品线也由此成为莫贝克的第二大主营业务产品线。

3 创业公司能够在极短时间内走出危机的思考

创业成功的首要因素是创业时机的选择

莫贝克在通信领域成功的首要因素是选对了进入该市场的时机，当时中国的通信业发展正处于从起步到腾飞的时期，这给进口替代提供了足够大的市场空间，通信业需求的快速增长为创业公司试错提供了足够长的时间窗，避免了许多创业公司倒在黎明前。

从"0"做到"1"的人才在企业成功应对危机和解决危机中起了关键作用

根据国际工商业界对创业公司按年度计算存活率的经验和美国咨询公司CB Insights 的研究，全球约有 70% 的初创公司在创业后的前五年失败，其失败的原因是创业初期未能有效应对发生的危机。

莫贝克发生第一次危机的时间是初创公司的第 3—4 年，而触发危机的是两个事件：一个是开发的新产品要胎死腹中，几乎使这部分的投资失败；另一个是主打的通信电源产品没有跟上市场需求的变化，其销售量突然下降导致初创企业启动裁员计划。

43

前2章本书阐述了我是如何帮助莫贝克应对和解决这两次危机的。有趣的是，我并没有理工科教育背景，也不懂得莫贝克的产品技术，但却成功地帮助莫贝克应对了这两次危机，所提出的应对危机的解决方案又都是基于莫贝克现有的产品和技术。基于此我提出了企业人才的两分法：①能把事情从"0"做到"1"的人才。②能把事情从"1"做到"N"的人才。对一个企业而言，最稀缺的是能把事情从"0"做到"1"的人才，而在企业中99%的人才是能把事情从"1"做到"N"的人才。"0—1"的人才是擅长做创新和变革的人才，"1—N"的人才是擅长做拷贝的人才。企业要认识危机和解决危机主要依靠的是"0—1"的人才。

"0—1"的人才之所以能在企业发生危机时发挥作用，就在于这类人擅长弄清危机的真相：危机是什么？是什么导致了危机？有什么资源和手段来应对危机？弄清真相是提出解决危机的有效方案的前提和基础，我受过专业的社会学教育，社会学研究方法在弄清危机真相方面发挥了重要作用。

"0—1"的人才之所以能在发生危机时提出有效的创新和变革方法来解决危机，除了其能弄清危机真相，还在于"0—1"的人才的思维方式不是受限于现有的逻辑和边界，而是通过扩边界、跨界和改变逻辑的方式来思考。我在本企业从业27年，就是通过创新和变革来挑战各种不可能，把不可能变成了可能；我所推动或从事的企业最佳实践，也都是通过改变思维和跨界思维的方式来实现的。

"航程瞭望"的组织和功能对企业特别是初创企业的成长具有不可或缺的重要作用

初创企业最普遍的现象是在起步阶段有销售组织无营销组织，这就是俗称的"有销无营"。这个现象无论对以销售擅长的创业公司还是对以技术擅长的创业公司而言都存在。企业是利润中心，企业重视销售无可厚非，但"营销"功能或组织在初创企业容易被忽视，莫贝克在创业初期的组织建构和功能建构上也有同样的问题。"营销"对应的英文是 Marketing，其核心功能有两个：一是将企业品牌和产品价值宣传推广到客户端（价值传递），为销售（Sales）松土和铺路；二是调查和研究市场环境和需求变化，为企业成长提供"航程瞭望"。

初创公司大都有意无意地将"营"的功能叠加在销售团队身上，公司和产品的故事都是由销售团队自己讲，产品销售之路由销售团队自己铺，产品也由销售团队自己卖。这种模式在创业公司面临的市场环境不发生变化时是没有问题的，但是，一旦市场环境发生变化特别是快速变化时，这种模式就会给企业带来大问题。将"营"的功能叠加在销售团队上只能解决"讲故事"的功能，不能解决"航程瞭望"的功能。

"航程瞭望"对企业的重要性可以从电影《泰坦尼克号》中得到启示：一艘号称永不沉没的邮轮，首航就因触及冰山而沉没了。其沉没并不是邮轮设计和制造的原因，而是航程瞭望者失职，发现冰山和报警太晚，邮轮来不及避让。"航程瞭望"的功能是无法叠加到销售团队身上的，销售团队关注的永远是"活在当下"的问题，它扮演不了关注明天和后天的这个"营"的角色。莫贝克第一次危机发生的根源也在于此。

应对危机的方法和措施：需要强有力的组织执行力

再好的应对危机的方法和措施如果没有强有力的组织执行力也不能帮助企业摆脱危机，应对危机的动作不落地或动作不到位都会导致企业因应对失败而走向倒闭。强有力的组织执行力不仅需要团队的领导者有较强的领导力，更需要有企业组织文化作为支撑。组织执行力包含团队内部对领导意志的执行，也包含跨团队协同上对领导意志的执行，选择什么样的人做团队领导、如何跨团队协同形成合力，这些都是由企业的组织文化决定的。

莫贝克作为 HW 的子公司，带有浓厚的 HW 文化色彩。HW 文化中的"败者拼死相救""不放过任何一次机会""坚持到最后一刻"的企业文化意识使莫贝克有着极强的组织执行力，极强的组织执行力有效落实了莫贝克应对危机的策略和措施，使莫贝克快速走出危机。

应对危机需要相应的组织和功能的及时调整

HW 管理者有句名言：组织是为打仗服务的，根据打仗的需要，可以随时调整组织及其功能。所以在 HW，除顶层组织外，其他组织每半年甚至是每季度都会出现或大或小的调整和变化。除正式组织外，HW 是以解决问题为核心的，遇到复杂问题会通过建立跨团队的项目型虚拟组织来解决多团队协同攻坚问题。虚拟组织的管理者依据需要解决的问题，对涉及销售、市场、开发、服务、供应链，甚至涉及人力资源进行临时性的小规模的资源再组合。HW 管理者将虚拟组织称作"胡志明小道"。这个"胡志明小道"有效解决了大团队协同行动中的"穿墙"问题。

莫贝克作为 HW 的子公司，也承袭了 HW 的组织文化，在监控产品的"出生之战"和通信电源产品的"突围之战"中建立了强有力的应对危机的虚拟组织，如"某某项目组"的形式，来解决临时性的组织及功能的调整问题。在危机解除之后，再利用这些虚拟组织随即对正式组织进行结构或职能方面的调整。这在第 1 章和第 2 章的相关部分都有阐述。

4 冠名母公司，向非通信领域扩张，创业公司从成活走向成功

通信电源产品的成功激发了莫贝克管理层利用电力电子技术进行业务扩张的信心，创业公司着手进行通信电源之外的产品开发和市场扩展。其后，莫贝克的数次更名都与利用电力电子技术进行业务扩张有关，这些扩张为后来艾默生收购莫贝克奠定了产品基础和市场基础。

成功引领中国电网市场的电力操作电源产品变革

莫贝克将电力电子技术由通信电源市场向工业电源市场延伸的尝试就是以开关电源的高压直流技术替代电力行业的相控电源技术。这项技术变革推动了相关行业的技术标准的变革，开关电源的高压直流技术作为中国电力行业的新技术而被写入电力行业的相关标准，从此莫贝克成功地用开关式电力操作电源替代了相控式电力操作电源，进入了国内电力市场。

莫贝克将新技术应用到电力行业这个新领域而获得产品突破和市场突破的实践，实际上是复制了其在通信行业的成功经验。首先，莫贝克复用在通信市场行之有效的营销方法，对制定技术标准的电力设计院发起新技术变革

的推广，以开关电源的技术新、整理器的模块化、产品的体积小、产品重量轻、电源系统易管理、能有效匹配新一代输变电设备等 6 大优势，成功说服电力设计院接受了高压式开关电源技术。电力设计院系统修改了相关标准，并将高压式开关电源技术作为电力行业电力操作电源的新技术标准。其次，莫贝克复用了通信电源业务的管理模式，建立了独立运作的电力操作电源产品线，以产品线来管理产品的开发、生产、销售和服务，并以发电厂和电力局为客户，以直销和代理销售并举的方式成功进入国内电力市场。

莫贝克通过复用通信电源产品管理和业务管理的经验，只用了一年时间，就以新技术引领者的身份将电力操作电源的销售额增长到了 1 亿元人民币，并成为国内开关式电力操作电源市场的第一供应商。

电力操作电源产品线业务本可以借助相控式电力操作电源退网和开关式电力操作电源替代的机会发展成为莫贝克的第二大电源产品线，然而由于运营管理上的问题，如非标制造问题，更主要的是 HW 要出售莫贝克，HW 决定将这条产品线关闭。莫贝克作为电力操作电源新技术的领航者虽然开辟了这个新市场，但由于过早退场，为中国本土的其他企业做了嫁衣（电力电源产品线的命运在本书后续的章节中还有介绍）。

莫贝克为中国电力行业打开了开关电源技术这扇门，为中国本土企业进入这个新兴市场铺平了道路。在 HW 出售莫贝克之后，很快就有若干本土供应商超过莫贝克成为电力市场的主流供应商，整个中国电力行业都采用了本土开发的开关式电力操作电源，这个产品是当时中国电力市场上唯一没有进口品牌的产品。

从失败中学会了产品要与销售模式匹配

中国的改革开放驱动了中国制造业的发展。中国在加入 WTO（世界贸易组织）之前，制造业发展的核心是将旧的生产线升级换代；在加入 WTO 之后，中国承接了全球发达经济体的制造业转移，制造业得以快速发展，中国成为世界工厂。中国制造业的成长给电力电子技术在工业自动化和工业过程控制领域的应用带来了机会。起初垄断这个机会的都是在工业自动化领域和工业过程控制领域的国际品牌产品，如 ABB、Siemens、Omron、Schneider 和 Rockwell 等。变频器是工业自动化和工业过程控制系统中进行驱动控制和管理的重要部件，上述国际品牌都拥有自己品牌的变频器。

莫贝克基于在电力行业取得的成功经验，以电力电子技术为核心组建了低压变频器产品线，开始开发、生产、制造和服务低压变频器产品，目标市场是进口替代市场。

然而，莫贝克以电力电子技术为核心进入低压变频器市场远没有像进入电力操作电源市场那样顺利和快速，业务起步经历了 2 年的痛苦和煎熬。根本原因是，莫贝克管理层在决策进入低压变频器市场时仅是基于技术可行性的考量，而忽视了市场可行性考量。莫贝克管理层以通信行业市场和电力行业市场的特性来看待低压变频器市场，天真地认为，只要低压变频器开发成功，按照在通信行业和电力行业的做法，以本土的低成本的优势叠加技术跟随国际水平，莫贝克的变频器同样可以成功替代进口变频器而获得市场成功。

实际上，中国低压变频器市场的特性与通信市场和电力市场的特性完全不同，通信市场和电力市场是政府主导的政企合一的市场，是技术选择和产品应用完全合一的市场，其在技术标准、产品制式、产品测试、产品选型和产品市场准入上有着由中央到省的统一的规定和集中的把控。这两个市场的共性是，设计院掌控技术标准、产品制式和产品测试，政企合一的客户掌控产品选型、市场准入和采购。在这种市场特性下有少数且明确的营销对象，即设计院系统、中央相关部委、省级相关局和屈指可数的客户。低压变频器市场的特性是，客户分散在众多行业里，没有细分应用行业标准，中央的相关工业部委只负责制定或选择技术标准。进入该市场的最大难题是，供应商无法按应用行业从中央到省到市地进行集中式的营销推广。低压变频器的客户无论大小，都需要供应商一个一个地分别去做营销推广。将用在通信市场和电力市场的营销方法去做低压变频器市场就好比用大炮打蚊子：成本很高、收效很小。

莫贝克进入低压变频器市场的不顺利给管理层上了深刻的一课：产品开发不会天然地获得市场的成功，需要叠加合适的"营销"才能取得市场的成功。"营销"不仅解决产品销售中品牌和产品价值推广的"松土"问题，还要解决产品由工厂如何到达客户的"铺路"问题（Go to market），再好的产品如果没有"松土"和"铺路"，产品自己是无法自动流到客户那里去的。

我第三次受命于危难之际，接管低压变频器产品线。公司给我的目标是尽快实现产品线的盈亏平衡。如何拯救低压变频器业务？这又是一次挑战不可能：我不懂变频器技术，不了解变频器市场和客户，也不懂低压变频器的应用及应用场景，虽有直销经验但无分销实践。

摆在我面前的最大难题是低压变频器销售每月都完不成任务，业务开源不足是需要解决的首要问题。为何开源不足？变频器销售团队将开源不足归咎于品牌太弱和技术竞争力不足使客户难以接受，以及产品定价太高难以发展代理商和渠道；而变频器的开发团队则将开源不足归咎于销售团队不努力，发展的渠道不合适。这两个团队在开源不足原因的分析上水火不容，难以协同，当时业界也没有任何第三方机构可以提供低压变频器的市场咨询。

只有弄清开源不足的真相才能做出正确的决策，才有可能治理好该业务。我走访、观察并倾听来自公司内外的不同声音，包括倾听竞争对手的声音，希望能从中了解问题的真相。我首先走访了变频器销售员，与销售员讨论他们手上的项目，了解变频器销售员在销售中的痛点。这个行动迅速帮助我看到了问题的冰山一角。从一线销售人员那里得知，他们完成销售任务的主要做法是先了解哪个客户有变频器需求，说服客户接受产品，继而从客户那了解莫贝克的变频器需要通过哪家集成商才能进入客户的应用现场；因为低压变频器在客户端只是一个大型一点的器件，它要与相关主设备集成后才能使用；进口设备一般都自带变频器，国产设备都是配套进口变频器，只有在改造项目上有应用本土变频器的机会。销售员为此要从客户处找做改造工程的工程集成商，促成工程集成商买莫贝克的变频器产品，莫贝克的变频器只有经过系统集成才能交付给客户使用。在这种销售和业务模式下，销售员最难受的痛点是"吃了上顿没下顿，吃完上顿却不知道下顿饭的粮食从哪里来"。销售人员接触到的客户需求是不连续的，需要不断地找新客户才能找到新的销售项目。销售人员的抱怨不仅反映出公司在连接客户的触角方面严重不足，同时也反映出变频器销售团队根本没有接触到主需求市场。

主需求市场在哪里？我带着问题走访了业界，想了解竞争对手的客户分布在哪里，竞争对手是如何进行变频器销售的。我很快发现，友商都是通过渠道进行变频器销售，渠道与工程集成商结成合作关系，由工厂工程承包商把友商的变频器带入客户，且生产线上用的变频器是由主设备厂配套提供。这个信息让我瞬间明晰了中国变频器市场的两个细分市场：一是改造用的变频器市场；二是建设用的变频器市场。改造用的变频器市场，我将其称为"萝卜地市场"，其特点是一个应用场地在若干年内只有一次"拔萝卜"的机会，新萝卜要等到下一个生长周期才会出现；而建设用的变频器市场，我将其称为"韭菜地市场"，每条流水线设备都要配置变频器，流水线设备制造厂每个月都要购买变频器进行设备配套。

开源不足的原因终于找到：①莫贝克没有触及变频器的"韭菜地市场"；②莫贝克缺乏有效的渠道连接流水线设备制造厂；③莫贝克缺乏有效的连接工厂工程承包商的渠道。

原因找到了，拯救低压变频器产品线业务的对策和措施也就随即而出：以国产流水线的设备制造商作为主要目标客户进行拓展；将低压变频器市场上竞争对手的代理商和渠道商发展为莫贝克的代理商和渠道商。

低压变频器产品线的各业务团队有力地执行了上述两个策略：①将纺织机械制造行业的工厂作为首要的变频器"韭菜地市场"的目标客户进行技术推广和销售拓展；采用直接访问客户和联合渠道访问客户的方法寻求突破这块韭菜地市场。②将进口品牌的变频器代理商和渠道商发展为莫贝克变频器的代理商和渠道商。

为贯彻上述两个策略，在突破"韭菜地市场"上，我配合一个渠道，用了6个月的时间，3次访问浙江省某个印染设备制造厂，与企业负责人面对面进行了3次技术和业务的交流，终于说服客户，用莫贝克的变频器替代进口变频器，莫贝克成为该企业变频器产品的配套供应商，该客户每年给莫贝克变频器的订单都在1千万元以上；在发展莫贝克变频器代理商和分销渠道上，我配合销售员若干次访问某省最大的进口变频器代理渠道商，通过与该代理商负责人交流，说服其在内部建立新的独立的莫贝克变频器销售部，建议其在市场策略上采用老客户继续使用进口变频器而新客户则采用莫贝克变频器的方法，用"嫁接"的方式，巧妙地在不损害代理商既有利益的前提下解决了由进口变频器代理商向莫贝克变频器代理商转化的难题。在这两个策略的落地上，我带领团队首先实现了由0到1的突破，其后就由变频器产品线的业务部门去执行。

在上述努力下，低压变频器用了一年的时间就实现了扭亏为盈，又用了一年的时间，变频器产品线的销售额接近2亿元，并成为低压变频器市场的第一个本土品牌主流供应商。

变频器业务的成功是进口替代策略的成功。莫贝克在低压变频器业务上的成功本可以随着中国成为世界工厂而使低压变频器业务迅速扩大。但随着HW将莫贝克出售给艾默生，莫贝克变频器更名为国际品牌艾默生的变频器，这条产品线剥离给艾默生的过程控制集团，低压变频器在中国的发展也由快速转向趋缓。

值得一提的是，莫贝克加入艾默生之后，从莫贝克变频器产品线辞职的创业者继续着本土变频器的开发和市场拓展，在这些辞职创业者中，已有三家创业公司乘着中国制造业腾飞的大势成为变频器的本土上市公司。

此外，莫贝克受低压变频器成功的鼓舞，在杭州设立了研究所，开始开发高压变频器，试图进入高压变频器这块进口替代的市场。遗憾的是受HW要出售莫贝克的影响，该研究所在几乎要做成高压变频器样机的时候被母公司叫停，而这个产品的叫停给后来的两家本土高压变频器厂商的发展留下了空间和机会。

以电力电子技术渗透IT市场，受阻于竞争渠道和国际品牌友商

20世纪80—90年代，中国的IT市场是个待开发的市场，国际IT著名企业，如IBM、HP、Microsoft、Oracle在这一时期相继进入中国。当时中国IT业界的口号是"信息大爆炸"和"信息化"。随信息化浪潮进入中国的，除上述国际品牌的IT硬件和软件之外，还有为"信息化"提供基础设施支撑的交流不间断电源（UPS）和机房精密空调（Cooling）。APC、ST、Schneider、Eaton、Merlin Gerin等都是当时的进口品牌，且是处于市场主导地位的进口品牌供应商。

中国政府在驱动通信行业大发展之后，又开始推动IT行业的发展。本土企业继联想和方正进入IT进口替代市场之后，从事通信设备进口替代的企业ZX和HW也开始渗透IT进口替代市场。

莫贝克也跟随HW的步伐，以电力电子技术通过开发1k、2k、3k和30k、60k等5款UPS产品试图进入IT市场。

以技术驱动进行创业的公司，其管理层尽管在口头上高喊以市场和客户为中心，其实他们对"市场和客户"的理解是很狭隘的。莫贝克的成功只是在通信市场的成功，此时莫贝克的管理层对UPS市场和UPS客户的理解依然为通信行业市场和通信行业客户。殊不知UPS市场的重心不在通信行业而在通信之外的广泛的行业市场，即便是对通信行业，莫贝克依然不清楚客户需要什么容量的UPS。此外，"信息化"是渗透到所有行业的概念，通信行业只是其中之一。莫贝克开发的3款小功率UPS和2款中功率UPS目标客户是不清晰的，只是基于现有开发团队的能力来决定开发这5款产品。

以技术驱动进入UPS市场，却对UPS市场需求缺乏格局性的了解，使莫贝克的这5款产品一出道就受阻：①通信行业对UPS需求少但集中，其对莫贝克这5款UPS的需求更少。②通信之外的各行各业的UPS需求是主需求市场，但非常分散，国际品牌的UPS供应商都是通过分销渠道进行销售。③莫贝克UPS一出道就面临着与成熟且强大的竞争对手进行竞争。小

功率的竞争对手是 APC 和 Santer，APC 主导了高端小功率 UPS 的渠道和市场；SANTAK 主导了低端小功率 UPS 的渠道和市场。中大功率 UPS 竞争对手是 Merlin Gerin、Schneider、Eaton，这三家主导了中国的中大功率 UPS 的渠道和客户。

莫贝克并没有像对待变频器产品那样组建 UPS 事业部来独立推广 UPS 业务，而莫贝克的销售和市场团队的经验只限于进行直销的中国通信市场，销售团队对分销、发展分销渠道和渠道管理完全是外行。莫贝克将这 5 款产品叠加在面对通信客户进行直接销售的团队上进行销售，其结果是只能在通信行业做有限的 5 款产品销售，这 5 款产品根本进不了由分销商把持的行业 UPS 市场，UPS 业务就这样被做成了夹生饭。莫贝克无法将在通信行业行之有效的直销方式复制到行业市场的现实，连同客户多且分散，且每单合同金额小的 UPS 市场特点，由此驱动了莫贝克管理层在经历失败之后不得不再一次进行销售和市场组织的变革：在直销团队之外建立独立的分销团队。

第四次临危受命，在竞争中学习，组建分销事业部，进军行业分销市场

我受命出任莫贝克的分销事业部部长，组建分销事业部团队开展分销业务。在擅长直销的市场平台上组建分销事业部的最大难题就是组队。直销就好比拳击场上拳手面对面格斗，在销售竞争中是以项目论输赢的；分销好比要隔山打牛，竞争的厂家不是面对面格斗，而是通过各自的代理商在项目上格斗。

我以分销人员的素质模型为指引，破解分销事业部的组队难题。 解决组队问题的最佳方法就是选择有分销"基因"的人员去组队。但现实永远不会如人所愿，从事直接销售的人员和从事分销的人员有着不同的行为基因，这种行为差异可以用水火不相容来表述。直销人员面对客户做的是讲品牌故事、讲产品价值故事、讲差异化对手的故事、讲服务好于对手的故事、处理好客户关系和出好价格牌；衡量直销人员是否成功的标准是看他最终是否从

客户处获得了订单。而分销人员面对渠道所做的事是讲品牌故事、讲述产品技术优势的故事、讲述优秀服务支持体系的故事、讲述公司与渠道之间的利益共享和共同发展的故事、讲述公司在处理渠道冲突和保护渠道利益上的政策等；衡量分销人员是否成功的标准是看其是否成功招募到了渠道，这些渠道是否能源源不断地将从客户处获得的订单交给本公司而不是交给竞争对手。

我起初尝试将部分直销人员转成分销，看直销人员能否成功转型为分销人员。实践证明绝大部分人员的转型不成功，一个人养成的行为习惯很难改变，当直销人员实现不了这种转型时就会出现两种现象：一是销售人员辞职走人；二是销售人员自己直接找客户进行直销。这两种情况都严重阻碍了分销渠道的发展和将分销销售做大。

怎么办？从社会招募分销人员？实践证明，人可以招到，但所招人员很难融入莫贝克的销售团队。这些社招人员或多或少带有原先企业的做事思维方式和习惯，而这些思维方式和习惯往往与莫贝克的团队文化形成冲突。莫贝克企业文化的同质性很强、包容性很弱，其空降的和社招的人员"存活率"很低。

因此，只能向内找资源。在出任莫贝克分销事业部部长后，我就地将现有的 UPS 产品部和电力电源产品部的营销人员成建制地转为分销团队。营销人员的核心职能是面对客户讲品牌的故事、讲产品价值故事、讲产品差异化故事、讲技术领先于对手的故事、讲产品比对手成熟度高的故事等。营销人员的这些行为习惯，无论是面对客户工作还是面对渠道工作都是需要的，营销人员虽然没有销售经验，但也没有直销的行为习惯，这部分人的分销行为可塑。正是基于这种方法论的判断，我将做营销的"后军"转变为分销的"前军"。实践证明，这个组队方式和策略是正确的。如今，本企业 70% 的产品销售都是来自渠道销售，这种销售方式的转型始于 2000 年分销事业部的创立。

以差异化竞争对手的渠道结构设计破解渠道发展和渠道管理制度的难

题。莫贝克建立渠道渗透行业市场，目的是通过渠道这个杠杆来扩大公司在行业市场的覆盖力和渗透力，将莫贝克品牌由通信市场向行业市场延伸，解决莫贝克产品和服务对于行业的易获得性问题。基于这个目的，莫贝克在渠道发展政策制定上首先需要解决由渠道覆盖的市场网格定义问题。对于分销起步阶段的莫贝克而言，不宜模仿成熟国际品牌已经在中国建立起的全国总代—省总代—地区代理的三层渠道结构，也不宜模仿其以地市为最小单位由渠道覆盖的市场网格的模式。成熟国际品牌的三级渠道结构模式适合于工厂在海外而市场在中国国内的情况，该模式是用全国总代和省总代的囤货来解决地区代理商所要求的及时供货和资金授信问题；而全国总代和省总代是从工厂进货与渠道出货的固定价差中获得收益，并从工厂获得一定数量的资金授信。

莫贝克的渠道是零。莫贝克的分销渠道发展只能有两个来源：一是将新入道的创业公司发展为渠道；二是从竞争对手的分销体系中挖角。发展前一个来源的渠道远比发展后一个来源的渠道容易，因为这些新入道者无法加入已经成熟的竞争对手的渠道体系中，否则会破坏现有的市场划分格局。第一个来源的渠道发展起来容易但用起来难，因为这类渠道对分销市场了解较少，需要莫贝克给予更多的从产品到营销的培训，有时甚至还要求莫贝克人员以代理商的名义与代理商一同面对客户；此外这类渠道发展的数量少、市场渗透力弱，市场覆盖的成效不高。尽管如此，这却解决了莫贝克分销渠道由无到有的难题，这类渠道在冲击竞争对手的分销格局和打破竞争对手的分销网格上扮演了重要角色。基于此，莫贝克采用了与竞争对手反向的渠道策略：不设全国和省的总代（莫贝克工厂就在本土），工厂在供货和授信上直接平行面对所有的渠道商。分销市场网格的最小单位被定义为省，以省为单位发展分销渠道，在省内给予每个渠道更多的渗透市场的游击空间，不明确各代理商的市场覆盖"地盘"，在省内以代理商实际销售的客户为计量单位，通过跑马圈地的竞争方式确定代理商未来在省内的市场活动空间。这个渠道发展策略的核心是，实现扁平化的渠道结构，聚焦面向客户做业务拓展的渠道发展，将工厂的资源直接分配给面向客户的渠道，通过给予终端渠道比竞争对手高的回报，来解决莫贝克年轻渠道的市场积极性和能动性问题，并以此来弥补莫贝克在行业市场的品牌影响力小和产品系列不全的弱势。实践证明，莫贝克的这个初期渠道发展策略是正确的。

发展第二个来源的分销渠道的难度远比发展第一个大得多。原因是，这类渠道享有既有品牌的既得利益，其中，最大的既有品牌红利的获得者是全国总代和省总代，这两级渠道从工厂获得走货权和授信权，通过向下级渠道分配货物和转授信挣钱，这两级渠道无须做艰苦的终端客户的工作，只要拥有稳定的下级渠道就能享受到红利。这种付出少而获利多的上两级渠道莫贝克是挖不动的。竞争对手渠道体系中有机会被挖角是第三级渠道，这类渠道受限于地区网格，需要通过面向客户的拓展和获得订单来挣钱，他们对自己的评价是"付出多而收获少"，他们也想升级到省总代的位置从而能够轻松挣钱。

以预防渠道冲突为核心，解决渠道管理的难题：业界通常有通行的渠道管理维度，如渠道进入与退出管理、渠道秩序管理、渠道关系管理、渠道绩效评估、渠道激励、渠道培训与支持等。

但是，不同企业在渠道管理政策的制定上是有差异和各自的重点的。企业所处的发展阶段、企业在市场竞争中所处的位置、企业是维护现有的市场竞争格局还是打破现有的市场竞争格局等方面的差异决定了企业在制定渠道管理政策上的差异性。

显然，莫贝克在分销市场是个"新手"，莫贝克要进入已经被竞争对手控局的分销市场，就必须搅动和打破现有市场的分销渠道格局和竞争格局。基于此，**莫贝克渠道管理制度的核心被定义为"促进渠道快速发展，促进渠道市场活动的广覆盖"**。因此，莫贝克在渠道发展的初级阶段采用"宽进严出"的渠道发展政策："宽进"就是在无法挖角竞争对手渠道时，则大量发展新入道的创业企业作为渠道商，并设法将其他行业的渠道转型发展为莫贝克渠道，以此来解决分销渠道从无到有的迫切问题；"严出"就是不轻易剔除渠道商，对犯错和不守规矩的渠道进行两次教育和处罚，第三次犯错才会将其从合作伙伴名单中剔除。

配合"宽进严出"的渠道发展政策，莫贝克在渠道培训和渠道支持上采用了**"保姆式策略"**。"保姆式策略"有三项内容：免费培训、项目免费全程支持、免费开机调试。在渠道的市场支持上，莫贝克人员在面对客户时可以渠道商的名义进行交流。莫贝克对渠道商的免费培训目标是，保障渠道商达到**"三懂三会"**。"一懂"是指懂得莫贝克的产品技术，"二懂"是指懂得莫贝克产品与对手的差异化，"三懂"是指懂得莫贝克产品对客户的价值；"一会"是指经过培训的渠道商会讲莫贝克产品的故事，"二会"是指经过培训使新加入的渠道会销售莫贝克的产品，"三会"是指经过培训的新渠道会做莫贝克的产品服务。

为实现渠道商"三懂三会"的目标，莫贝克在培训上下足了功夫。莫贝克的渠道培训采用两种方式：第一种方式是集中渠道商到莫贝克的客户培训部由专职的讲师进行培训；第二种方式是莫贝克的分销人员到渠道商处进行培训。专职讲师偏重产品技术、技术的差异化和服务技术的培训；分销人员上门培训偏重于产品的客户价值和面对客户讲故事的方式，偏重于产品销售技能和如何处理客户关系。

对新加入的渠道商的前几个项目，莫贝克采用项目全程支持的方式，如莫贝克人员与渠道商的销售人员一起分析客户需求，分析竞争格局，制定客户公关策略，制定竞争中的出牌策略，等等，莫贝克的分销人员甚至以渠道商的名义与渠道商的销售人员一起面对客户进行交流。这是一种以师傅带徒弟的方式进行的教练式的市场支持，这种支持对加快新渠道的成长和成熟有重要的作用。

当莫贝克以省而不是地市为最小市场活动网格，当莫贝克的渠道从无到有、从少到多，当渠道拓展的广度不断增加，渠道之间争夺同一个客户的冲突也就成为一个不可避免同时又必须稳妥解决的棘手问题，这也是一个渠道市场秩序建立和维护的问题。如何制定管理渠道冲突的政策？我本着"鼓励客户拓展，保护商机发现者和价值贡献者，劝退项目后接触者，不浪费项目机会，必要时鼓励两个渠道商合作做项目"的原则设计出渠道冲突的管理规则：①鼓励渠道商在莫贝克的 CRM（客户关系管理）系统中报备其所拓展过的客户，只要该渠道商实现了报备客户的第一单销售，则可以把这个客户保护给这个渠道。②鼓励渠道商在莫贝克的 CRM 系统中进行项目的商机报备（报备项目有信息完整度的要求）。当发生渠道冲突时，原则上保护项目的最先报备者；当多个渠道报备了同一个项目时，原则上保护最先注册的渠道商，劝退后接触项目的渠道。③当最先注册商机的渠道把握不了客户和项目时，鼓励参与项目的渠道进行合作。④为避免莫贝克分销人员在商机填报上对渠道的偏向性和商机报备的垄断，商机注册不是由莫贝克的分销人员做，而是由渠道商自己做。

以奖励渠道的市场扩展和销售扩张为原则，同时兼顾维护莫贝克的市场价格线来制定渠道的供应价格政策和销售奖励政策。对新进入分销市场的莫贝克而言，需要快速推动渠道商的市场覆盖和市场渗透，渠道供应价格的吸引力往往决定了渠道的市场拓展投入力度。在渠道的供应定价上应考虑四个因素：①**考虑品牌替换所需要的价格支持**。因为，以弱势品牌替代强势品牌需要渠道投入更多的资源和精力。这需要以价格的形式来补偿渠道。②**考虑每个渠道的年度销售计划规模**。销售规模大的渠道得到的供应价格要比销售规模小的低，以此鼓励渠道制订具有一定挑战性的销售计划；但在执行上则按照每个渠道的销售累计量实行阶梯分步价，销售累计量越高则下一个项目的拿货价就越低，直至渠道承诺销售量所对应的价格。这个分步释放价格的策略是为了预防两个风险：一是避免"价格寻租"，即避免渠道商在用承诺的销售量换取最好的供应价后却没有达到承诺的销售额；二是预防大渠道商在与小渠道商发生渠道冲突后用低价逼小渠道商退出。③**考虑渠道商超额完成年度销售计划后的奖励**。这种奖励不体现在供应价中，而是事后对超出年度计划的销售量进行附加返价格点的方式兑现。④**考虑渠道冲突中对超底线杀价渠道的处罚**。莫贝克作为分销市场的新进入者，整体给渠道的供应价格是具有较强的价格优势的，在此前提下，莫贝克鼓励渠道以好的价格实现销售，对渠道卖给客户的价格上不封顶，但反对渠道冲突中突破底线的恶意低价行为：对突破底线进行内部价格竞争式销售的渠道，按阶梯价格提高一个等级进行供货。⑤**考虑对渠道的市场推广活动的支持**。莫贝克尚在分销市场的起步阶段，其在客户端的品牌影响力和产品影响力很弱，要快速实现在分销市场的销售，就需要驱动渠道多做客户端的有关莫贝克的品牌推广、技术推广和产品推广，这种推广可以是面向单个客户的推广，也可以是面向多客户的区域集中式推广；推广是为销售进行松土，推广需要资源投入，推广活动对渠道而言没有即期回报；为鼓励渠道为销售做推广活动，莫贝克设立了渠道推广活动奖励政策，这种奖励不体现在供应价格中，而是按照渠道已实现的销售额进行计量返点。渠道的推广奖励可以在年末一次性兑现，也可以在财政年度内分次兑现。

我带领团队组建了分销队伍，制定了有效的渠道发展和渠道管理政策，初步发展出渠道商群体。变频器渠道商在 70% 的省份每个省至少有 1 家，在东部和南部省份每个省有 2 家以上，变频器渠道商每年的年出货量少则几十万元，多则到上千万元，莫贝克通过发展变频器渠道商成功进入工业过程控制市场。电力电源渠道商也实现了在各个省的布局，每个省都有 1~2 家渠道商，西部空缺省由附近省的渠道覆盖，每个渠道的出货量都超过百万元，莫贝克通过发展电力行业的渠道商进入发电和输变电市场。UPS 渠道商的发展起步最晚，第一年的省级渠道发展覆盖率达到 60%，在中小功率产品系列不全的情况下，第二年的小功率 UPS 渠道的出货量达到了几十万元，大渠道的出货量超过了百万元。莫贝克通过发展 UPS 分销渠道，初步渗透行业的 IT 市场。1999 年是莫贝克组建分销事业部的第一年，分销销售额只占莫贝克总销售额的 3.4%。2000 年，莫贝克的总销售额增长了 61.5%，其中通信行业的直销占总销售额的 92.5%，分销销售增长了 256%，分销销售占总销售的比重从 1999 年的 3.4% 提升到了 7.5%。莫贝克在迈进行业分销市场后惊奇地发现，行业分销市场的产品毛利率显著高于通信市场。至此，莫贝克成功开辟了分销市场，为莫贝克后续的由通信直销市场为主的销售模式向以行业分销为主的模式转型迈出了成功的第一步。到 2022 年，公司渠道销售额已占 70 亿元总销售规模的近 70%，而直销销售额仅占 30% 左右。

莫贝克创业成功要旨

莫贝克在初创的 5 年间，经历了市场需求变化而产品跟不上变化的危机；经历了新产品通不过技术鉴定面临"胎死腹中"的危机；经历了由于客户准入门槛造成产品不能进入市场的危机；经历了以直销方法进入客户多样且又分散的行业市场所带来的产出远远低于投入的市场拓展危机；经历了不懂得将行业市场的渠道发展与行业市场细分相匹配所导致的销售增长乏力的危机。幸运的是，莫贝克在关键的时刻用对了关键的人、发挥了关键人的关键作用，进而快速甄别出危机的真相，找到产生危机的原因，继而能快速制定出有效的应对策略。这个策略通过组织的强有力的执行机制得到了充分的贯彻，从而使企业能快速走出危机，延续了被危机中断的成长之路。

莫贝克从 1996 年创业到 2001 年，在 6 年的时间里，通过进口替代的国家战略和直销方式成功地在中国有线通信的电源市场和监控市场占据了主流供应商地位；莫贝克在"战争"中学习"战争"，通过总结经验和教训，在创业期的第 4~5 年，就在直销平台之外开始探索建设分销平台，这是莫贝克由通信市场向 IT 行业的分销市场渗透走出的至关重要的一步。莫贝克通过用高压开关电源技术引领了电力操作电源的技术革新，成功地在发电和输变电的电力操作电源市场获得了主流供应商和产品品牌第一的地位；莫贝克在工业过程控制市场，通过将该市场区分为"萝卜地市场"和"韭菜地市场"，继而聚焦变频器的"韭菜地市场"，实现了该市场的部分进口替代，从而在低压变频器市场站稳了脚跟，成为当时中国变频器市场的本土第一品牌；莫贝克开发出的中小功率 UPS 在缺少大部分机型的情况下，依然通过销售方式的变革在分销市场存活下来并渗透 IT 市场，这为后续企业大举攻入 IT 市场和数据中心市场打开了一扇大门；到 2022 年 UPS 产品已成为企业销售额第一的产品,其年销售额已超过 10 亿元,其中 80% 的 UPS 销售是来自分销渠道,公司今天 UPS 取得的成就就是起步于 20 年前开启的那扇分销大门。

莫贝克有着成功初创企业的通病:重销售带来的业绩光环掩盖了潜伏着的风险

纵览创业企业成败的案例,其要获得成功并能够可持续成长,至少需要有效践行三条生存法则:第一条生存法则是能把产品卖出去;第二条生存法则是把卖出产品的钱能收回来;第三条生存法则是其卖出的产品要有合适的利润。

看似简单的生存法则,从创业企业的实践来看,很难完整践行,这也是创业企业中 70% 活不过 5 年的原因。不能有效践行第一条生存法则的创业公司是昙花一现的公司,其企业寿命极短,生存期不超过 1 年;有效践行了第一条和第三条生存法则但不能有效践行第二条生存法则的初创企业,由于现金流断裂,其存活期也不会长,最长三年;能有效践行第一条和第二条生存法则但没能有效践行第三条生存法则的,初创企业能够存活,但因缺乏利润支撑,其发展会很缓慢。如果初创企业能同时有效地践行这三条生存法则,这个企业不仅创业成功还能持续成长。

从众多创业的实践来看,当市场门槛和市场竞争环境不能同时满足初创企业的这三条生存法则时,理性的初创企业往往通过牺牲第三条生存法则来确保第一条和第二条生存法则,以为企业保留继续发展的机会。如果初创企业试图以牺牲第二条生存法则去践行第一条和第三条生存法则,这无疑就是一种自杀的行为,现金流是企业生存和发展的血液,缺乏血液的企业"必死无疑"。如果初创企业连第一条生存法则都不能有效践行,且预测 2~3 年内不能扭亏为盈,最好的策略是关闭公司及时止损。

莫贝克在 5 年时间里通过在通信市场的快速扩张和在行业分销市场的渗透,发展出 6 条产品线,其销售规模超过了 19 亿元,如果以产品线为独立运营单位,按照上述 3 个生存法则来衡量这 6 条产品线,只有通信电源、变频器，印刷板板装电源这三条产品线同时有效践行了三条生存法则；UPS 在第一条生存法则上践行还不到位；通信局（站）监控产品线和电力操作电源产品线的市场份额虽然已占据相关市场的第一位，但在第二条和第三条生存法则上践行不到位。这是 19 亿元销售规模的光环下潜伏着的危机。

通信局（站）监控是工程性产品，是用软件集成硬件的网络化产品。"重销售"带来的辉煌是市场份额第一、产品品牌影响第一；但"轻运营"产生了严重的风险。在进入施工阶段后，大量合同的施工界面、施工内容一改再改，软件一改再改，合同的施工结束期也一拖再拖。这种施工中的变更导致合同执行结束时的决算成本远大于合同签订时的测算成本，合同的真实利润被严重侵蚀甚至亏损，更致命的是合同回款周期一延再延，企业在合同中的垫资越来越多。随着通信局（站）监控的销售规模越来越大，上述风险也越来越大。监控产品好卖但不挣钱，正因为如此，HW 管理者在出售莫贝克之前就以"监控产品售后服务将来会导致该产品线亏损"为理由下令关闭了此产品线，并将其开发人员转移到 HW 去开发数据通信产品。而实际情况是，处于困难时期的 HW，需要增加资源来加快数据通信产品的开发，为未来的市场竞争做准备。HW 管理者在投入受困的情况下通过调整现有资源部署的方式来解决战略产品开发所要求的资源投入问题。HW 管理者决定关闭监控产品线，既不是因为这个产品线的运营管理不可改善和不可优化，也不是因为这个产品没有发展前景，而是因为 HW 以牺牲一个小产品线换取发展未来的大产品线所做的战略性的资源调整。正因为如此，在将莫贝克出售给艾默生的方案中不包含监控产品线及其业务。基于企业管理中"看着未来活在当下"的法则，我保留了少数开发、工程和维护人员，正是我的这个变通，为莫贝克进入艾默生体系后重启监控产品线保留了业务和资源这两个"火种"。

开关式电力操作电源是莫贝克在中国电力市场领先的技术换代产品。该产品的使用场景是各级各类变电站，产品的特点是输出配电的部分完全非标准化，产品的输出配电需要根据具体的变电站的输变电设备进行客户定制。

该产品"重销售"带来的是市场份额第一，产品品牌第一；但"轻运营"产生的严重后果是电力操作电源在签合同时是符合公司利润要求的，但产品按照客户的要求进行非标定制后就没有了利润。原因是每单合同中的每类机型客户定制的要求不一样，而且每项非标定制方案在合同之间不能复用。此外，电力电源的生产是通过外协工厂进行，这种小批量、多样式的客户定制式的外协制造成本很高，非标设计和制造的高成本吃掉了合同利润。这就是电力操作电源好卖但不挣钱，而且卖得越多亏损越大的原因。因此，莫贝克总裁决定在HW将莫贝克出售之前关闭电力操作电源产品线。我认为，将好卖但不挣钱的产品关闭不是正确的决定，好卖说明该产品符合市场需求，有进行销售扩张的潜力，只要甄别出导致亏损的原因，就有可能实现产品线的扭亏为盈。基于这个判断，我在HW出售莫贝克的方案中"埋伏"了电力操作电源产品线，为该产品线在艾默生时代获得利润奠定了资源基础。

UPS产品线在第一条生存法则上执行不到位，直接原因是用直销的方式在分销市场做销售，结果是第一年的销量微乎其微；第二年虽然按照分销市场的规则发展渠道做销售，但在产品品牌弱、产品系列不完整、新发展的销售渠道弱这三个制约条件下，销售规模虽快速提升，但市场覆盖小，销售规模远没有达到盈亏平衡点。幸运的是这条产品线在运营治理上走在正确的道路上，产品线盈亏难题的解决只是时间问题，UPS产品线的存活已经是大概率的事件。这条产品线的存活为莫贝克进入艾默生体系后借助艾默生大功率UPS的技术优势和品牌优势快速在中国数据中心市场打开局面奠定了平台和资源基础。

第二篇

凭机缘、消风波，借力国际平台实现向成熟企业的跳跃

1 世界性IT 泡沫破裂下HW 的生存危机与突围

2000 年 3 月第一次世界 IT 泡沫危机爆发，危机的根源是先期的技术进步吸引了投资者蜂拥投资 IT 行业，涌现了大量的创业公司进军互联网和科技市场，但是跟风的许多创业公司并没有明确的商业模式和盈利能力，创业公司虚高的估值和投资规模助涨了 IT 行业的泡沫，当大量创业公司的业绩不能支撑投资者所看重的公司的概念和发展前景时，虚幻的价值就破灭了。这次危机从 2000 年持续到 2002 年，为期两年的"互联网泡沫破裂"或"网景效应"导致许多互联网创业公司和科技创业公司倒闭。

HW 最初以代理进口品牌的用户交换机起家，随后开始自己研发用户交换机以替代进口品牌。随着中国公共通信网的发展，用程控式局用交换机替代纵横式局用交换机成为新兴的主流市场，HW 随即自主研发程控式局用交换机和传输设备以替代如朗讯、NEC、北方电信等进口品牌，并在通信市场初见成果。但到 20 世纪 90 年代末，中国的有线通信市场发展受到无线通信市场快速兴起的冲击，随着无线通信业务在中国的发展，尽管在无线通信市场进口品牌依然占据着主导地位，但国内本土品牌也开始崛起。

然而，HW 初期在无线通信技术发展路线的选择上犯了错误，先前建立在中国联通和中国电信内部的移动通信公司采用的是 GSM 技术，HW 当时不掌握这个技术，HW 的优势是有线通信技术，其重要客户是中国电信。当移动业务从中国电信分拆出来独立组建中国移动通信公司时，中国电信为弥补无线通信业务拆分出去的损失，开始发展不同于中国联通和中国移动所用的新无线通信技术，以期能继续发展中国电信的无线通信业务。HW 认为，中国电信不会采用 GSM 技术而会采用 CDMA 技术。然而，中国电信实际采用的是小灵通技术，并在 2 年的时间内大幅增加了小灵通设备的采购，同时显著减少了对有线通信设备的采购。有线通信业务是 HW 当时的主营业务，当中国电信减少对有线通信设备采购时，HW 也将面对艰难的时刻。

尽管主营业务受到影响，HW 除有线通信之外，还要同时在无线通信和数据通信技术的研发上进行大投入，这需要大的现金流支撑。怎么办？出售旗下的合资企业莫贝克就成为"聚焦资源、放弃周边业务、保住核心业务"的战略选择。为出售该公司，HW 将当时已经更名为 HW 电气的莫贝克再次更名为安圣电气（为便于表述，本书部分内容中仍使用"莫贝克"来代表安圣电气）。HW 以出售安圣电气的名义与艾默生进行收购谈判。这个收购案后来成为中国改革开放历史上第一个大型的外资收购中国企业案例。

我第五次受命，参与出售安圣电气。

站在收购者的立场，买公司犹如买股票，买股票的本质是要买未来业绩看涨的预期，只是这个预期要有历史业绩和未来市场的成长逻辑来支撑。我以此作为切入点，首要工作就是要设计和描绘好安圣电气在未来 5 年的业务成长模型。安圣电气公司当时主营业务收入的 80% 来自通信运营商，非通信市场收入只占 20%。我认为，设计和描绘好安圣电气在中国通信市场以及作为未来业务增长点的 IT 市场的 5 年业务发展模型，对提高公司出售的价格至关重要。基于这个逻辑和价值判断，我依据中国政府发布的通信产业的上一个 5 年计划和下一个 5 年计划，结合安圣电气创建 5 年来主营业务的实际增长率和对本公司的能力和潜力的认识，设计了安圣电气在未来 5 年年均增长率达到 15% 的商业模型。

在出售安圣电气公司的交易中，HW 聘请摩根士丹利公司作为 HW 出售安圣电气的财务顾问。摩根士丹利派出了 6 人顾问团队进驻安圣电气，该团队进驻安圣电气的第一项工作就是质询我所设计的未来5年发展的商业模型。为此，我基于历史财务数据，在产品线扩展、市场扩展和业务领域的扩展方面向财务顾问组讲述了安圣电气如何通过"先占领农村通信网，继而以农村通信网包围城市通信网，最后夺取城市通信网"的成功创业故事。这项质询工作持续了一个月。摩根士丹利最终接受了我所做的安圣电气未来5年的业务增长模型，并基于这个增长模型进行了财务包装，继而向有收购意向的买家做了概要性呈现。

业务增长模型吸引了当时试图进入中国通信市场的艾默生，艾默生作为世界500强公司先前已经收购了爱立信的通信电源业务。当时的中国正在快速发展无线通信网，在爱立信、诺基亚和西门子三家进口品牌的无线通信设备供应商中，爱立信的市场份额处于绝对领先地位。艾默生收购爱立信通信电源的目的就是试图使通信电源通过捆绑爱立信的无线通信主设备进入中国通信市场。然而，艾默生这个策略遇到了中国无线运营商的壁垒。其原因是，中国通信市场是将通信主设备和配套设备分开进行市场准入和客户准入的。通信主设备的采购决策链和通信电源的采购决策链不仅是分开的，而且是独立的，通信主设备供应商很少有机会能将通信电源"捆绑"进销售合同卖给通信运营商。艾默生每个月都有分业务的计划执行评审会议，爱立信（中国）的团队每月都向艾默生解释为何在中国通信主设备的销售上爱立信很难捆绑通信电源，并且屡屡提及莫贝克是其在中国通信电源市场的主要竞争者。

艾默生在无法通过与爱立信无线通信主设备捆绑的方式进入中国通信电源市场后才开始把目光转向莫贝克（即更名后的安圣电气）：既然在市场上打不赢你，就说明你很优秀，既然你很优秀，我就收购你，不能让你阻挡了艾默生进入中国通信市场的步伐。艾默生基于要进入中国通信市场和IT市场的既定战略，继收购爱立信电源之后又计划收购安圣电气。于是，艾默生向HW提出了有吸引力的独家谈判权要求。所谓独家谈判权就是只有在艾默生宣布放弃收购意向后，HW才能与其他潜在的买家进行出售安圣电气的谈判。HW管理者同意了与艾默生的独家谈判要求。

艾默生派出54人的收购团队对接安圣电气的市场、财务与供应链的谈判小组进行市场谈判与敬业调查。其中市场谈判和敬业调查是关键，主要涉及市场的成长性、客户、竞争地位、竞争对手、市场价格趋势等。市场谈判决定了艾默生对安圣电气未来成长性的认识和判断，决定了艾默生对安圣电气市场价值的认识和判断，这是艾默生决策收购的最重要的基础和前提。财务和供应链的谈判与敬业调查主要涉及财务风险盘查、市场合规性盘查、供应链成熟度盘查、人力资源状况盘查、供应商状况盘查等。

HW出售安圣电气的市场谈判持续了一年，谈判的节奏是每周一次。我带了一个助手负责安圣电气的市场谈判（包括我本人在内我方只有两人），艾默生则派出了14人的市场谈判团队，其中12人是艾默生旗下12个中国公司的市场负责人，2名顾问分别来自麦肯锡和摩根大通银行。作为安圣电气业务增长模型的设计者，我制定的谈判策略如下：①按设计的业务发展模型以政府发布的数据和安圣电气业务的历史数据为基础组织谈判资料；②用连续的环环相扣的严密逻辑和数据抓牢谈判的主控权，不给对方打断和询问的机会；③以安圣电气历史上发展成功的一系列逻辑和故事吸引对方跟着我的逻辑思路走并以此打动对方；④主控谈判的主讲时间，在每次3个小时的谈判中，我独讲2小时45分钟，只在谈判结束前的15分钟才给对方提问的机会；⑤对对方的提问，即便我已经准备好资料和故事，也绝不当场回答，将其留作下一次谈判的题材，并对这个题材再主讲2小时45分钟；⑥严守3小时的谈判时间，绝不拖长每次的谈判时间；⑦不提前将谈判资料提供给对方，只有在我介绍完相关主题后才将相关的资料分步提供给对方。我的谈判安排、谈判控场、谈判的逻辑、谈判的气场使HW聘请的摩根士丹利公司的顾问在通知我进场谈判时总是戏称："丁总，上课"。

一年的谈判终于促成了艾默生收购安圣电气，艾默生以独家谈判权的上限价格7.5亿美元现金收购了安圣电气。按当时的汇率，收购价相当于60亿元人民币。这不仅是中国第一例由外资收购中国企业的案例，也是当年中国最大的一宗公司收购案。艾默生CEO与HW管理者在深圳HW总部正式签订收购安圣电气的意向书，安圣电气的出售终于迈出了第一步。

2 巧妙应对与消融HW出售子公司中的内部矛盾

企业的金手铐

对员工的股权激励在业界被称为"金手铐"，这个"手铐"的含金量可以从企业员工薪酬结构中判断出来。企业设立股权激励政策的目的一是鼓励员工长期工作，二是激励员工努力工作，还有一个更重要的目的是鼓励员工以薪酬购买企业股票，从而把这部分现金流中的一定比例保留在企业内部。通常来说，企业给员工配股的原则是贡献越大配股越多，技术等级和管理职务越高配股越多，被配股员工的股票基数越大配股越多。有的企业以员工是否愿意拿现金购买企业所配的股票作为员工对企业是否忠诚的检验标准，其检验的结果决定了员工未来能否在本企业得到提拔和重用，所以绝大多数员工都是愿意拿现金购买股票的。

然而，这个"金手铐"在铐住员工的同时也铐住了企业。这个双向金手铐在安圣电气的出售中引发了兑付的危机。当安圣电气出售获得 7.5 亿美元时，每个员工都在计算自己持有的股票增值了多少倍，并希望在安圣电气离开母公司时员工持有的母公司股票能够得到兑现。

没有上市的股票都是企业内部股，员工持有的公司内部股体现的是公司对员工的某种投资回报的承诺。企业极其诱人的股权激励计划能否兑现考验着企业主的诚信。

股票是保留还是兑现的争执

按照艾默生收购安圣电气（原莫贝克）的意向书，除总裁外，安圣电气所有管理者和员工都要整体转换到艾默生。在出售安圣电气的交易后，员工要求按出售安圣电气的市盈率兑现员工所持有的企业股票，员工股票兑现就成了包括安圣电气管理层在内的所有员工的集体诉求。安圣电气管理层在与员工的内部沟通上已表示公司同意兑现员工股票，但母公司的管理层则提出了一个将安圣电气的员工股继续保留在母公司，员工可以享受分红的处理方案。这个方案如同在烧开的油锅里泼了一瓢冷水——立即炸锅了。这就产生了企业主、企业和员工的利益博弈，这个博弈甚至影响了艾默生是否愿意继续收购安圣电气。

公司交易中的风波

安圣电气员工要求在出售安圣电气后兑现所持有的企业股票，这是一种员工权利诉求，但这种诉求无法由有着同样利益诉求的安圣电气管理层来解决，只能由母公司管理层来解决。起初员工要求兑现股票的诉求是私下的和分散的，随后在各一级部门中出现了由中层管理者出面组织这种诉求的趋势。母公司管理层最初是希望由安圣电气管理层来处理此事件，无奈安圣电气管理层也是诉求的利益相关方，应回避此事。在此背景下，员工的诉求愈发强烈，形势日益紧张。员工按是否要求兑现股票为标准分成了两派，但要求兑现股票派占绝大多数。在利益面前，原有的企业文化对安圣电气员工已经不起任何约束作用，企业高管用没有经过深思熟虑的方式与员工沟通的结果是进一步激化了矛盾。

平息风波需要公司交易双方的智慧

母公司将安圣电气员工因股票兑现问题引起的风波通报给了艾默生。艾默生用 7.5 亿美元收购安圣电气的核心资产不是固定资产而是拥有中国通信电源市场业务和所服务的中国通信电源市场及其客户。艾默生站在收购后可持续发展的立场，要求被收购的企业妥善处理员工的诉求，要求安圣电气原班人马一个都不少地完整切换到收购后的艾默生。这是艾默生的智慧，艾默生以是否继续收购行动为条件要求安圣电气妥善处理好员工的股权风波，并要求安圣电气设计和执行一套在其被艾默生收购后的 4 年内保留原有员工的激励措施。

在艾默生的斡旋下，母公司终于由主要负责人组织企业管理层与安圣电气员工进行了面对面的沟通，答应按安圣电气出售后的股权溢价在扣除相关税费后兑现员工所持有的母公司的股票。

以无伤害方式平息了风波、保全了团队、延续了业务

该风波在母公司管理层面对安圣电气员工代表的诚意沟通后迅速得到平息。这次风波没有给安圣电气的业务带来实质性的影响，业务继续得以发展和成长，团队的完整性也得以保留。为确保在安圣电气出售给艾默生后员工的稳定性，母公司设计了一项按年计发的连续 4 年的继续工作鼓励金，这个鼓励金每年相当于员工两个月的工资，每年年末发放，连续发放 4 年。经过管理层智慧的处理，以无伤害的方式平息了风波。

3 智慧处理公司交易风险，以7.5亿美元成功化解HW现金流危机

收购安圣电气意向书签署后的买方迟疑

俗话说**好事多磨**。几乎与安圣电气员工股票兑现的维权风波同时发生的是全球范围的 IT 泡沫的破裂，IT 泡沫的破裂严重影响了科技行业和世界经济。在此背景下，艾默生内部在收购安圣电气上出现了不同的声音，这种声音主要聚焦在"安圣电气买贵了"和"在 IT 泡沫破灭的世界经济环境下是否值得收购安圣电气"这两点上。为此，艾默生聘请了世界著名的咨询公司麦肯锡对收购安圣电气项目重新做可行性评估并要求其提供该收购项目是否继续推进的咨询建议。

第六次临危受命应对公司交易中的危机

麦肯锡对收购安圣电气给出的是负面咨询建议，该建议的主要逻辑是，全球 IT 泡沫破灭导致了 IT 行业疲软，致使世界经济发展放缓，继而也使中国经济增长放缓。麦肯锡基于此将我设计的"交易后 5 年的年均业务增长率达

15%"的预测修改为"未来 5 年的年均增长率为 0"。艾默生提出，如果 HW 不能够否定麦肯锡所做的未来 5 年的安圣电气业务增长率为 0 的评估，则要终止收购安圣电气的进程。于是，艾默生委派其亚太区的投资公司总经理到访 HW，转达艾默生管理层的意见，要求 HW 安排原出售安圣电气的谈判组与麦肯锡评估此项目的工作组做面对面的沟通。HW 则提出另行组队与艾默生和麦肯锡继续进行公司交易的谈判，但由于谈判主要是关于对公司未来 5 年中国市场的质询，艾默生不接受 HW 提出的更换谈判代表进行谈判的做法，提出只与我本人谈此事而不与其他人谈。我当时正在出差西北的途中，安圣电气代总裁电话询问我为何艾默生的收购团队主管提出只与我讨论收购事宜？由 HW 另组人马进行安圣电气的出售谈判会有什么问题？我告诉这位代总裁：出售安圣电气的业务模型是我设计的，历时一年的谈判也是围绕这个业务增长模型进行的。如果让既不了解业务增长模型也不知道这一年谈判中所讲的故事的人去接手后续的谈判，一定会搞砸这笔已经签署了收购意向书的公司交易；搞砸了 7.5 亿美元的交易，代总裁就是第一责任人，同时也是第一"背锅侠"。安圣电气的代总裁被吓住了，紧急召我回深圳与艾默生和麦肯锡来接洽此事。于是**我第六次临危受命应对出售安圣电气中的交易危机**。

我在接到召回令的第二天就乘坐首班飞机赶回深圳，刚出机场就被公司早已等候在机场的车接往沙河高尔夫会馆。一进会馆，安圣电气的代总裁、艾默生亚太区投资公司总经理及麦肯锡的人员都在等着我，尤其是艾默生和麦肯锡的人员都表情凝重地看着我。艾默生总部负责收购的人员拿出麦肯锡做的年均增长率为 0 的预测模型告诉我："理查德（我的英文名），如果是这种趋势，这个交易就无法做了。"我立刻明白了，买方这次来是找理由停止收购，如果我不能有效地维护住原有设计的业务增长模型，哪怕是修改了模型调低了增长率，都有可能为买家停止收购提供了借口和理由。我当即表示请麦肯锡提出对原有业务增长模型的质疑点和问题，对于这些疑点和问题，我承诺三天后给麦肯锡正式答复。

　　社会学的社会研究方法再次帮助我制定出应对危机的策略：与麦肯锡的谈判应聚焦于以年均 15% 的增长率的历史数据来否定麦肯锡做出的未来 5 年年均增长率是 0 的预测。其逻辑是，安圣电气在历史上的年均增长率都超过了 25%，其每年业务增长率是当年 GDP（国内生产总值）增长率的 2.5~3.5 倍；未来 5 年即使中国 GDP 的年均增长率从 2 位数降为个位数，在 GDP 年均 7%~8% 的预测增长率下，安圣电气预测的年均 15% 的增长率仅是 GDP 增长率的 2 倍左右，这个增长率相对保守，是个可信的增长预测。此外，中国当时 IT 建设尚未起步，IT 泡沫破灭对安圣电气业务没有影响，因为安圣电气并不活在中国的 IT 市场，而是活在有线通信加无线通信大发展的市场。中国通信市场需求的继续增长有信息产业部（现已整合划入工业和信息化部）的第四个五年计划的国家指导性文件的支撑。

　　基于此应对策略，在当时安圣电气正发生内部维权、没有任何人手提供后援的背景下，我连续 48 小时没有睡觉，用手中的既有资料和在互联网寻找的资料，紧急准备了与麦肯锡的谈判大纲和备忘录。功夫不负有心人，充足的准备帮助我在接下来与麦肯锡就未来 5 年安圣电气业务增长模型的攻防战谈判上始终占据主导地位。谈判双方你来我往打的都是数据战，麦肯锡谈判小组只能用宏观数据解释宏观数据，我不仅能用宏观数据解释宏观数据、用中观数据修正宏观数据，还能用历史证明了的成功或失败的故事讲解数据背后的逻辑。这种谈判打的就是信息不对称。麦肯锡谈判小组只懂数据之间的逻辑，不懂信息产业报告每个数据背后的正面故事和负面故事，而我对中国通信行业和市场信息的认识与理解在麦肯锡谈判小组之上，我用历史数据中的正面故事维护自己的预测模型，用负面故事否定麦肯锡的预测模型。最终，以安圣电气历史业绩和对应安圣电气业绩的第三个五年计划为基础，以中国信息产业第四个五年计划对安圣电气未来业务增长的支撑为依托，全盘推翻了麦肯锡否定本次公司交易的立论基础，并声明安圣电气维持原有出售公司的业务增长模型，不修改一个数据，也不改动一个字。

　　我强硬的谈判立场以及证据加故事式的呈现方式，使麦肯锡和艾默生无法推翻出售安圣电气的业务增长模型，也就使艾默生无法终止收购安圣电气的程序，除非艾默生故意违约。

艾默生以拖延付收购款的方式来验证收购安圣电气的可行性

全球 IT 泡沫破灭导致的世界经济的放缓和中国经济增长率的降低是不争的事实，中国通信行业不可能独善其身。尽管我在与麦肯锡的谈判中维护了安圣电气未来 5 年的增长模型，但理论和预测是可以通过现实来检验的。艾默生作为世界 500 强企业之一有着丰富的收购经验，艾默生采用"现实检验法"来做正式收购前的初始验证。艾默生要求 HW 每月提供安圣电气的业绩数据（是收购安圣电气的尽职调查的一种形式），并一再拖延收购的实质性行为——收购发布和付收购款，以时间的拖延来验证安圣电气的实际增长能力。

艾默生的这个做法给 HW 和安圣电气确实带来了挑战，要每月兑现 15% 的同比增长率，尤其是要每月兑现通信电源业务 15% 的同比增长率，因为安圣电气优秀的通信电源业务是驱动艾默生收购安圣电气的最主要的原因。经历了千辛万苦才谈判成功的出售项目，不能倒在临门一脚上。出售安圣电气的最大获益方是 HW，HW 必须全力帮助安圣电气实现增长率目标。HW 的主市场是通信市场，HW 在通信市场的营销平台规模是安圣电气营销平台规模的 10 倍，这个平台确实能帮上忙，即利用优势的高层客户关系尽可能通过将通信电源与 HW 主设备捆绑的方式在安圣电气独立销售之外增加通信电源的市场份额。HW 与安圣电气协同确保 15% 增长率的行动持续了大半年，但艾默生依然不发布收购消息和付收购款。坊间和业界已有 HW 出售安圣电气失败的传闻。

自主请命，巧推艾默生踢出收购安圣电气的临门一脚

深圳一年一度的"中国国际高新技术成果交易会"是国际性科技成果展示和交易的专业展会，旨在促进企业、投资者、研究机构、政府四方在科技创新、研发成果、技术解决方案上的合作。这个交易会每次都有领导人出

席。HW 作为中国通信行业的创新企业是必须参加此规模盛大的集展览、论坛、交易于一体的盛会的。

然而，HW 没有直接参加 2002 年的盛会，而是委托安圣电气代表其参加。由于安圣电气没有独立的公司 logo，因此在安圣电气的展台上呈现的是 HW 的 logo，只是这次 HW 在展台上展示的只有电力电子类的产品，而没有通信类产品。我作为负责安圣电气产品行销和策划宣传业务的主管，理所当然地承接了代表 HW 参展的委托，以安圣电气的电力电子技术为核心，策划、设计和部署了以通信电源、印刷板板状电源、电力操作电源、低压变频器产品的展台和展览方案。安圣电气选择在展会的主干道和主入口的位置布置展台，目的是最大限度地让重要的客户、投资者和政府官员看到安圣电气的展台并到展台进行参观和交流。正是这个展台选址和电力电子技术的展览方案安排，让我有机会在高新技术成果交易会的安圣电气展台上见到了前来参观的艾默生亚太区投资公司的总经理，这个巧遇使我有机会与收购安圣电气的投资操盘人进行互动。当时我的脑子快速运转，思考如何将话题转到推动艾默生正式官宣收购安圣电气并给 HW 付收购款上来。我以介绍安圣电气电力电子技术和产品为由，亲自给艾默生投资人完整讲解了安圣电气的电力电子产品故事和这些产品的市场表现、成长性和竞争力，并以此为铺垫询问艾默生何时官宣收购安圣电气的消息。该投资人很轻松地告诉我，只要他在收购付款文件上签个字，7.5 亿美元的收购款就可以打入 HW 的账户。依据投资人的这个表述，我判定艾默生内部在收购安圣电气上已无障碍，于是顺水推舟向投资人提了一个其无法拒绝的收购安圣电气的官宣日。我告诉投资人，国庆节后，北京有一个国际电信联盟组织的国际通信展，全球重要的通信设备供应商都会参加此会；HW 有一个 500 平方米的展台，安圣电气紧挨着 HW 有一个独立展台；HW 邀请了中国通信运营商的大约 3000 个高层客户参观展会和 HW 展台，这些客户都是来自运营商总部、运营商的省公司和地市公司的高管；HW 和安圣电气的管理层都会到展台上接待客户。如果艾默生选择在展会开幕的前一天晚上官宣收购安圣电气的消息，则在展会开幕的当天就可以实现艾默生高管、HW 管理层、安圣电气的高管和 3000 个高层客户共聚在 HW 和安圣电气的展台上，见证安圣电气面对客户和市场的品牌切换和公司更名。在通信展开幕的时间节点上发布收购消息可以帮助艾默生节省上千万元的品牌切换成本，并大大缩短了品牌切换时间。我的这个故事打动了艾默生的投资人，他当即让我带话给 HW 管理者：初步拟定在国际电信联盟北京国际通信展览会开幕的前一天北京时间晚上 8 点，艾默生官宣收购安圣电气。

真是"踏破铁鞋无觅处，得来全不费工夫"。艾默生就是在 2001 年 10 月国际电联北京国际通信展的前一天晚上在美国通过美联社发布了收购 HW 旗下的安圣电气的消息。安圣电气的管理层和即将在国际电联的国际通信展会上接待客户的安圣电气驻各省的销售主管几乎在美联社发布收购消息的同一时间被艾默生召集到一家五星级酒店，召开了首次见面会。艾默生宣布委派一位总裁、一位首席财务官和一位财务总监入驻安圣电气，安圣电气原有的管理团队保持不变、其管理职责保持不变；公司名称更名为艾默生网络能源有限公司（以下"新公司"即指艾默生网络能源有限公司）。

公司交易落地，安圣电气从此得以破茧重生

安圣电气的成功出售，按 HW 管理者的话说是"艾默生给寒冬里的 HW 送了一件皮棉袄"。HW 通过安圣电气公司的交易从艾默生获得 7.5 亿美元的现金（按当时汇率折算，HW 一次性获得 60 亿元人民币的现金），由此，HW 走出了现金流危机。安圣电气员工持有的 HW 股票得到了兑现，安圣电气随即出现了一批在深圳买房买车的员工。根据公司交易的协议，HW 管理者将担任艾默生网络能源的顾问，HW 为安圣电气员工按年发放为期 4 年的继续工作鼓励金；HW 承诺在若干年内全额采购艾默生的印刷板板装电源，尽可能配套艾默生的通信电源；HW 承诺在通信市场平台上继续协助艾默生；艾默生网络能源在若干年内继续使用 HW 的 IT 办公平台和供应链平台；HW 承诺在 5 年内不进入艾默生网络能源现有的业务市场。这是一个四方皆

大欢喜的结局：HW 得以走出现金流的危机；安圣电气的员工获得了股票兑现；艾默生得以进入中国通信市场和信息化市场；安圣电气从一家创业型企业一下跃升到艾默生这个世界 500 强企业的全球平台。

艾默生在接手安圣电气公司后首先用艾默生的上市公司的财务管理原则和制度规范原安圣电气的财务管理；继而用艾默生总部的管理原则和制度规范了原安圣电气的人力资源管理和法务管理；艾默生最大限度地尊重了原安圣电气的各项业务管理。艾默生的管理理念是，被收购公司的优秀有其优秀的根据，不能用艾默生的管理扼杀了被收购公司原有的优秀基因。收购后的 10 年实践表明，艾默生对被收购公司的这个管理原则是正确的，安圣电气大部分原有的业务管理原则是符合和适应中国市场环境的。安圣电气更名为艾默生网络能源，在经过 1 年左右的调整期后，开启了快速增长之门，不仅进入了快速增长的通道，而且年均增长率远超 15%，实际达到 25%；艾默生在收购安圣电气时测算的 10 年的投资回报期实际只用了 7 年左右。艾默生网络能源的业务年均增长率从 15% 到 25% 的跃升是新公司的管理层将原安圣电气的管理智慧与艾默生的管理智慧融合的结果。艾默生网络能源（中国）随后成为艾默生电气集团的明星企业。

4 从母体中独立，借力世界500强平台跃上成熟企业的台阶

应对公司交割过渡期：业务连续性增长的压力与挑战

中国通信行业的变革从建立中国电信开始，在其后的 20 多年里经历了以拆为主、以合为辅的变革。前 10 年通信行业的变革主题是拆分和新建通信运营商，这个时期既是中国通信行业跳跃式大发展的时期，也是造就中国到目前为止依然存活的通信设备制造企业的时期，HW 和安圣电气都是这个时期的产物。中国电信是中国最早的唯一的一家通信运营商，它脱胎于邮电部，既经营有线通信又经营无线通信；在市场化和反垄断改革政策的驱动下，建立了中国联通，联通作为中国第二家通信运营商经营无线通信；1999年建立了中国网通，网通作为第三家通信运营商经营宽带、有线通信和数据业务；2000 年中国移动从中国电信拆分出来，独立成为第四家通信运营商，经营无线通信。安圣电气公司的交割过渡期正是发生在中国移动从中国电信分拆出来的 2002—2003 年。

安圣电气交割期面临的第一个挑战是中国移动从中国电信中的拆分，放缓了中国电信和中国移动这两家运营商的投资建设。投资建设放缓就意味着

需求下降，不仅直接影响了 HW 的业务，也影响了安圣电气的通信电源业务，HW 当年从学校招聘的大学生有一部分不得不分流给安圣电气。外部市场环境客观上的不利因素使交割期的安圣电气通信电源业务不仅没有增长，反而出现下降。

安圣电气交割期面临的第二个挑战是艾默生作为新东家派出的三人接管组与原安圣电气管理团队之间的磨合。安圣电气的管理层由于员工股票兑现的风波，在安圣电气出售前做了较大的临时调整，新的公司管理层需要时间来解决艾默生的高管与原安圣电气的高管之间信任关系的建立问题。

安圣电气交割期面临的第三个挑战是制定合适的政策稳定骨干员工。在安圣电气被收购前的员工股票兑现风波中，1300 多名员工中有 800 多人在集体辞职信上签了字，这 800 多人包含了中高级主管和业务骨干。HW 的管理者是新公司的顾问，这些员工和主管担心会因集体辞职事件被秋后算账，新公司需要有相应的政策稳定这些员工。

安圣电气交割期面临的第四个挑战是要解决外企文化与 HW 企业文化之间的潜在冲突问题，逐渐形成新的融合性的企业文化。艾默生是一家有百年发展史的世界 500 强企业，具有稳健经营的管理理念、制度和方法；这些管理理念、制度和方法在成熟的市场中是行之有效的；此外，艾默生作为纽约股票交易所的上市公司，具有所有上市公司共有的文化，即对股东和投资者负责的文化。安圣电气是 HW 的衍生公司，具有浓厚的 HW 企业文化特质，更多强调的是充分抓机会的文化、突破不可能的文化、高挑战目标的文化和以客户为中心的文化等。企业文化决定了企业行为，对新公司而言需要面对的是如何解决既保留安圣电气原有的以拓展为导向的文化特性，又贯彻艾默生的稳健、理性、合规的企业文化特性。

安圣电气交割期面临的第五个挑战是艾默生如何向新公司赋予新的成长动能。安圣电气的创业成功主要是在中国通信市场的成功，其三大主营产品是通信电源、印刷板板装电源和低压变频器；前两个主营产品应用于通信市场和 HW 公司，占据了安圣电气业务的 90%；变频器应用于工业制造业市场，但刚刚实现盈亏平衡；小功率 UPS 产品虽应用于信息化市场，但很弱小，尚没有市场地位。新公司需要解决赋予其成长和发展的新动能问题，需要解决如何通过分享艾默生已有的全球技术来发展除中国通信市场之外的市场业务问题。

安圣电气交割期面临的第六个挑战是植入艾默生的财务管理、人力资源管理和法务管理的规则。安圣电气在出售给艾默生之前没有完整的损益计量，其运营绝大部分都分享了 HW 的平台，部分产品与 HW 有着关联交易，其财务管理也是按照国内的财务管理准则进行的。新公司在财务管理上需要按照纽交所上市公司的财务管理规则和原则来重新梳理新公司的财务体系，以解决将新公司的财务报表合并到艾默生总公司的财务报表中的问题，以及解决将艾默生的稳健性财务管理原则与安圣电气的业务扩张性管理原则相结合的问题。

人力资源管理的核心是雇佣和薪酬管理，雇佣管理要符合中国的法律，但薪酬管理要服从艾默生总部的管理规则。安圣电气沿用的是 HW 的大激励式的薪酬体系，这个体系是匹配当时中国通信行业大发展和公司业绩快速增长的状况的，而新公司面临的挑战是艾默生对员工是没有股权激励的，其绩效奖金的计发规则和工资的调整幅度都与安圣电气有着较大的差距。薪酬管理是激发员工工作动力和活力的重要手段，如何在艾默生的人力资源管理规则之下制定一个既保留原安圣电气薪酬制度的优点又能兼容艾默生人力资源管理原则的新的薪酬体系，需要新公司管理层贡献智慧。

艾默生作为纽交所上市公司，非常注重企业经营的合法性和合规性；作为跨国企业，区域公司既要遵守所在国的法律法规，又要遵守总公司所在国的法律法规。

驱动重启被关闭的两条产品线，稳住交割过渡期的公司业务

中国移动从中国电信拆分出来后成为中国的第三个通信运营商，拆分期的人员分流和业务重组，直接导致中国电信和中国移动的投资建设放缓，这

种放缓同时冲击了 HW 业务和安圣电气的通信电源业务。在运营商的拆分期，新公司在通信电源上无法实现出售安圣电气时所阐述的年均 15% 的增长率，怎么办？

我在公司交易之后的新公司组织调整中已将分管的分销事业部和产品部转由其他领导管理，转而负责策划宣传部。策划宣传部有着滚动制定公司五年发展规划的职责，该规划每 2 年刷新一次；计划是从中期的时间维度规划公司的未来业务发展，用于指导年度业务预算。

运营商拆分这个外部环境因素有可能在短期内影响安圣电气加入艾默生后的业务增长，对此，我是有预判的。但是客观来说，最大运营商的拆分对 HW 和安圣电气而言短期利空但长期利好。从长期看，有线通信和无线通信建设在过了拆分期后都会加快。中国移动是第三个也是最后一个建立的通信运营商，但它却是发展最快也是规模最大的运营商，这也证明了业界"无线（通信）就是无限（通信）"的说法。但如何应对运营商拆分的短期利空？在 HW 当年面临现金流危机的部分我已经阐述，HW 为渡过"冬天"开始收缩产品线并转移开发资源，聚焦未来产品的开发。其中，安圣电气被砍掉了高压变频器产品线、电力操作电源产品线和监控产品线，这些被砍掉的产品线开发人员都被转入 HW 做无线通信、数据通信产品的开发。

安圣电气的高压变频器是中国该产品的第一个本土品牌，当时还没有进入产品发布和商用阶段，仅做出了一个样机；砍掉这条产品线虽然对安圣电气的当期业务没有什么影响，但它使安圣电气错过了在工业领域替代进口品牌进行发展的最佳机会，错过了进入该市场的最佳窗口期。

电力操作电源的技术革命是安圣电气（原莫贝克）推动的，安圣电气也因此坐上了电力操作电源市场第一供应商的位置。安圣电气的电力操作电源虽然既美观，又叫座，但是不挣钱。究其原因，是安圣电气采用了不合适的生产模式和商业模式，导致业务回款困难和产品亏损。电力操作电源大都被用于各级各类变电站，按当时的电力系统的设备采购和管理体制，各省、市都有自主权，这使电力操作电源在输出分路上没有统一的规定和标准，几乎每单合同都是非标准产品，甚至在一个合同中就有几类的非标准产品。这种按合同定制甚至按设备定制的产品生产成本很高，由于安圣电气所有部件的生产都采用外包式生产，自己只做集成制造和产品老化测试，因此安圣电气控制不了非标产品的外包制造成本。电力操作电源产品的高度非标需求在安圣电气以外包为主的制造模式下就形成了合同有毛利但生产无毛利的状况，随着销售规模的扩大亏损也随之扩大。此外，电力操作电源产品是通过分销渠道进行销售的，由于非标制造的产品发货期大都超过了合同约定的货期，其回款也就困难重重，产品线业务的现金流也出现了问题。为此，安圣电气总裁下令砍掉电力操作产品线，不把该产品线纳入出售安圣电气的产品线清单中，以免影响安圣电气的出售价格。电力操作电源产品线被砍，给该市场留下了一个大的空缺，这也变相帮助了国内随后产生的一批电力操作电源供应商。

监控产品的市场需求是处于成长期的需求，安圣电气也拥有了监控产品市场第一供应商的地位。监控产品属于工程性产品，其产品交付需要通过复杂的现场施工和部署来实现，其施工期大都超过了合同的约定，造成回款被客户一拖再拖，业务现金流受到严重影响。HW管理者以担心监控产品进入服务期后因为质量问题而赔钱为由砍掉了监控产品线，监控产品线也因此没有纳入出售安圣电气公司的产品线清单中。

安圣电气加入艾默生之后，运营商拆分这个外部原因导致安圣电气的业绩成长受压，对此，新公司需要有一个短平快的应对方案来克服这个短期的困难。我作为新公司五年发展规划和年度预算制定的责任人，在制定年度预算时明知当年的通信电源实现不了15%的增长率，但仍然按照出售公司时的承诺将通信电源的增长率预算设定为15%。为弥补通信电源业绩增长欠佳的不足，我把眼光转向安圣电气在出售前被关掉的两条产品线，其中第一个产品线就是监控产品线。

原安圣电气的监控产品有市场需求，能为公司挣钱，只要解决好运营管理中的问题，就是一项无须大投入就能够迅速成长起来的业务。此外，在

HW 关闭该产品线时，我以继续维护客户在网应用的监控产品为由，保留了少量的软件开发、硬件开发、工程与服务人员，这为新公司重启监控产品线保留了火种。基于上述背景，我向新公司提议重启监控产品线，将监控产品业务纳入新公司的业务成长性管理，新公司采纳了我的建议。监控产品线在重启的当年就做出了业绩：通过改善监控合同施工界面和软件功能界面的管理，大大改善了工程超期问题，相应改善了回款问题；监控产品线重启的当年销售额就弥补了通信电源销售的缺失。监控产品线在后续的 10 年里成为新公司在中国通信市场的一个主业产品线。

可以重启的第二条产品线是电力操作电源产品线。该产品线的市场需求处于成长期，安圣电气在电力操作电源市场的技术影响力和品牌影响力排在第一位，只是非标制造的高成本和长货期问题导致产品线亏损和回款困难。只要改变商业模式避开非标制造带来的业务复杂性和高成本就可以重新激活这个业务。为了在安圣电气加入艾默生后能够重启电力操作电源产品线，我利用安圣电气出售协议已签但尚未发布的空档期，携手原电力操作电源产品线总监共同推行了一个将电力操作电源的整机销售改为标准的电力操作电源整流模块销售的改革行动：由电力操作电源的开发人员设计好整机图纸，然后给留下来做在网电力操作电源产品维护的每个员工发一个拉杆箱，每个箱内放一个整流模块、一个监控模块和一张电力操作电源整机柜体的标准图纸；将电力操作电源销售的客户由电力客户改为配电柜厂；通过百度搜索出 600 多家配电柜厂，由产品线人员到这 600 多家配电柜厂做上门的业务推广，安圣电气向这些配电柜厂提供整流模块、监控模块、标准图纸和技术支持，由这些配电柜厂面对电力客户做整机销售并解决非标设计和非标制造问题，安圣电气对配电柜厂的供应采用现货现款方式。这项由两个中高层主管发起的电力操作电源产品自救行动，在持续了 3 个月的推广后获得成功，而自救行动的成功恰好发生在安圣电气被交割给艾默生之后。这时有一批配电柜厂成为安圣电气的电力操作电源的渠道商，他们或者以自己的品牌向电力客户销售整机产品，或者以 OEM 艾默生品牌向电力客户销售整机产品。原来代理安圣电气电力操作电源整机销售的代理商改为从 OEM 贴牌的配电柜厂拿货，这项变革行动有力改善了该产品的现金流。由于该产品线不做整机只生产模块，其产品销售的毛利水平一跃成为新公司毛利最高的产品。真是一切皆有可能，一个被判处死刑的产品线通过商业模式的改革实现了起死回生。当我向新公司管理层提出恢复电力操作电源产品线的建议时，立即获得了批准。电力操作电源业务由于没有被列入当年的业务预算，该产品线在被恢复的当年即给新公司贡献了额外的销售额，同时也贡献了利润。电力操作电源产品线与重建后的监控产品线对销售额和利润的贡献共同弥补了当年通信电源的销售额缺口和利润缺口。这两条产品线是艾默生在 7.5 亿美元收购之外的"额外所得"，正是这两个额外所得保住了新公司第一年的业务盘子。

第一年新公司业绩年对上年的持平避免了公司交易后的裁员

2002 年是安圣电气加入艾默生的元年，这年安圣电气更名为艾默生网络能源，简称艾网能。艾网能尽管在第一年遇到了运营商拆分带来的短期影响，但在重建和重启两条产品线后，保住了新公司年度业务预算的底线，其2002 年业绩与 2001 年业绩持平。这个业绩表现对稳定新公司非常重要，按照艾默生的运营管理规则，业绩如果不达标，则需要减少资产投资、削减运营费用、降低固定成本，这些措施都要在艾默生网络能源集团的监督下进行。新公司在 2002 年的业绩没有涨也没有跌，因此没有采取削减固定成本的措施，也就没有裁员。

从这一年开始，新公司的财务和计划管理全面采用艾默生的管理方式，以年度预算（Annual Budget）为核心来统筹各项计划管理和财务管理。年度预算的制定原则是下一年度的预算必须比上一年度在销售和利润上有所增长，其利润的增长要高于销售额的增长。在这一大原则下，企业以年度预算为核心，以月度和季度滚动计划的执行进行滚动式的计划管理和财务管理。其中，年度预算在企业运营管理中具有"宪法"的地位，该预算一旦获得总部的批准就不得更改，并成为企业年度绩效考核的标准。年度预算包含销售、成本、利润、现金流四大核心要素，对应的有成本率、毛利率、运营利润率和资金周转率四大能力指数，这也是所有上市公司的运营管理维度。在年度预算的四大核心要素中，销售是龙头、利润是核心、成本是调节键、现金流是关键。企业运营管理以实现利润目标为核心，围绕利润目标，运营管理首要的是开源管理即销售增长的管理，当开源管理或销售增长达不成目标时，成本管理（即节流管理）就成为能否达成利润目标的关键。在年度预算的四大能力指数中，成本率直接反映业务成本竞争力；毛利率直接反映市场能力和产品竞争力；运营利润率直接反映规模化运营管理能力；资金周转率反映的是运营效率。股票市场投资者对上市企业的潜力进行评估时除了判断该企业处于什么行业，主要是看其业绩的可持续成长性，即销售的可持续增长性、利润的可持续增长性和充足现金流的可持续性。对上市公司当期绩效的评价主要看利润增长和现金流表现，其对利润的评价分四个等级：第一级是利润增长、毛利率增长；第二级是利润增长、毛利率持平；第三级是利润持平、毛利率持平；第四级是利润下降、毛利率下降。前两个等级是好的上市公司；后两个等级是不好的甚至是很差的上市公司。股票市场投资者对上市公司当期业绩的评价直接影响上市公司的股票价格。

在艾默生年度预算管理的总原则下，其下属的企业可以依据市场销售的形势调整月度和季度销售执行计划，这个销售执行计划可以依情调高、调低，也可以持平，但随着可执行的销售计划的调整，成本计划和利润计划也要做相应的调整。无论月度计划、季度计划如何调整，其年度的总预算是不可调整的。年度预算管理的惯例是，年度前段销售计划的调低就意味着年度后段销售计划要调高，如果在年度的后段无法调高销售计划，就意味着年度的预算执行会有缺口，一旦这个年度预算执行缺口被管理层确认，就会立即采取减少运营投入和降低成本的措施。这种管理理念是，在不能实现预期销售的情况下要力图通过降低投入和成本来努力实现年度预算的利润目标。

因此，制定年度预算就是一个需要将战略目标（总公司的业务目标）、技术（各产品线的业务潜力）、科学（销售管理和成本管理）及艺术（分项目标的确定）四个要素组合起来进行应用的一项管理行为。我在制定公司年度预算时所采用的策略是，在总销售、总利润和总回款预算目标下，对分产品线的业务预算要有紧有松、有保有压、以松补紧、以压补保，确保总预算达成目标的策略。"紧"预算表明该业务线是公司看重并着力投入并进行发展的业务，即使其不具备达成高目标的能力，也要给其设立高预算目标，以确"保"公司能在该业务线上进行投入。"松"预算是指该业务线实际有增长潜力，但在不突破公司总年度预算的前提下，给其设立低的预算目标。由于预算低，公司对其投入也相应低，这就是"压"。以"松"的销售预算补"紧"的销售预算，以"压"的成本投入来补"保"的投入预算，这种有紧有松、有保有压的具有一定弹性的年度预算方式在绝大多数年份都实现了公司年度的总预算目标，所不同的只是各个业务线的年度目标实现上有差异。年度预算的制定和执行两者都需要有管理智慧。

公司交易"蜜月期"后的扶持与脱钩

在安圣电气交割后的"蜜月期"，HW履行其对艾默生的承诺，以保障安圣电气向艾默生网络能源的平稳过渡。HW对新公司的扶持与合作包括：HW管理者出任艾默生网络能源的顾问；在过渡期内新公司继续延租HW的办公系统和办公场地；HW承诺向艾默生网络能源采购足量的印刷板板装电源；HW承诺与艾默生网络能源在通信运营商市场进行协同；等等。

与此同时，HW企业文化和艾默生企业文化中的差异性在安圣电气交割过渡期也开始一点点显现。有文化差异性就会有文化摩擦，这种摩擦首先会呈现在管理层的决策讨论上。艾默生只委派了总裁、CFO和财务总监进入新公司，艾默生在业务决策上注重的是稳健性和风险防范，而HW在业务决策上注重的是抓机会和追求目标的激进性。在这样的背景下，每次遇到新公司的重要决策，原安圣电气的管理层有意无意间都会以"HW会如何做决策"来对现决策进行评价，以至于新公司总裁要求以后在企业决策上不要再参考

HW 原来的决策。显然，新公司需要一个将艾默生的稳健文化和 HW 追求目标的激进文化进行融合的新的企业文化。

首先，企业文化冲突下的艾默生网络能源与 HW 物理性"脱钩"。 新公司业务由通信市场向数据中心市场和 IT 市场的发展，新公司需要独立发展自己的新市场和新业务，需要保护自己的商业机密和技术秘密。为此，新公司必须改变在 IT、供应链、市场等维度对 HW 的依赖。摆脱依赖先从物理隔离开始，而物理隔离先从办公场地开始。

其次，新公司建立独立的 IT 系统。 随着新公司的业务发展，继续沿用 HW 的办公系统和内部通信系统已不合时宜。为此，新公司开始建立 IT 部门，重建新公司的 IT 系统，包括办公系统，ERP 系统，并将这些新建的 IT 系统与艾默生全球 IT 系统进行互联互通。将 IT 系统重建并与 HW 的 IT 系统隔离，这是新公司实现制造独立、供应链独立、行政办公独立和市场独立的基础。新公司所有需要与 HW 进行物理隔离的业务都依赖于 IT 系统的独立，没有这个独立的 IT 基础，新公司所有的业务都无法摆脱对 HW 的依赖。IT 系统重建和独立是新公司完成安圣电气收购交割的最重要的标志，也是与 HW 脱钩的重要步骤。

再次，建立独立的工厂和供应链。 "脱钩"的第二步是新公司建立起独立的供应链和制造工厂。为此新公司设立了供应链副总裁的职位，并在深圳建立起第一个制造工厂，开始独立进行供应链管理、生产制造管理、供应商管理和物流管理，这是新公司扩展业务的支撑。新公司随着业务的扩展，随后在若干年内分别在广东的江门和四川的绵阳建立了第二和第三制造工厂。

最后，区域销售和服务机构独立。 "脱钩"的第三步是继新公司的 IT 系统独立之后将面向客户的各区域销售和服务机构与 HW 的区域销售和服务机构隔离。如果没有新公司独立的 IT 系统支撑，就无法完成区域机构的办公场所与 HW 的办公场所分离。

第三篇

在文化冲突中融合中西，以国际视野与技术做强中国公司，由本土走向世界

1 新公司面临的挑战：运营管理出现短期失衡

艾默生是一个百年老店式的世界 500 强企业，是基于传统工业电气领域成长起来的，通过并购进入新兴领域是艾默生的常规做法。艾默生电气当年拥有五大业务集团，网络能源集团是其中最年轻的新发展起来的业务集团。为进入新兴的电子计算机机房和数据中心市场，艾默生起初是通过收购位于美国的机房空调和不间断电源（UPS）的制造商"力博特"进入美洲的电子机房和数据中心市场，继而通过收购欧洲的 UPS 和机房空调制造商海洛斯进入欧洲的数据中心和电子计算机机房市场。为了能够进入迅速兴起的通信市场，艾默生收购了马可尼公司旗下的通信电源业务和爱立信公司旗下的通信电源业务，进而在欧洲和北美这两个大的经济发达区域布局通信电源制造工厂，并以这两个工厂来覆盖位于亚洲和太平洋地区的通信市场。由于用欧美的通信电源来覆盖亚太地区通信市场的策略在中国受阻于 HW 旗下的莫贝克通信电源，于是就有了收购莫贝克（即后来的安圣电气）的行动。艾默生通过收购安圣电气，不仅获得了中国通信电源市场的准入，也占据了中国通信电源市场主流供应商的地位，并在短期内获得 HW 这个大客户。

新公司面临的挑战：运营管理出现短期失衡

艾默生用了 1 年的时间在中国市场完成了由安圣电气品牌向艾默生品牌的切换。艾默生完整保留了原安圣电气从基层员工到管理层的全套人马，保留了原安圣电气从组织结构到组织运作的整个体系，只派了总裁、CFO 和财务总监三人小组对新公司进行管理，原安圣电气公司从副总裁到基层员工都留在原岗位上继续任职。

然而，艾默生在接手安圣电气后中国通信市场发生了剧烈变化，艾默生在收购安圣电气的过程中，全球的 IT 经济已出现大跳水，中国的情况要比国际慢 8 个月，正因为如此，艾默生才能继续进行收购；如前文所述，在艾默生收购安圣电气的半年后，中国的通信业投资也开始收紧，通信市场的需求在运营商拆分期间急剧下降，争夺市场份额的价格拼杀激烈，价格加速下降；HW 自身的业绩也受到了通信运营商的拆分的影响，其对出售后的安圣电气在市场方面的支持也相应减少；国际竞争者也开始学习艾默生，通过在中国建立本地化制造来改善成本竞争力，国内本土竞争对手开始在技术和服务能力上追赶安圣电气。

以微调结构和适度增长应对市场的不确定性

艾默生在并购安圣电气开始的 1~2 年，以保持直销、试探分销、保持利润水平为运营原则，以财务和利润为中心来对网络能源公司进行运作管理；在公司组织结构上，艾默生保留了原安圣电气的矩阵式和扁平化的管理模式，所不同的是将中国本土的分产品线的开发团队纳入全球对应的产品线进行统一的技术标准和规划管理。此外，艾默生通过"引进来"和"走出去"的双向策略，探索新公司业务的中长期发展。"引进来"就是将艾默生旗下的力博特 UPS 和机房空调产品技术转移到中国进行开发和生产，将早先就已进入中国的力博特（中国）公司与更名后的网络能源公司进行整合，重点发展基于数据中心 UPS 和机房空调业务的中国市场；"走出去"就是基于网络能源的中国制造的成本和货期优势，建立起对艾默生全球关联公司的产品出口业务。

然而，艾默生上述微调企业架构、企业战略和企业业务体系的措施并没有能够有效地应对外部环境的变化。原因在于，由于企业管理"硬三角"中组织的复杂度随产品线的增多不仅没有简化反而增高，使中国公司对原有产品线之间跨部门协调的职能削弱；此外，本土的研发业务在实行全球化的统一管理后其管理层级增多进而导致决策链变长。企业管理"硬三角"中的组织复杂度的失衡导致了在应对需求变缓而竞争加剧的外部环境变化时，响应速度不仅没有提高反而变缓。

尽管艾默生也部分调整了企业管理中的"软四边"，即部分调整了需要协调的业务目标、组织能力要求、管理风格和对员工的职业要求，但新公司在"软四边"的调整上与"硬三角"一样也出现了失衡：一方面原有的 HW 文化在变淡和消失；另一方面员工还不知艾默生的文化为何物，甚至原安圣电气的管理层认为艾默生的管理是一种不适合中国国情的管理。例如，员工的激励和管理方式出现了变化，原来源自 HW 的"金条加大棒"式的员工激励和管理模式中的"金条"变成了"胡萝卜"，"大棒"变成了温和管理；组织运作和管理中的相对充分授权变成了相对集中授权；部分老员工心态也开始变化，从高增长目标下的"追求成就"变为低增长目标下的"不求有功但求无过"。企业管理"软四边"的失衡导致了企业执行力的削弱。

借助企业管理 7 力模型，我结合本企业的管理实践，以"7S+1"模型来呈现安圣电气（原莫贝克）在加入艾默生前后，企业运营管理架构及原则上的变化和差异（见图 1-1）。

新公司在企业运营管理上的"硬三角"与"软四边"上的不平衡导致公司内部出现了不和谐，这种不和谐的本质是不同企业文化间的摩擦：各级管理层抱怨增多（认为权力被削弱，激励减弱，部门合作难）；市场和销售人员抱怨增多（来自开发、服务和供应链部门的支持减弱，受到财务部门的规范约束多）；员工对激励和部门合作抱怨增多，部门协调变得困难，部门本位主义增长。其结果是，对客户问题的响应速度减慢、管理层和员工的责任

- 发展客户为股东
- 不断改进的产品
- 技术跟踪的6个产品
- 直销，与HW的捆绑销售
- 市场网络最大覆盖
- 低中端市场
- 低成本
- 低价
- 短货期
- 提供融资
- 好的服务

- 矩阵式，扁平化
- 相对充分授权
- 虚拟的产品线管理模式
- 虚拟的跨资源部门协调团队
- 在各省建立销售/服务办公室

- 以销售为核心的运作体系
- 自主开发
- 产品线对产品的经营结果负责
- 快速供应体系和服务体系
- 无纸化办公
- 强化员工绩效激励体系
  （工资为辅，奖金、股票为主）
- 绩效考核与末位淘汰
- 管理干部任职认证制度
- 分享HW的市场平台
- 企业文化及技能培训

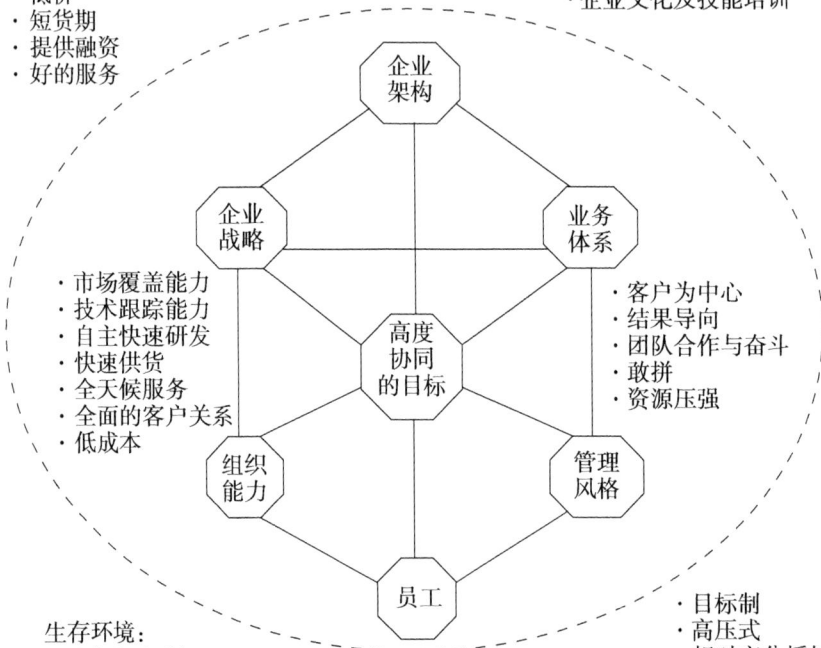

- 市场覆盖能力
- 技术跟踪能力
- 自主快速研发
- 快速供货
- 全天候服务
- 全面的客户关系
- 低成本

- 客户为中心
- 结果导向
- 团队合作与奋斗
- 敢拼
- 资源压强

生存环境：
- 需求快速增长
- 国际对手技术领先但成本高
- 国际对手市场覆盖不足，占据中高端市场
- 国际对手服务欠佳
- 政府鼓励运营商选用国产设备
- 有一半的客户是莫贝克的股东
- 客户要求不苛刻
- 市场价格差异大

- 年轻化
- 认同公司价值观
- 应届大学毕业生
- 有团队合作精神
- 有成就动机
- 销售人员要具有"狼性"
- 实行岗位流动

- 目标制
- 高压式
- 相对充分授权
- 团队式
- 开发与销售团队的弹性工作时间

图1-1　原莫贝克的企业运营管理7力模型与生存环境（"7S+1"）

心减弱、原有的直销市场业务下降速度超过市场需求下降速度、新发展的业务在IT行业市场的增长速度低于预期。外部环境变化加之公司内部运作的7力模型不平衡，使新公司在销售和利润两个方向上承压。

2 调整发展战略，用7力模型重新平衡新公司运营体系

　　新公司运营体系在7力模型上的失衡需要以企业文化融合为先导来解决再平衡问题。为此，艾默生向新公司员工提出了艾默生全球的企业愿景和企业价值：以"成为客户的首选"为企业发展愿景；以"要赢""诚心""互信"为企业的价值，并以此作为统一公司管理层和员工意志及行为的准绳。企业愿景和企业价值由新公司总裁亲自到各部门进行讲解，再由人力资源部门制作成卡片发给每个员工，并做成宣传画粘贴在公司的大堂和所有部门；由艾默生全球总部的人力资源部组织对新公司所有成员的"企业道德"培训。另外，艾默生针对产品线增多、公司走技术营销路线的战略，以及要长期发展和巩固市场关系的要求，在员工的使用和培养上增加了"素质与经验并重""鼓励岗位稳定""销售和服务人员逐步本地化"的招聘和使用原则。

　　艾默生依据新公司的价值观，针对产品线增多、面对的市场类型增多、组织结构复杂度增加，以及以财务为核心的管理特点，在管理风格上增加了"计划式""民主式""人性化""无级别沟通"的内容，让所有管理层和员工都了解公司的经营状况和遇到的问题；以解决问题为核心，鼓励员工将其意见跨级直达员工认为可以帮助解决问题的高层那里；制定制度，安排每月的产品线联席会议和总裁办公会议来促进部门间平等的横向沟通。

为实现新公司在运营管理"硬三角"上的再平衡，艾默生以全球领先的技术平台、全球采购与制造平台和全球统一的品牌为支撑，发展中国所有产品的本地开发、本地制造（全球技术分享，低成本本地采购和制造）、本地供应和本地服务；通过与通信行业客户建立战略合作的方式建立长期市场关系，通过发展分销渠道的方式提升对 IT 各细分市场覆盖的能力。

艾默生同步调整运营管理中的"软四边"，并以此配合调整后"硬三角"的再平衡：艾默生在战略上不仅细分市场（直销、分销、大客户、出口），通过丰富产品线（由 6 条增加到 10 条）扩大销售机会，还提出了技术营销、主攻中高端市场、提供适度服务、保持利润适度增长的战略。

艾默生围绕新公司战略，针对外部环境的变化和组织复杂度增高的现实，结合研发团队被纳入全球统一规划和管理的特点，在相对集中授权的基础上，保留各产品线对各产品业务进行跨部门的、按财务管理目标进行虚拟管理的职能，此外，建立了两个正式的组织来履行跨产品线和跨职能的协调——产品部和总裁办公室，以此来提高企业应对运营管理中经常出现的非常规问题的响应速度。

艾默生在运营体系再平衡方面的实践如下。第一，围绕公司战略，以财务为核心完善计划和预算体系，并将该体系落实到各省的业务运营和销售部门，以保证预算和计划的可执行性。第二，以公司价值观为依托，形成以满足客户需求为中心的运作体系，解决部门间的主动配合问题。第三，针对新公司的员工薪资激励减少的问题，变革了相关的激励政策，在保留原莫贝克奖金制度的基础上参照原莫贝克的员工股票制度推出艾默生的股票期权激励制度。第四，为有发展潜力的员工提供全额资助或部分资助，鼓励其去攻读EMBA 和 MBA，新公司用此方法打通了优秀员工在新公司体系内的发展通道，优秀员工不仅可以在新公司内获得职业发展，如果英文好，还可以到艾默生其他公司乃至全球总部获得职业发展机会。艾默生的上述方式不仅解决了员工的长久激励问题，还通过增加职业化培训的方式，提高了员工和管理者的职业技能。第五，艾默生开始将服务业务作为一种"产品"进行业务管理，并在原有的免费服务和有偿服务之间寻求建立某种新的平衡。

通过上述企业运营体系中 7 力模型的再平衡实践，艾默生网络能源作为一家脱胎于莫贝克的新公司发展出一种有效的开放性的系统。新公司面对急速变化的外部环境，快速改变了第一个财政年度存在的 7 力模型不平衡现象，并在第二个财政年度针对外部环境变化的不确定性，实现了企业发展的 7 力模型的新的平衡（见图 2-1），从而有效应对了环境变化，实现了企业的发展。新公司第二个财政年度的销售业绩比第一个财政年度增长了 28%，在 IT 行业的分销取得较大进步，出口业务发展良好，在通信行业的直销稳住了领先的地位，IT 制造商市场的发展也开始起步。

- 发展6个原有产品线，引进4个新产品线
- 保持在电信行业的直销
- 发展在非电信行业的分销
- 发展IT制造商客户市场
- 发展对关联公司的出口
- 技术营销
- 高中端市场
- 保持老产品领先的市场份额
- 提升新产品的市场份额
- 保持利润
- 适度服务，有偿服务
- 稳步增长

- 矩阵式，尽可能地扁平化
- 增加新产品研发部门
- 建立全球研发团队
- 引进全球采购和制造平台相对集中授权
- 虚拟的产品线管理模式
- 两级正式的跨部门协调团队
- 在各省建立直销、分销团队
- 在总部建立IT制造商和出口销售团队
- 在各省建立独立的服务团队

- 以财务为中心的计划、预算及执行体系
- 以客户为中心的运作方式
- 全球与区域相结合的R&D体系
- 以产品线为单位的营运绩效监督体系
- 快速供应体系
- 将服务作为产品的独立的客户服务体系
- 略高于业界水平的员工绩激励体系（工资为主，奖金、期权为辅）
- 骨干员工EMBA、MBA培训计划
- 业务培训计划
- ERP及CRM系统

企业架构

企业战略　　业务体系

高度协同的目标

组织能力　　管理风格

员工

- 成为客户的首要选择
- 要赢
- 互信
- 诚信

- 人性化
- 计划式
- 民主式
- 相对集中授权
- 无级别沟通制

- 全球领先的技术平台
- 全球化采购和制造平台
- 市场细分与覆盖能力
- 全球领先的品牌影响力
- 直销、分销渠道覆盖
- 本地制造，快速供应
- 发展长期的市场关系
- 全天候全类别的产品服务
- 低的采购和制造成本

- 认同公司价值观
- 有团队合作精神
- 有成就动机
- 素质与经验并重
- 鼓励岗位稳定
- 鼓励职业化
- 淘汰不遵守公司价值观的员工
- 市场/服务人员本地化、低成本化

市场环境：
- 中国加入WTO，所有国际竞争对手向中国转移制造
- 电信行业需求快速下降，IT行业需求稳步增长
- 国际竞争对手成本竞争力增强
- 国内竞争对手的成本、服务及技术竞争力提升
- 客户要求多样化、苛刻化、低价格化
- 电信行业客户以省或全国为单位集中招标
- 市场价格急速下降，价格差异急速变小

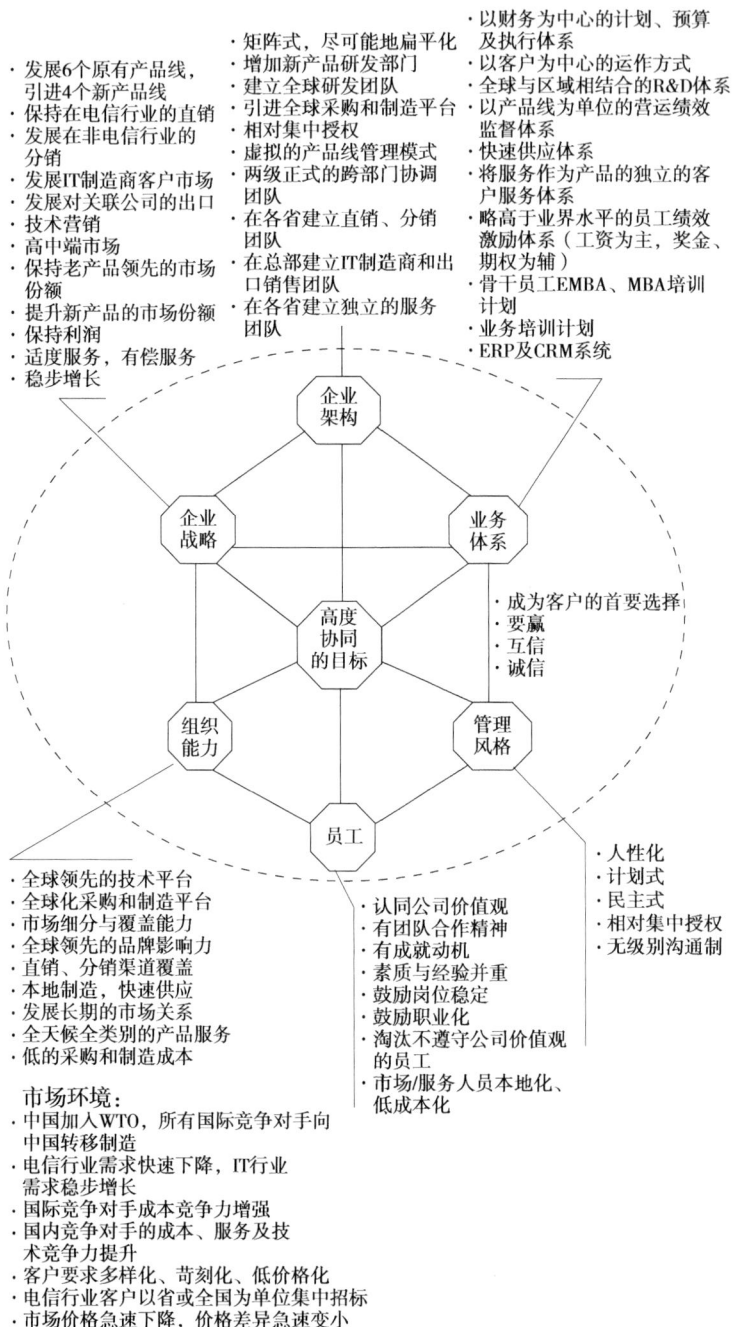

图2-1　艾默生面对挑战的解决之道：新公司"7s+1"模型的再平衡

3 重建营销团队，夯实价值传递，扮演企业瞭望者角色

产品部的前世与今生

我在莫贝克创业的中期，在成功创建了莫贝克第一个省域销售部并实现了省域年销售1亿元之后，就被召回莫贝克总部组建产品部。初建的产品部是一个除销售外其余都要负责的综合部门，产品部最早建立的二级部门包含了通信电源产品部、监控产品部、合同管理部、策划宣传部。其中，通信电源与监控产品部是面向客户和一线销售人员工作的部门，主要工作是推广莫贝克的通信电源技术和监控技术，负责产品市场的开源和客户开源。但这两个二级产品部门初期的能力很弱，只能扮演传声筒的职能，即由开发部编写产品宣传彩页和推广胶片，由对口的二级产品部用开发部设计制作的推广材料面向客户和销售人员讲述相应的产品故事。策划宣传部是一个负责公司广告设计与投放、产品宣传彩页的平面设计与投放和公司展厅和展览业务的部门，初期的策划宣传部也只是扮演宣传功能，扮演不了策划的功能。合同管理部负责处理销售团队合同的签订事项，协同销售和公司供应链，驱动公司按合同约定向客户交货。

由于我帮助公司成功摆脱第一次通信电源危机，公司总裁任用我接管了

原先由开发部门负责的产品营销工作，二级产品部主要负责产品宣传的创意、产品卖点的提炼、产品差异化的提炼、客户使用样板点的建立、产品的技术交流和技术培训。此外，我通过由二级产品部承担产品客户覆盖率这个考核指标的方式让产品部与销售部共同承担销售增长的职责：产品部负责产品客户覆盖率的增长；销售部负责产品销售量的增长。随着莫贝克沿着电力电子技术路线向电力市场、工业市场和IT市场发展产品，莫贝克的销售开始从采用直接销售的通信市场向采用渠道销售的电力市场、工业市场和IT市场延伸，产品部也随之扩张建立了电力电源产品部、变频器产品部、UPS产品部和印刷板板装电源产品部。

直接销售和渠道销售的销售方式有着巨大的差别。直销犹如在拳击场上的格斗，直接面对竞争对手进行客户和销售份额的争夺；渠道销售犹如隔山打牛，厂商只能通过发展和争夺渠道来争夺客户和市场份额。莫贝克销售的强势基因是直接销售，完全没有分销的基因，这导致从直销团队选拔人员组建分销团队来发展分销业务十分困难；①销售员不愿意离开直销这个主力部队，因为分销很难出成绩；②愿意到分销团队工作的大都是在直销没做好业务的或销售能力不足的；③初期发展渠道的工作很艰难，发展进来的渠道要么是新创业的渠道，要么是对手淘汰的弱渠道，渠道的忠诚度很低；④渠道在运作销售项目中显得无力时，直销出身的莫贝克分销人员则直接面对客户进行直销运作；⑤以直销团队管理分销的结果是渠道管理无章法，渠道冲突管理不好。

发展分销的窘境使莫贝克管理层不得不决定将分销团队从直销团队中独立出来另起炉灶，以建立分销事业部的方式发展分销业务。但决策易做落地难，莫贝克的企业文化的优势是执行力强，劣势是对社会招聘的具有不同企业文化背景的人包容性很差。莫贝克的企业文化特性使公司很难通过招聘社会上的分销人才来组建分销团队。在此背景之下，我再次受命将产品部旗下的合同管理部转给销售团队管理，将支持直接销售的通信电源产品部、监控产品部和策划宣传部组成新的产品部，并继续担任总监；将电力操作电源产品部、低压变频器产品部、UPS 产品部和模块电源产品部转变为分销事业部下属的产品分销部，这些二级产品部的人员转为做分销，兼做产品；在分销事业部建立渠道管理部负责渠道管理，由分销事业部负责这些产品的渠道发展、销售和分销管理，由我出任莫贝克分销事业部的第一任部长，其分销业务同时接受 HW 分销事业部的领导。

我通过对上述组织和职能的调整，用了一年多一点的时间，使分销业务初见成效：分销销售得到初步发展，分销规模达到 2 亿元。其中，低压变频器分销渠道体系和电力操作电源的分销渠道体系得已覆盖全国，UPS 分销渠道得到初步发展，渠道管理制度和渠道管理规则得以明确和统一，渠道冲突得到有序管理。

随着安圣电气被出售给艾默生，艾默生三人接管团队加入新公司，公司管理层也相应发生调整。我接下来的角色不是往前冲承担更大的责任，而是后退两步，将负责的产品部和分销事业部转给公司的一位副总裁管理，我则以总监的身份退守策划宣传部。新公司赋予了策划宣传部新的职能：牵头制定新公司的五年发展规划和协同制定公司年度预算。这项新职能是企业营销管理的核心职能，即企业航程和航道的瞭望者和导航者。

发展数据中心和IT 市场业务需要产品应用团队和产品营销团队

在安圣电气被收购前，艾默生旗下的力博特早在 20 世纪 80 年代末就随同 IBM 一起基于中国香港在中国的数据中心市场开展业务，其方式是通过渠道开展 UPS 和机房空调的销售和服务业务。20 世纪 90 年代末至 2000 年初，力博特在天津设立了空调生产工厂以支持在国内的空调销售，每年的业务规模在 3000 万 ~ 4000 万美元，主要是机房空调，UPS 销售则很少。

在艾默生收购安圣电气后，随着新公司发展战略的调整，艾默生将在中国的力博特与网络能源进行业务和人员的整合，期望在通信市场之外发展数据中心和 IT 市场。艾默生试图改变力博特产品在中国"十年如一日"小碎步式前行的业务发展模式，期望力博特的产品借助新公司的研发平台、市场平台和制造平台在中国市场实现销售的快速增长和市场份额的不断扩大，同时新公司的研发业务和销售业务都希望得到产品营销职能的支撑。在此背景下，重建产品部发挥产品营销职能就成为重中之重。

再次受命组建产品部，重建新公司的营销职能

这是我的第七次受命，新组建的产品部包含策划宣传部、各产品应用与营销部、产品定价中心和市场研究部。早在 1998 年，我在莫贝克建立的是创业公司的产品部，该产品部的核心职能是向客户讲述产品故事，所扮演的营销职能仅限于参展、广告和产品入围的技术检测。1999 年莫贝克发生了第一次生存危机，这使产品部有机会第一次向公司展示其在主导危机解决上的营销视野和真知灼见，从而从开发部的手中接管了本应该由产品部负责的产品宣传包装职能。但产品宣传包装职能也只是产品营销的基础职能。

营销的完整职能是什么？营销学将其概括为六大职能，即市场研究与分析、确定目标市场和产品定位、引导产品开发和产品定价、宣传推广和品牌传播、选择销售方式和管理客户关系。我认为，这六大职能仅给营销职能"画龙"，没有给营销职能"点睛"。

营销的灵魂是什么？营销的灵魂是营销的愿景和使命。我认为，从某种角度来看，**"企业的续命者"是企业营销的使命**。无论是创业企业还是成熟企业，甚至是世界 500 强的企业，都有着将企业做成生生不息的百年老店的愿景。企业存活于竞争环境，客户需求不断变化、技术创新和技术替代持续发生、市场的赛道不断改变，企业管理的核心就是要不断依据外部环境的变化、技术的变化和客户需求的变化及时调整内部资源并应对这些变化，以保持企业可持续的销售增长、市场地位的增强、客户满意度的改善和品牌价值的提升。营销的职能是通过市场瞭望、技术瞭望、竞争形势瞭望和分析，通过对内部资源能力的了解和理解，引导企业管理层做出正确的应对决策，使企业在十字路口不闯红灯，在山路转弯处不会掉下悬崖，在岔路口不会选错方向，使企业在航海中不会撞上冰山，等等。营销要扮演好"企业续命者"

的角色，就需要履行和实现三个基本使命，即企业形象与企业品牌的塑造者和推广者、企业航程和航道的瞭望者和导航者、企业基因的改造者。企业是利益集团，让企业活着是硬道理，企业要活着就必须解决产品与客户之间的连接问题，解决在充分竞争的市场，企业以什么产品和服务，以什么价格，通过什么方式，在什么地点满足什么类型的客户需求问题，这也是一个企业推广和客户选择的双向互动问题。在 B2B（Business-to-Business）市场，站在客户的角度，其对产品的认知是信息不对称的，客户大都从三个渠道来认识、鉴别和选择企业及产品：企业的广告、企业的推广会（包括展会）、已使用产品的第三方客户。产品部的第一个重要的使命就是对企业和产品进行不同层面的"包装"，企业包装就是通过企业 logo 和品牌的故事使客户在产生某种需求时立即联想到本企业，客户想到了企业也就想到了该企业的产品，进而让客户选择企业的产品，"营销"要做的就是通过品牌推广来影响客户选择本企业和本企业的产品。

企业形象与品牌的塑造及推广，需要有专门的组织来履行这项使命。我在重建新公司产品部时用了两个二级组织协同履行这个使命，这就是各产品的产品部和策划宣传部。策划宣传部将企业的专业性、实力、领先性和客户亲和性设计成客户关注的"企业形象与品牌""产品形象与品牌"，再通过广告、海报、展览、展厅、专业媒体的软文、新闻媒体的软文等推广给市场和客户。策划宣传部做的是"营销的外在形式"，具体的产品部做的是"营销的内容"，两个团队协同将营销的内容与形式匹配在市场和客户层面开展营销活动。客户层面的"企业—产品形象"与品牌推广是企业实现从客户获得生存资源的关键，该使命的履行者就是产品部。产品部通过组织行业推广会和区域推广会实现在市场端进行大范围的"企业—产品形象"与品牌的推广，通过组织面对具体客户的推广会来实现在具体客户层面的企业—产品形象与品牌的推广。组织企业层面的推广会是产品的客户准入必须做的营销工作。在具体的采购项目上，产品部则要扮演产品技术专家的角色，将前期所做的推广工作成果转化成客户的订单。在议标前或招标前的技术交流上，产品人员必须用本企业产品的亮点、技术差异化、产品品质、有竞争力的货期、良好的服务等这些客户关注的产品特性和竞争要素去深度影响客户的偏好，从而影响客户的采购决策。产品人员还要以"眼见为实"的营销方式，邀请客户考察和参观本企业和产品的使用样板点。

"营销营销，先'营'后'销'"，这就如同一场足球赛，策划宣传部和产品部首先要解决能上场参赛的问题（入围就是"营"），开赛后产品部要负责将足球从自家门口（企业）传送到客户门口（称为"营"），让销售团队能顺利踢出临门一脚（称为"销"），并破门得分（订单）；在防守中产品部要能坚守自己的后场，不让对手攻破自家的客户大门（不掉市场份额）。可见，企业—产品形象与品牌推广的基础使命是企业得以生存；策划宣传和产品营销是不可或缺、相辅相成的角色。

为履行**"企业航程和航道瞭望者与导航者"**的使命，我在产品部建立了"市场研究部"这个二级部门。市场研究部的职能是瞭望和研究未来5~10年的中长期技术与市场，研究本企业可以进入但尚未进入的市场。企业发展如同泛海行舟，随时有可能偏离航线，随时有可能触礁，随时有可能撞上冰山。企业需要有人扮演航程瞭望者的角色，要能够比对手或同行早5—10年知道未来要发生的事，从而使企业有足够的时间做决策和采取行动。针对中长期市场，我让市场研究部专项研究了新能源领域的技术与市场，如太阳能技术、风能技术、铁锂电池技术、燃料电池技术，以及碳足迹与碳管理的政策、制度和标准，还有中压UPS技术、户外基础设施技术、工程产品化技术、电力机车驱动技术、汽车充电技术、机房能耗诊断及能效优化技术等。此外，对新公司可以进入但尚未进入的市场进行研究，如高铁站点的供配电技术、港口岸电电源技术、机场航站廊桥空调技术、空调混合应用技术、模块化数据中心技术等。我驱动的这些中长期技术与市场的研究成果，一部分已被新公司采纳并形成了新的业务增长点和新的产品线，如MDC（模块化数据中心）、基于机架的IT基础设施解决方案、太阳能技术、风能技术、数据中心基础设施一体化解决方案等。其中一部分成果已转化成由销售团队去渗透的新市场，但有的研究成果被从本公司辞职的创业者带着概念出去创业，有的则被竞争对手通过猎挖市场研究部人员的方式复制了。

为履行**"企业航程和航道瞭望者与导航者"**的使命，我还让各二级产品部门承担瞭望3~5年中短期市场的职能。这些二级产品部每天在以各种形式在客户端进行营销活动，这些团队犹如浮在水上的鸭子，"春江水暖鸭先知"，产品人员通过参与投标和议标采购活动，对自家产品竞争力的变化、客户需求的变化、竞争对手的变化、客户采购的价值取向的变化等，都有着第一手的切身体验。我就是要让对外部环境变化有切身体验但低头做事的人抬起头来看路，从而让产品人员来扮演中短期航程瞭望者的角色：引导开发部做产品成本竞争力、性能和功能的改善及优化；负责产品生命周期的管理；对即将进入衰退期的产品提出新产品替代方案；对新产品开发或替代产品的开发提出市场可行性的意见，如产品的市场定位、目标客户、标杆竞争对手和产品定价；负责新产品的发布和老产品的退市；等等。

新组建的产品部之所以能够扮演牵头制定新公司五年发展规划和年度销售预算的角色，其基础就是有着对未来市场的研究和对产品的中短期与中长期的市场研究。企业的五年发展计划是企业"续命管理"的基础，是基于对每条产品线五年发展计划的管理，基于对每条产品线的朝阳产品（未来替代退市产品的新产品，未来现金流产品和利润流产品）、成熟产品（当下的现金流和利润流产品）和夕阳产品（毛利降低、销售减少、走向退市）的分类管理来实现的。产品线的续命管理和企业的续命管理规则是一致的，二级产品部要负责具体产品线的续命管理，大产品部要负责企业的续命管理。

"企业基因的改造者"是一个极其难以扮演的角色。所有企业都是有其优势能力基因基础的，正是这个基础使业界形成共识：优秀的企业只可学习，不可复制。因为一个已经具有自己独特基因的企业是无法全盘复制其他优秀企业的能力基因的。这就要求产品部在扮演"企业航程瞭望者"的角色中，不仅要做中长期的航程预报，还要研究未来对新能力的要求。新公司有三项优势能力基因，即电力电子技术、集成制冷技术和软件技术。这三项能力基因的有序展开给了新公司一个长达 10 年的高速发展期，其中 UPS 和机房空调产品在 10 年内的年均增长率达到 25%。

当市场需求趋于饱和，提升产品的销售额只能通过降价来扩大份额的方式实现时，不但这条产品线的发展走到了尽头，而且这条产品线也失去了作为牵引企业向前发展的引擎的功能。这时就需要有新的产品线来扮演企业增长引擎的角色，而这个新的产品线需要有新的能力基因，这就是如何建构新能力基因和如何将新基因与企业现有的基因进行嫁接的问题。

产品部是这个"企业基因改造"的第一责任人。早在艾默生接管安圣电气公司不久，我基于艾默生要将 UPS 和机房空调技术向中国转移的计划，就曾经向管理层提出在新公司发展端到端一体化解决方案业务，这个业务的核心是以企业现有产品为基础，集成第三方产品，为通信机房和数据中心的客户提供总包交钥匙的工程建造。做总包业务所需的能力基因与产品公司的基因完全不同，总包业务前端做的是总包项目架构设计，在后端做的是不同第三方产品的供应资源整合，交付阶段做的是集成工程的项目管理。在总包业务流中，产品只是一个业务组成要素。我在新公司是第一个也是唯一一个倡导要建立新业务基因的人。我的提议得到了新公司总裁的支持，他让我与主管研发业务的本公司的元老级副总裁进行交流。但交流的结果让我很失望，这位研发副总裁在听取了我为时 30 分钟的端到端一体化整体解决方案的设想后告诉我，研发团队支持不了我的这个一体化整体解决方案。不仅研发副总裁不支持、各产品线不支持，企业的供应链的供应方式也不支持。不仅艾默生网络能源中国公司不支持，艾默生集团总部也不支持。艾默生总部的观点是，我们的产品很有竞争力，也有很好的利润表现，为何要去做一个吃力不讨好的总包集成业务？由此可见，企业优势基因对变革和业务转型的抗拒力有多强。我不甘就此放弃发展总包业务的想法，在其后的业务发展中，我在公司品牌和形象层面，在市场和客户端高高举起"端到端一体化整体解决方案"供应商的大旗，在采购项目端继续沿着产品推广的道路前行。有机会就做上一两单小规模的集成化销售，并借助销售项目先以讲故事的方式获得客户的合同，然后以客户的合同作为交付压力驱动相关产品线以非标的方式开发出用于总包的新产品，在有了一定业务规模后，再驱动公司组建集成化产品线。我以这种"就汤下面"的方法"润物细无声"地在新公司一点一点建构起了总包业务的新基因。我经过10年的努力，最后追梦成功，在我高举"端到端一体化整体解决方案"营销大旗的10年之后，在艾默生网络能源全球都遇到了增长的瓶颈之后，艾默生总部终于接受了我10年前的提议，以中国为试验场，"组建数据中心总包事业部，探索以总包这种商业模式继续推动产品的销售增长"。（总包业务的发展故事会在本书的第四篇做阐述）

在企业营销愿景和使命之下，**我给产品部的定位有两个，第一个定位是"品牌建设与推广者，客户品牌亲和力培养者"**（见图3-1）。

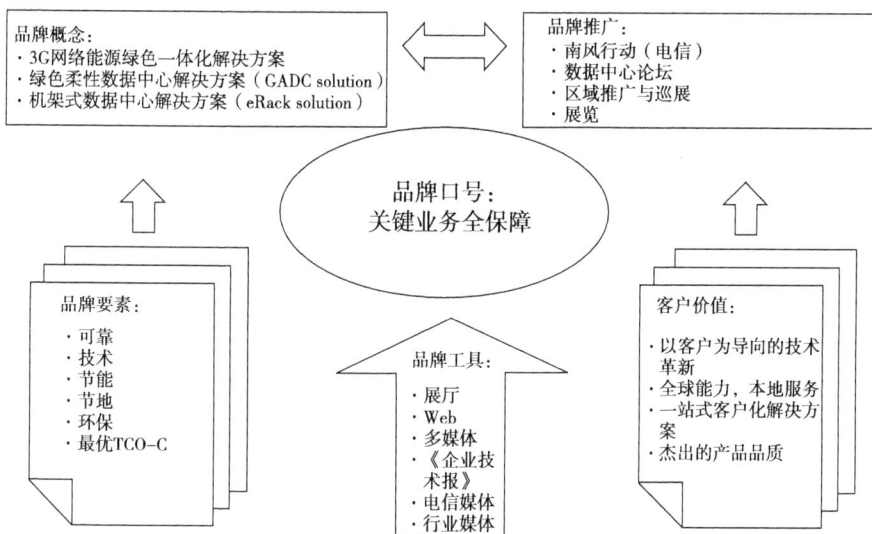

品牌概念：
·3G网络能源绿色一体化解决方案
·绿色柔性数据中心解决方案（GADC solution）
·机架式数据中心解决方案（eRack solution）

品牌推广：
·南风行动（电信）
·数据中心论坛
·区域推广与巡展
·展览

品牌口号：
关键业务全保障

品牌要素：
·可靠
·技术
·节能
·节地
·环保
·最优TCO-C

品牌工具：
·展厅
·Web
·多媒体
·《企业技术报》
·电信媒体
·行业媒体

客户价值：
·以客户为导向的技术革新
·全球能力，本地服务
·一站式客户化解决方案
·杰出的产品品质

图 3-1　品牌建设与推广的策划

上述品牌建设与推广的策划是安圣电气加入艾默生后第一次正规的营销业务建设，我针对中国的通信和数据中心市场，将艾默生全球品牌与形象和中国本土市场及竞争相结合，总结并设计出艾默生网络能源中国公司的形象和品牌，通过一系列相互配合的品牌推广活动，特别是通过分省按客户群的全覆盖式推广会，在短时间内就使新公司的品牌叠加在原安圣电气的品牌上，得以在中国通信市场和数据中心市场，尤其是数据中心市场得到普及和提升。这为艾默生收购安圣电气后的10年高速发展奠定了品牌基础和技术基础。

在企业营销的愿景和使命之下，**我给产品部的第二个定位是"产品的全生命周期管理者"**。产品部要负责市场份额管理、产品盈利性管理、销售可持续发展管理、产品入市和退市管理，**这些管理职责的设立和推行有效地解决了如何才能真正做到以市场和客户为中心驱动产品开发的这个企业难题**。产品开发不再仅是开发部的事情，而是销售团队、产品团队和开发团队共同的事情。

市场份额管理实际上是一种产品竞争力管理，当产品的技术竞争力或成本竞争力不足，或两者皆不足时，产品的市场份额就会下降，反之市场份额就会上升。对市场份额指标的评估，我采用销售团队自评估、产品团队评估和第三方市场研究机构评估三者相结合的方式。产品部依据市场份额变化的指标推动相关部门在销售改善、产品优化或替代性产品开发等方面的工作。

产品盈利性管理是企业利润管理的核心。企业层面是从销售价格与制造成本之间差额的变化来管理产品的盈利性，这种管理主要聚焦于降低制造成本以改善产品毛利率。产品部负责产品盈利性管理主要是看销售价格、销售量、利润和利润率这四者之间的变化，即从销售价格管理和产品成本竞争力管理两个维度来看产品盈利性的变化，并以此来驱动销售团队的价格授权管理和开发部进行产品的成本优化管理。

销售可持续发展管理是企业对市场进行开源式管理的核心。做大销售是企业永恒的主题，但做大销售只是销售可持续发展的一个维度。做大销售有多种方式，如增加客户数量、提高每个客户的销售量，减少客户流失，将同一产品卖进新的领域，等等。对这个维度，产品团队关注的是，销售增量是市场需求带来的还是市场份额增加带来的？如果是需求量增加带来的，是否可以通过增加市场份额的方式来使销售量有更大增长？如果是市场份额带来的，销售量增加与利润量增加是否同比同步？如果利润额增长低于销售额增长，这大概率是通过主动式价格下降带来的销售额的增长，在此情况下虽然利润率下降了，但可以利用价格弹性继续扩大销售并提高利润额。产品部接下来要做的是推动开发部优化产品，并降低产品的成本率，以支持在销售价格降低的情况下仍然能够保持住产品的毛利率水平。如果销售量增长但利润额和利润率双降，这意味着销售团队降价过度，在此情况下，产品团队要推动销售团队收紧销售价格授权，以使销售的增量能够带动利润的增量。如果出现了销售量下降、利润额下降和利润率下降这种"三降"的情况，这意味着该产品已毫无竞争力，需要有新产品替代该产品，该产品须退市。

产品入市管理是产品部与研发团队合作为企业不断发展有竞争力的新产品；产品退市管理是产品部与销售团队、开发团队和服务团队合作将无竞争力的产品退市。推动研发团队发展有竞争力的新产品是产品部的重要职责，对此产品部要做的是通过产品的市场可行性研究，定义新产品的目标市场、目标竞争对手、产品的差异化竞争点，确定产品发布期，预测新产品生命周期内的销售曲线和大致的产品退市期。新产品的市场可行性研究是一项决定能否进行新产品开发立项的最重要的工作，市场可行性研究的核心是回答产品可销售的空间有多大，卖给什么客户，与谁竞争，竞争中产品需要具备的竞争要素是什么，可实现的分年度的销售量和份额，新产品的目标成本率和销售毛利率，等等。新产品的成本率和毛利率预测要依据与被替代的老产品做比较而设定。新产品市场可行性研究为后续研发团队的技术可行性和成本目标实现的可行性评估提供基础。产品部在解决了技术可行性和成本目标可行性之后，还要评估开发周期能否满足新产品发布期的要求。在市场可行性、技术可行性、成本目标可行性和开发周期可行性获得通过后，新产品才能通过正式立项，研发团队才能着手新产品的开发概念形成、概念可行性分析、概念开发、开发项目计划、产品设计与开发、产品中试等。产品部则要着手产品发布的所有准备工作，包括但不限于产品定价、产品宣传资料、产品推广资料、产品培训计划、产品发布等；产品部还要协同开发部和服务部制作产品安装手册、产品维护手册等。产品退市管理的核心有两个：一个是将旧产品的产能让给新产品，减少产线投资；另一个是对已经退市但客户还在使用的网上设备做必要的备件生产和储存，以继续支持客户对已经退市但仍然在网使用产品的维护。

我给产品部的第三个定位是"负责企业的价格管理"。价格管理是销售管理和财务管理都需要重点聚焦的管理。在"莫贝克"时代，定价中心设在财务部，价格管理职责也归财务部。这种组织设计的缺陷在于，财务部是企业中远离客户和市场的部门，其对价格管理除能设立价格控制线外，只是个价格记录部门，其对价格的管理也是要通过销售部门来实现的。为弥补这个缺陷，我在重建产品部之后，推动新公司将定价中心划归产品部管理，其价格管理职责也归在产品部。我将定价中心对价格管理的职责进行了重新定位：制定产品 GP 率（毛利率）目标，驱动价格策略的执行，以 GP 率管理驱动销售的扩展性或收缩性管理以及产品成本竞争力优化的管理。

我驱动定价中心的**价格管理按照 1、2、3、4 的原则进行**：即 1 个平台建设、2 个管理聚焦、3 项价格策略执行监督和 4 项价格服务（见图 3-2）。**定价数据库平台建设**是价格管理的基础，产品成本与产品价格数据是计算产品毛利的基础，也是价格授权的基础，该项管理的关键是产品价格的及时刷新和产品成本的及时刷新，特别是产品成本的及时刷新。在莫贝克时代，财务部门解释不了为何在年终计算的毛利要比价格控制部门计算的授权毛利高两个点左右的原因。其实，这是两个部门计算毛利所用的成本数据在时间上有差异所导致的：财务部用的是当年度刷新后的成本数据，价格授权部门用的是上一年年末更新的成本数据。通过开发降低产品成本（BOM saving）是企业的常态，开发团队通过开发降低产品成本的目标是分季度逐步实现的。在财务系统中，一年刷新一次产品成本的缺陷是实际的成本已经下降，但没有及时更新成本库，成本库更新滞后就意味着销售团队一定有因为价格授权偏高（达到底线毛利率要求）而丢失的合同。为此，产品部协同财务部做出相应的变革，将产品成本数据库更新从一年一次调整为半年一次，其后随市场竞争的加剧，将产品成本库刷新从半年一次调整为每个季度一次。这项变革能有效地利用产品成本率的下降，将产品成本竞争力转化为销售竞争力。

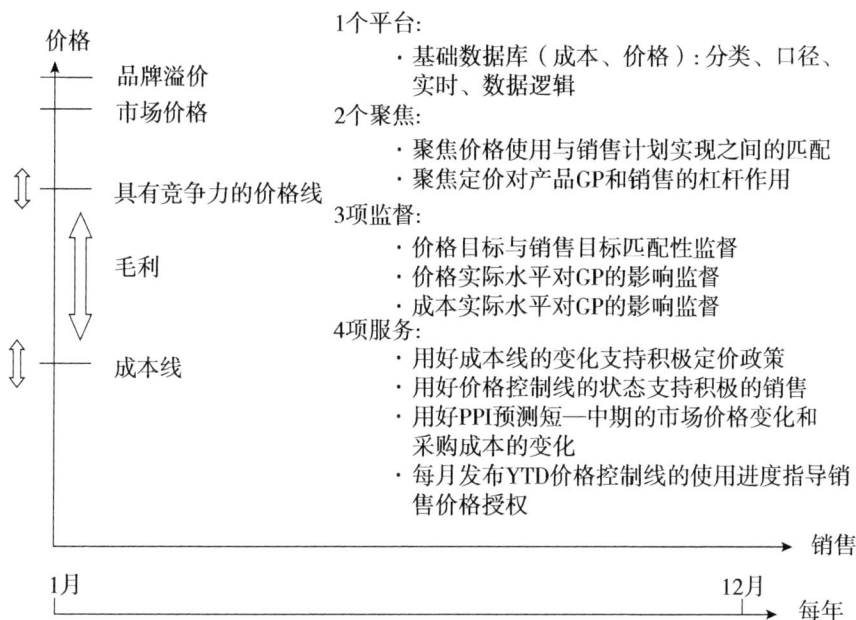

图 3-2　定价中心价格管理原则

价格管理的 2 个聚焦是解决价格控制线过度使用和使用不足的问题，定价中心以销售目标达成进度与价格控制线使用进度相比较的方式进行管理：如果价格控制线使用超过了销售完成率的实现进度，则预警销售管理部门收紧后续的销售价格授权；如果价格控制线使用进度远低于销售完成进度，则定价中心预警销售管理部门放松销售价格授权，以价格驱动更多的销售订单的获得。

价格管理的 3 项监督本质上是通过对价格控制线的使用与销售完成率进行匹配的监督、市场价格对产品毛利率的影响、产品成本线的变化对产品毛利率的影响来对产品的利润进行监督管理。

价格管理的 4 项服务旨在用好产品成本线，做好积极的定价（这在充分竞争的市场极其重要），用价格控制线支持积极的销售，用政府发布的 PPI（工业生产者出厂价格指数）变化预测短—中期的市场价格竞争变化和企业采购成本的变化，以及每月发布 YTD（本年度至今）价格控制线的实际使用进度指导销售团队的销售价格授权。

我基于产品部的定位，将产品人员分成营销人员和产品应用人员两类，并对这两类产品人员进行既有共同职责又有差异性职责的角色定位。产品部所有职能的实现都依赖于这两类产品人员的工作到位。我将营销人员的角色定位为发展有竞争力的产品，管理产品的全生命周期，保障产品竞争的盈利性。将其工作职责定位为负责产品市场的客户需求调查和研究；负责产品市场的友商调查和研究；负责产品发展和优化的路标规划和产品规格书制定；负责产品的概念包装、宣传资料的制定；负责培训资料和考试题库的编写；负责产品的入网检测和认证；负责产品的市场发布和市场退出；负责产品的定价；负责产品的全生命周期的管理，协助应用工程师的市场工作。营销人员工作职责的核心是"以看路为主，拉车为辅"。产品应用人员的角色定位：研究产品应用市场，促进销售增长和销售盈利。其工作职责为负责产品市场的应用细分研究，制定产品市场发展策略，对产品的总销售额和销售增长负责；负责产品应用市场的拓展和宣传推广；负责对销售部门的销售指导和销售支持；协同开发部的产品非标设计；负责产品的选型和技术投标；负责产品的厂验；负责产品的培训；协助营销经理在产品发展和产品优化方面的工作。产品应用人员工作职责的核心是"以打粮食为主，看路为辅"。

产品团队在与销售团队的协同作战中扮演的是远程炮火、航空炮火、扫雷除障炮火的角色，目的是为销售这个步兵团队清除项目和份额获取上的障碍。我对**产品应用人员能力成熟度**提出的要求是产品应用人员要成为销售人员的"必不可缺的伙伴"；对产品人员与销售人员之间关系的要求是二者逐渐融合成深度的相互依靠的关系。我鼓励产品应用人员用自己的专业性、职业化和获取项目的成就等个人的特质魅力吸引销售人员成为自己的"粉丝"。在此基础上，我提出了**销售项目的"1+1"运作模式**，即由配合默契的 1 个销售人员 +1 个产品应用人员协同攻克销售项目。产品应用人员聚焦在满足客户需求的技术亮点、方案的差异化、质量口碑、货期与供应的竞争力、服务及时性等维度的"营"的工作；销售人员则聚焦于巩固客户关系、研究招投标规则和评标规则、熟知参与竞争的友商、预测友商竞争性的出牌、拟定自己的出牌等的"销"的工作。

我给产品部组织及人员的角色进行定位，为建立项目型的坚强的销售项目组奠定了组织和职责的基础。通过销售项目组的形式将产品人员与销售人员组合成如同一枚硬币的正反两面，成为命运共同体。产品人员与销售人员同在一条船上，一荣俱荣、一损俱损。这样的销售项目组的战力和夺标能力很强。

我依据自己的实践和管理经验，对产品人员选择标准提出了一个素质模型即"罗马神庙模型"（见图3-3）。

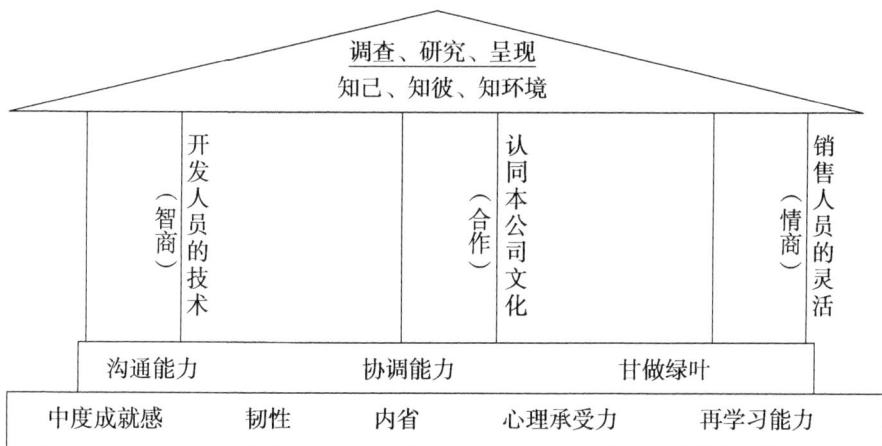

图 3-3　罗马神庙模型：三有、三知、八基础

"三有"是指产品人员要有**调查能力、研究能力和呈现调查研究结果的能力（讲故事的能力）**；"三知"是指产品人员要**知己、知彼、知环境**；"**八基础**"是指产品人员要有从业所要求的人格特性、心理素质和文化素养。"三知"是"三有"的方法论，"八基础"是产品人员能够扮演"营"的角色基础。产品人员的素质模型是销售人员与开发人员混合的模型，产品人员既要有销售人员的情商、亲和性、流利得体的表达、抗打击的内心、追求目标

的执着，又要有开发人员的严谨、尊重逻辑和开拓性思维。产品人员面对客户代表的是公司的形象，所说的故事呈现的是公司的客户价值，对技术规格的承诺代表的是公司的承诺。产品人员与销售人员的关系是一种绿叶与红花的关系，产品人员要甘做绿叶，产品人员的成就动机只能选择具有中等成就动机的人，而销售人员必须选择具有强成就动机的人。在销售项目中，除其他因素外，将具有中等成就动机的产品人员与强成就动机的销售人员进行"1+1"组合是理想的运作模式。

营销人员与产品应用人员进行协同工作的共同职责是帮助企业建构核心竞争优势（见图3-4）。

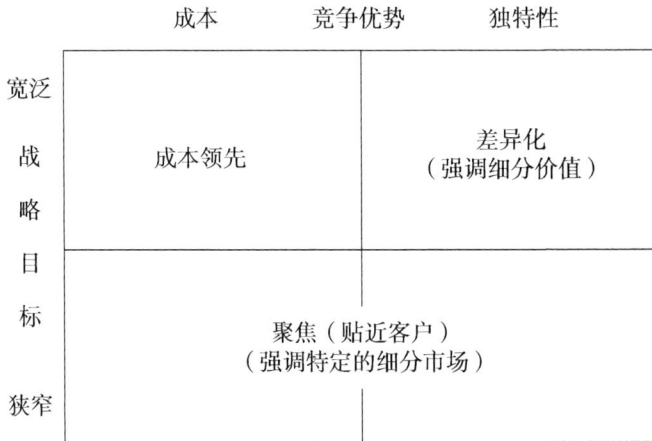

图3-4　企业战略定位调整示意

莫贝克时代的竞争优势是成本领先，成本领先就意味着在市场上推行的是价格竞争，以价格驱动市场份额增长和利润增长。艾默生强调的是技术领先，而技术领先所追求的是高于竞争对手的产品利润。在充分竞争的市场如何才能将技术领先转化为高于竞争对手的自家产品利润？业界只有两种做法：一是走客户化定制路线；二是走差异化路线。客户定制路线需要较强的多批次小批量的供应和制造体系的支撑，这种模式下的销售利润很高但客户很少（金字塔尖上的不差钱的客户），且规模受限。艾默生的运营既要规模又要高利润，只能走差异化路线，以建构产品的差异化来建构自己独特的竞争优势。为此，产品部人员需要协同：①通过驱动研发团队实现产品性能和功能差异化竞争力来支持销售人员在客户采购中获得高于竞争对手的溢价；②通过驱动工厂采购和制造的供应链团队降低产品制造成本的方式来实现成本差异化竞争力，以实现在同样的市场价格下自己产品的利润要高于竞争对手。

两类产品人员要实现上述的协同，则需在客户—产品应用人员—产品营销人员之间形成铁三角互动关系（见图3-5）。这个铁三角是以客户为中心，了解客户需求、满足客户需求、了解竞争对手的优势、了解自家的短板和优化点。产品人员这四项市场研究工作都需要倾听客户的声音（Voice of Customers）。在了解竞争对手的优劣势上，客户最有发言权，所有的供应商都会向客户宣传自己的优势，但只要使用了不同供应商的产品，客户就能够通过对比形成对各个供应商的优劣势的评价，因此要做差异化竞争，最有效的信息来源就是客户。营销人员的工作重心要放在中长期如何满足客户需求上，放在中长期如何对竞争对手形成差异化竞争优势上。产品应用人员则要

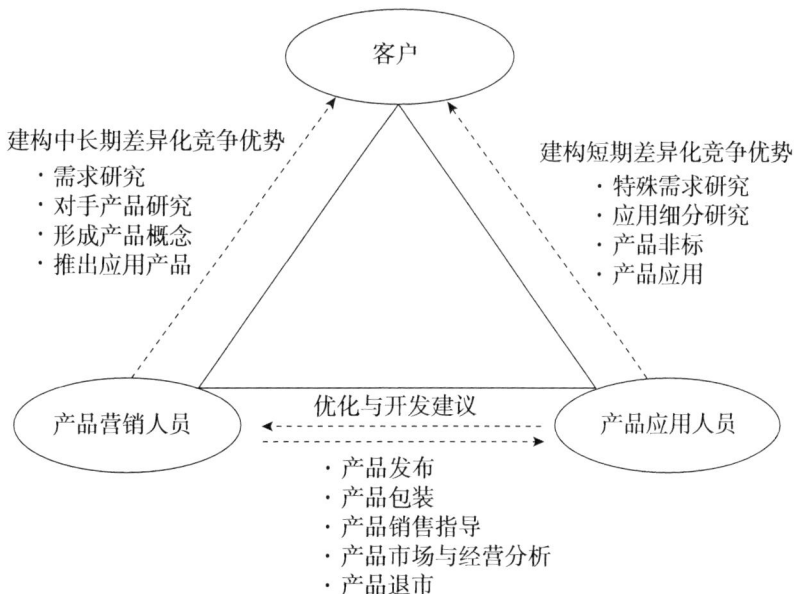

图3-5　客户—产品应用人员—产品营销人员"铁三角"

聚焦于如何在短期满足客户需求、相对竞争对手形成差异化竞争优势上。中长期差异化竞争优势一定是基于技术变革才能实现的，短期差异化竞争优势一般通过产品非标（局部功能或规格定制）来实现。

我为促进两类产品人员面对客户和开发团队的工作协同，在职责考评上实行交叉的六四开，即营销人员在营销工作上的考评占 60%、在产品应用的考评上占 40%；产品应用人员在产品应用工作上的考评占 60%、在营销职能工作上的考评占 40%。

重建的产品部在新公司长达 10 年的业务高速发展中发挥了重要作用：新公司在中国通信市场继续保持了莫贝克原有产品的主流供应商的地位（尽管角色从替代进口转为被替代的坚守），成功将力博特的大型 UPS 和大型空调产品拓展进中国通信市场并成为第一品牌；新公司以 UPS 和机房空调产品为核心，成功地打败同是国际品牌的 3 个主要竞争对手，发展起行业分销业务，使新公司在行业市场的销售逐年提升并超过其在通信市场的销售，这种销售结构的变化有效化解了因所有的通信客户都采用集中采购方式所带来的价格快速下降对企业利润所造成的冲击，使新公司在销售规模、利润规模和利润率上保持健康发展；新公司还在中国通信市场和中国行业市场之外，成功拓展了国际大客户在中国的业务，并逐步将业务由国内延伸到海外。产品部成功地将新公司在中国市场的形象塑造成"全球领先技术、中国研发、中国制造、服务中国"的形象；成功地将销售部这个企业"前驱轮"和研发这个企业"后驱轮"有效连接起来，合力驱动了新公司在中国业务的快速发展；成功地引导和驱动了新公司进入新的产品市场和新的业务领域，使新公司在中国的品牌和业务获得双成功。

4 乘通信发展大势，继续以直销巩固通信市场

　　艾默生收购莫贝克是因为莫贝克的通信电源在中国市场成功抵御了艾默生收购的爱立信的进口通信电源。在莫贝克出售给艾默生之后，中国通信运营商发生了拆分和重组上市的大变革：中国电信再次被拆分为中国电信和中国网通；中国移动、中国电信、中国网通和中国联通陆续在海外上市。在通信运营商拆分和重组上市的两年里，新公司的通信电源业务受通信运营商拆分上市的影响其业绩实际是下降的，在收购合同生效的第一年即 2002 年，通信电源业务下降了 30%；在莫贝克被切割给艾默生的第二年即 2003 年，通信电源业务继续下滑了 25%。通信电源作为莫贝克的主营业务，在出售前和出售后的两年里几乎下降了 50%。客观地说，这既有将中国电信拆分成中国电信和中国网通所造成的投资下降带来的外部影响，也有新公司中 HW 文化与艾默生文化摩擦的内部影响。随着拆分上市后的通信运营商投资建设恢复正常，随着艾默生及时采取措施融合中西两种不同的企业文化并形成新的混合型文化，通信电源这个衰退了一半的业务也开始重整再出发的征程，并重新回到了高速增长的轨道。

　　艾默生对通信电源技术首先实行将其旗下的马可尼电源、爱立信电源和莫贝克电源的三家技术进行有效融合，以爱立信通信电源技术与莫贝克通信

电源成本为融合的要素，重新开发出全球统一的通信电源模块，利用中国的开发成本优势，以中国为基地，为艾默生全球提供通信电源的模块，将通信电源的配电与机柜的开发分别由中国、欧洲和美洲团队实行本地开发；考虑到中国通信电源市场已经形成的相对欧美地区更低的成本要求，由中国团队开发仅适合于中国和亚太地区发展中国家所需要的低版本通信电源。艾默生充分利用中国的人工成本优势、采购成本优势和中国政府招商引资的优惠政策优势，在中国设立制造工厂，为全球艾默生的通信电源提供生产，这是新公司最先启动的"中国制造"的艾默生的全球产品。

与"中国开发、中国制造、供应全球"的艾默生的全球策略相匹配，新公司将通信电源的业务从莫贝克出售前仅限于中国通信运营商的业务向海外扩展，如为艾默生的美洲公司、欧洲公司和亚太地区的关联公司提供内部销售的产品（也叫关联公司销售的产品）。新公司通信电源的成本竞争力不仅服务于中国市场，也有效支持和服务了艾默生的全球通信电源市场。在新公司制定的 2003—2007 年第一个五年发展规划中，艾默生在中国的通信电源年均销售增长率设定为 8%，而出口年均增长率设定为 27%，对 HW 的海外市场的捆绑出口设定为 27%。在第一个通信电源五年发展规划牵引下，新公司的通信电源业务总体实际年均增长率为 17%，其中对艾默生网络能源全球关联公司的实际出口增长率为 47%，对 HW 出口捆绑的年均增长率为 22%，在中国本土的年均增长率为 11%。

艾默生在收购莫贝克时，HW 已关闭了莫贝克监控产品线，但留下了一些监控技术人员维护客户还在网使用的监控系统。这部分留下来的技术人员就成为加入艾默生后重建和重启监控产品线的火种。在通信网的建设中，通信局（站）监控建设周期的峰顶及低谷与通信电源建设周期的峰顶及低谷正好在时间上错位 1~2 年，通信电源建设的低谷期恰是监控建设的峰顶期。HW 管理者关闭监控产品线的时期恰是通信运营商的监控建设的低谷期，而艾默生接手莫贝克后的切换期正好是通信运营商监控建设的高峰期。关闭监控产品线时留下服务客户的极少的技术资源，在艾默生接手莫贝克的第一年，就为新公司实现了监控产品 92% 的销售同比增长，这个增长弥补了当年一半的通信电源销售下滑所带来的业务缺口。正是监控留守团队的令人惊喜的意外的业绩表现，使新公司立即重建监控产品线并重启监控产品业务，重建重启的监控产品线在艾默生接手莫贝克的第二年的销售业绩正好弥补了当年的通信电源的缺口，其在公司切换期的意外表现帮助新公司稳定住了总体业绩，使新公司避免了采取资源收缩的成本管控措施。

在莫贝克监控产品线关闭期间，国内生长出一批进行监控产品开发和销售的创业型公司，这在一定程度上填补了因莫贝克的退出而留出的监控市场的空缺。当艾默生重建重启监控业务时，其竞争对手已经不仅是当时的两家进口品牌的监控厂商，原先莫贝克利用其传输资源实行抽时隙的专为无线通信运营商提供监控建设的独门技术也被新的本土厂商所学习和掌握。艾默生的监控业务必须面对的是更具成本竞争力的本土监控厂商的竞争。尽管如此，新公司毕竟有着原有监控的市场基础，在第一个五年发展规划中给监控产品设立的年均增长率目标为 15%，其中设立的出口销售额的年均增长率目标为 100%，但当时中国本土的监控销售额的年均增长率只有 2%，到第一个五年发展规划末年的 2007 年，监控产品国内销售额的年均增长率为 5%。在第一个五年发展规划中，监控产品的出口计划几乎流产，其原因是监控产品是一个工程属性很强的产品，也是一个软件与硬件高度集成的产品，也是一个需要对被监控设备的接入进行通信协议开发的产品。莫贝克时期开发的监控产品难部署、协议开发种类繁多、软件架构难以支撑非标开发等技术弱点严重阻碍了该产品向海外市场的出口，同时随着国内竞争的加剧和非理性化，该产品线一直维持在年均弱增长的位置上，直至 2019 年重新由我接手并对其进行拯救性变革（详见本书第五篇第 3 章）。

5 叠加国际技术平台，布局数据中心业务，开辟第二个可增长的市场

艾默生旗下力博特品牌的大型 UPS 和大型机房空调在国际数据中心行业和中国的数据中心行业都有着较高的知名度，但力博特这个品牌的知名度在艾默生收购莫贝克之前并没有在中国转化成强劲的销售增长和市场份额的提升，尽管力博特在天津建立了空调组装工厂。由于中国客户喜爱的仍然是原产于美国的力博特大型机房空调，因此其天津工厂的规模一直得不到扩展。此外，由于力博特大型的 UPS 在中国一直采用进口代理的销售模式，在中国实际落地的销售很少。

将力博特品牌的 UPS 和空调产品叠加在已收购的莫贝克的研发、制造、销售和服务平台上，将力博特的产品品牌优势与莫贝克的公司体系和市场平台优势相结合，就成为艾默生在中国建立新公司后的不二选择。艾默生将力博特（中国）的销售、服务和天津工厂三个团队与莫贝克相对应的组织进行整合，其整合的方向是由原莫贝克的组织兼并力博特的中国组织。这种由被收购方整合收购方的逆整合方式，引起了被整合方员工的抵触：被整合方销售团队员工的大部分不愿意被并入新公司，希望继续保留其原有的独立性；

力博特产品应用团队不满于被整合的条件也想离职；力博特（中国）服务团队的大部分人不愿意被新公司整合，也准备离职；天津工厂因被合并到新公司，其在深圳新建立的工厂也准备关闭，只有极少数的工厂管理层愿意到新公司的深圳工厂工作。我认为，力博特（中国）销售人员的流失对整合后的 UPS 和机房空调销售的影响不大，新公司的销售平台完全可以覆盖 UPS 和机房空调的销售功能，有通信运营商的客户平台支撑，新公司的销售团队可以迅速地将力博特的 UPS 和机房空调在通信运营商市场获得快速的销售增长；将天津工厂的供应链转移到新公司深圳工厂更大的供应链平台也不是难题，只要有负责工艺的关键岗位员工到深圳工厂工作，只要空调开发转移到中国，由新公司的深圳工厂接手天津工厂进行空调产品的制造就是一件顺理成章的事情。整合的难点是如何将连接销售和开发的力博特的产品团队融合进新公司的产品部。如果力博特产品团队流失，有可能违背艾默生用新公司整合力博特（中国）的初衷，即实现做大做强 UPS 和机房空调业务。整合的关键是设法保留力博特（中国）做产品应用的技术人员。

于是，我基于在新公司重建的产品部，向新公司总裁提出给力博特（中国）的三个核心技术骨干人员制定一个特别的留人方案，只要保留住这三个人就保留住了火种，我的团队就可以承接住力博特在中国的业务。新公司总裁接受了我的建议，通过特殊的人力资源政策将一个机房空调技术专家和两个 UPS 产品技术专家保留下来。与此同时，我建立了 UPS 产品部和机房空调产品部，由保留下来的关键的力博特（中国）产品人员出任这两个新建部门的总经理，然后由这两个总经理招募力博特（中国）的员工加入新组建的 UPS 产品部和机房空调产品部，并负责与原莫贝克的产品人员进行混合组队。我的这个措施顺利地将 6 名力博特（中国）的产品人员和 3 名力博特（中国）的销售人员保留在了 UPS 产品部和机房空调产品部，这部分原力博特（中国）员工就成为新公司推动 UPS 和机房空调产品销售增长的骨干力量。

新公司组建了 UPS 开发部和机房空调开发部，选拔原莫贝克的开发骨干出任这两个新建部门的总经理，并向社会招募新产品的开发人员。UPS 开发部的首个开发任务就是转移由美国团队开发的中大型 UPS 到中国进行制造；新组建的机房空调开发部的首个开发任务是转移由澳大利亚团队开发的中大型机房的风冷机房空调到中国制造。新公司采用派关键开发人员到美国和澳大利亚工厂学习，以及请美国和澳大利亚开发团队的人员到中国做短暂开发支持并举的方式，快速提升新组建的开发团队的开发能力，这两个开发团队在预定的时间内顺利地将力博特的中大型 UPS 和机房空调产品转移到了中国，成功地支撑了这两大类产品在中国的本土制造，也成功地支持了新公司将中国本土供应商纳入供应链体系并逐年提高本土采购比重的目标。基于 UPS 和机房空调产品转移制造的经验，UPS 开发部和机房空调开发部开始对转移到中国制造的 UPS 和机房空调产品进行升级性开发，将模拟技术的 UPS 开发升级为数字技术的 UPS；将普通能效比的机房空调升级开发为高能效比的机房空调，并自主开发了一款性价比较高的小型机房空调替代了由美国设计制造的小型机房空调。

新公司通过 UPS 和机房空调产品的转移制造，成功培养了中国团队在中大型 UPS 和机房空调产品上的本土开发能力和本土制造能力，这个成功为推行以产品线为运营主体的变革奠定了基础。基于艾默生将新公司的中国工厂定位为艾默生亚太区的主要供应工厂的战略布局，新公司实行了将各产品线（Product Line）与统一的市场单元（Market Unit）进行矩阵式协同运作的管理模式：产品线对研发和供应链进行垂直实线管理，对营销、销售和服务做虚线延伸式垂直管理；市场单元在对营销、销售和服务业务进行实线横向管理的同时，由各产品的营销团队、服务团队和销售团队派人参与产品集成开发流程（NPD），并参与以开发团队为主导的产品开发路标规划和面向解决销售与服务问题的月度例会，以此实现对开发和供应业务的虚线垂直管理。

新公司运营管理体制的第一个优点是通过产品线将开发、供应、市场、销售、服务五大业务进行穿墙式垂直管理，以方便客户和市场问题能快速地传递到开发与制造的后端，以此快速响应客户需求，及时解决客户问题。新公司运营管理体制的第二个优点是便于对各产品线业务进行财务管理：以产品线为单元设立市场销售、服务销售、利润、成本和雇员数量管理目标，便于公司管理层对产品线做出扩大投资、维持投资或收紧投资的管理决策。新公司运营管理体制的第三个优点是有利于市场销售平台和服务平台资源的最大复用，使销售人员可以对客户或对行业进行多种产品的销售（背后有多个产品线和多个产品营销团队的支持）。新公司运营管理体制的第四个优点是每条产品线可以同时支持多个市场单元（MU），市场单元一般是按照国别来设立的，基于中国的产品线可以同时支持亚太区多个国家的产品销售。但市场单元的管理体制也有其弱点，由于一个销售人员要销售多个产品，对销售人员的考核又是按照总销售额的目标达成进行考核的，这种机制不利于小产品的销售和新产品的销售。其后的实践表明，销售人员热衷于大产品的销售和成熟产品的销售、轻视难销售产品的销售和小产品的销售。这种情况需要有其他的机制来弥补。

在新公司的运营管理体制下，产品应用与营销团队首先针对新公司转移制造的 UPS 和机房空调产品，围绕国内数据中心和通信市场，连续 2 年对全国 30 个省（区、市）的市场进行了旋风扫地式的产品推广，第一年进行的是"南风行动"，第二年进行的是"飓风行动"，其推广对象是直接客户、设计院和渠道商。为提高产品推广会的客户体验，营销团队设计出 2 款车载式展台：一款是针对数据中心应用的 UPS 和机房空调的实物解决方案；另一款是针对通信机楼的 UPS 和机房空调实物解决方案。展览车是一个移动式的不落幕的展览厅，可以直接开到客户的门口或大院里进行展示，客户可以亲眼看见 UPS 和机房空调产品的实物，并听营销人员进行产品体验式讲解。营销团队与销售团队合作，分客户群、分省建立中大型 UPS 和机房空调使用的客户样板点，广泛邀请客户、设计院和渠道商参观样板点。历时 2年的面向市场和面向客户的营销推广，如同给作物松土和播种，有力地将新公司品牌和力博特产品品牌传递到各行业和终端客户，为快速提升中大型

UPS 和机房空调的销售铺平了道路。

新公司将销售业务分成直销业务和分销业务进行独立管理，直销团队面对通信运营商针对客户群进行管理和销售；分销团队面对行业市场针对细分行业进行渠道管理和渠道销售。销售团队与产品团队协同进行项目级的客户交流和推广。

新公司按产品线与市场单元协同运作的机制有力支撑了 UPS 和机房空调产品在中国市场的拓展，力博特的中大型 UPS 和中大型机房空调产品在中国获得了销售额和市场份额的快速提升。艾默生公司品牌的影响力和力博特产品品牌的影响力在中国市场同步获得了快速提升。

力博特中大型产品市场份额的提升和市场知名度及美誉度的提升为在中国本土发展小型 UPS 和小型机房空调业务创造了条件。在我的推动下，新公司将 UPS 产品线分拆成中大功率 UPS 产品线和小功率 UPS 的产品线。小功率 UPS 产品线不仅要服务中国市场，还要服务艾默生全球市场，这意味着，新公司小功率 UPS 的开发和制造不仅要支撑中国业务，还要支撑艾默生的全球业务，为此，艾默生继续加大在中国的投资。在商务部的推荐下，艾默生选择了具有电力电子供应链基础的四川省绵阳市建立起了供应全球市场的小功率 UPS 制造工厂；与此同时，艾默生继续加大在中国的空调业务的投资，选择在广东省江门市建立机房空调的制造厂，该工厂生产的大型、中型和小型的机房空调产品，不仅供应中国市场，还供应艾默生的亚太市场。

6 发展国内行业分销和国际大客户，优化客户群组合，平衡市场风险

艾默生并购莫贝克是因为莫贝克的通信电源在中国通信市场上有出色的市场表现，其不仅拥有市场份额第一的地位和良好的客户口碑，还在中国通信市场有着很好的客户平台和广泛的客户关系，此外更重要的一点是，中国的通信市场在可见的未来仍然是一个快速增长的市场。

但莫贝克公司的优势从发展的角度看也存在风险：①直销模式适合客户大而集中的市场，不适合客户小而分散的市场，当艾默生扩大 UPS 和机房空调产品在中国的投资，并快速提升在中国的 UPS 和机房空调产品销售时，直销模式只能用在通信市场而不能用在非通信市场的销售上。②国内的通信电源市场虽然处于投资建设的发展期，其市场机会仍然在继续放大，但在"以市场换技术"的开放政策的主导下，本土企业特别是本土创业企业以更快的速度分食和分享了通信市场增长所带来的机会，特别是像 HW 和 ZX 这些本土通信主设备行业标杆企业的加入，就进一步加剧了通信电源的竞争，当通信电源供应商的增加超过了通信电源需求的增长时，原有供应商的份额减少和利润下降就是必然的竞争结果。③由于需求和投资的扩大，四大通信

运营商对采购价格也越来越敏感，它们竞赛式地采用全国规模的集中式采购，从 10 多家甚至 20 多家的供应商中，以价格排序的方式选择最低的 3~5 家供应商进行采购，甚至还引入了印度电子招标法，迫使参与投标的厂商为了能进入价格最低的前 5 名而自相压价（厂商只看到自己的价格排序看不到排在它前后的竞争厂商的具体价格），在这种集中采购模式下原本还有合理毛利的产品很快就变成了低毛利甚至无毛利的产品。

通信电源市场的供应商的快速增加和运营商采购方式的改变，使通信市场的价值由高转低，特别是运营商采用以"奔驰宝马"的技术规格套用"捷达"价格的方式来选择有限供应商的采购游戏，几乎使所有的原先存活于通信电源市场的进口品牌、进口合资品牌和进口 OEM 品牌供应商退出了中国通信市场，取而代之的是本土供应商。

为应对国内本土通信电源产品的红海式竞争，新公司将参与通信市场集中采购的产品转向服务于艾默生的国际市场，用中国工厂的产品以直销的方式服务爱立信和诺基亚这两个全球通信设备制造商。此外，艾默生将全球通信电源的整流模块都放在网络能源的中国工厂进行制造，以关联交易出口的方式卖给艾默生的美洲和欧洲公司，艾默生在各大洲的工厂则进行机柜级的集成生产，以当地集成后的通信电源服务于当地的通信运营商客户。

为应对国内通信市场的风险，艾默生从接手莫贝克的那一刻起，就着手布局基于力博特品牌的 UPS 和机房空调产品业务，在国内的 IT 市场通过加大发展渠道商来拓展 UPS 和空调产品的分销。分销虽然在莫贝克时代就已经建立了基本雏形，但那时的渠道数量和销售规模只占总销售额的 10%，其主要分销产品只是用于工业市场的电力操作电源和变频器，而且莫贝克时代小功率 UPS 的分销也刚刚起步。随着新公司将 UPS 产品线分为中大功率产品线和小功率产品线，将小功率 UPS 从莫贝克时代的 1kVA、2kVA、3kVA 延伸发展出 5kVA、10kVA、20kVA、30kVA 产品，基于转移制造的力博特中大型机房空调通过自主研发诞生了本土的 3kW、5kW、12kW 和 16kW 的小机房空调，新公司开始将渠道销售划分为行业渠道销售和 IT 渠道销售，并分别进行拓展管理。行业分销渠道聚焦于中大功率 UPS 和机房空调的销售；IT 分销渠道聚焦于小功率 UPS 的销售。

中大功率的 UPS 和机房空调产品由于有莫贝克的直销优势，其在通信运营商市场获得了销售的快速增长，其品牌知名度也得到了快速提升，加之当时国内本土品牌的中大型 UPS 和机房空调产品还没有成长起来，与艾默生进行竞争的两家进口品牌的中大功率 UPS 也没有实行本土制造，新公司乘着数据中心市场继通信市场之后的第二个快速增长的风口，在行业分销业务上获得了快速的发展和成长，其中大型 UPS 和机房空调的销售额与市场份额都获得了极大的提升，并在相当长的一段时间内新公司的中大型 UPS 和机房空调产品都处于市场第一份额的地位。

但小功率 UPS 业务的发展并不顺利，因为小功率 UPS 市场是国内最早成熟起来的市场，也是被两家进口品牌厂商垄断的市场。其中一家垄断了中高端小功率 UPS 的市场和渠道，但该进口品牌厂商的研发和制造都设在国外；另外一家垄断了中国低端小功率 UPS 市场和渠道，并在中国建立了工厂和研发中心。新公司作为艾默生全球小功率 UPS 的开发中心和制造中心，将研发出的小功率 UPS 出口给艾默生全球的关联公司，以替代原有 OEM 第三方的小功率 UPS。小功率 UPS 以力博特品牌进行的出口业务发展很顺利，但在国内市场，由于小功率 UPS 的品牌偏好已被最先进入的两家国际品牌所主导，新公司在 IT 渠道的发展和分销上都受到了这两家进口品牌厂商的夹击：一家从高端市场压制新公司 IT 渠道的发展和分销；另一家则从低端市场进行阻击。我将新公司的小功率 UPS 产品定位在中端市场，即介于高端和低端之间的市场，以成本优势渗透高端市场中被竞争对手所控制的中端客户和渠道、以技术优势争夺低端市场中被竞争对手控制的中端客户和渠道。新公司作为小功率 UPS 的新供应商，需要有比原品牌供应商给渠道的更大的利润空间才能撬动竞争对手的渠道，因为渠道商面对客户做品牌切换时是需要付出额外成本的。但在这点上，新公司的小功率 UPS 尽管是本土研发和制造的，也无法做到给出比竞争对手明显高的利润来撬动其成熟的渠道商。为解决撬动竞争对手渠道的原动力问题，我以"卖萝卜搭青菜"的策略，将原本为通信运营商市场开发的极具盈利能力的小机房空调产品（替代美国生产的产品）让新公司的小功率 UPS 渠道商进行搭配式销售。由于这款本土研发的小机房空调在行业分销市场上相对竞争对手原装进口的小机房空调具有极大的价格优势，渠道商可以在拿货价格的基础上加价去替代竞争对手的原装进口小机房空调而获得更大的利润。为此，我推动新公司的渠道分销管理部门制定了一个"卖萝卜搭青菜"的产品组合分销的渠道销售策略，即渠道商从新公司购买一台小机房空调（萝卜）就必须同时购买 5 台小功率的 UPS（青菜）。我的这个"卖萝卜搭青菜"的产品组合分销的渠道销售策略，有力地撬动了高端市场竞争对手的渠道商，在将新公司的小机房空调推广给高端市场和中端市场客户的同时，也将新公司的小功率 UPS 推给了中端市场的客户。此外，为了解决小功率 UPS 和小机房空调在渠道分销时所需要的现货库存和付款提货的授信问题，新公司在 IT 分销市场首次设立了独家全国总代理渠道，即新公司向 IT 分销市场的独家总代理商供货和提供提货授信额度，以固定的价格点数作为报酬由总代理商持有库存，由总代理商向下级渠道供货和做提货授信。

将小机房空调产品放进 IT 分销渠道、在 IT 市场设立总代理商，这两个策略的组合有力地推动了新公司小功率 UPS 的销售额和市场份额的快速增长，其增长率连续 3 年保持在 30%~60%。新公司终于成功地从两家国际品牌竞争对手的市场中夺取了相当部分的中端市场。

新公司在 UPS 和空调这两个产品线上的投资组合和运营组合有力驱动了 UPS 和机房空调产品在国内市场的快速成长。在 2003—2013 年的 10 年间，UPS 和机房空调产品线的业务在国内市场的年均销售增长率达到 25%，UPS 和机房空调产品线在国内的销售规模都超过了 10 亿元，其中 75%~80% 的 UPS 产品和机房空调产品都是通过渠道商进入了广泛的行业市场，只有 20%~25% 的 UPS 产品和机房空调产品进入了通信运营商市场。与此同时，新公司在通信电源之外基于中国制造的 UPS 和机房空调产品开始发展起向艾默生全球公司出口的业务。新公司面对中国市场的口号是"全球领先技术、中国研发、中国制造、服务中国"；新公司面对艾默生全球市场的口号是"全球领先技术、中国制造、中国成本、服务全球"。

新公司在 UPS 和空调这两条产品线上的投资组合与运营组合有效地调整了新公司的市场销售结构，在继续保持通信市场销售增长的同时以更快的速度驱动了在数据中心市场和 IT 市场的销售额增长及市场份额增长。在艾默生并购莫贝克后的第十个年头即 2013 年，新公司在非通信行业的销售额超过了通信行业的销售额。在销售总规模增长的前提下，这种销售结构的改变使新公司发生了质的改变，标志着新公司已从一个 90% 依靠直接销售、90% 依靠通信市场的公司转变为 60% 以上销售来自行业市场和渠道销售的稳健公司，新公司对通信市场销售依赖度已从 90% 降低为 25%~30%。随着行业市场渠道商数量的不断增长、行业客户的不断增加和行业销售量的持续增长，新公司在业务规模不断扩大的前提下，抗风险能力和盈利能力大幅提升。随着业务的不断扩大，新公司已从立足中国本土、服务中国的公司成长为立足中国、服务中国、供应全球的公司。

7 调整服务业务由无偿转向有偿，为未来孵化利润市场

莫贝克时代的产品服务继承了 HW 的早期传统即"终身免费服务"。免费服务政策是创业公司早期对客户使用国产替代进口产品所给予的一种补偿，也是创业公司对客户使用国产产品的一种售后服务的保障。早年的莫贝克产品不但在售价上比进口品牌低，而且在服务上完全免费的政策在当时有效地鼓励了客户大胆使用创业公司的产品。客户购买产品的目的是使用产品，再好的产品也有出问题和故障的时候，一旦出了问题或故障，就需要供应商提供及时的服务来恢复产品的正常使用。当相互竞争的供应商在服务及时性上无差异时，免费服务相对于付费服务就成为一种差异化竞争优势。当年的莫贝克作为创业公司以其低于进口品牌的价格与进口品牌进行竞争，以终身免费服务的方式使莫贝克产品在全生命周期中都对进口品牌形成服务优势。

其实在当年，终身免费维护只是个形式上的命题，供应商之所以敢提出终身免费服务的口号，是基于三个前提：一是对自己产品的质量有信心，因为产品发生故障的概率很小；二是在产品销售价格里就已经包含了售后的维护和维修成本（羊毛出在羊身上）；三是产品的售价在覆盖了产品制造成本和产品全生命周期服务成本之外还有足够的利润。早期莫贝克终身免费服务

策略的成功完全得益于早期进口品牌超高溢价的产品定价和服务定价。

随着通信电源本土品牌的增多，通信运营商采取以低价排序选择供应商的集中采购模式也随之普遍化，无论是进口品牌还是本土品牌的价格都开始逐步趋同，进口品牌由此渐渐退出中国通信市场，本土品牌逐步主导了中国的通信市场。当产品价格的毛利低到覆盖不了全生命周期的服务成本时，为客户提供收费服务就成了不二选择。当供应商不能向客户提供免费服务而是提供收费服务时，客户就会对供应商的产品提出质量保证期的要求，即在质量保证期内要求供应商必须提供免费服务。

当企业的业务模式由产品销售加免费服务向产品销售加收费服务转变时，企业盈利模式也就由单纯的产品高盈利模式向产品低盈利附加服务盈利的模式转变。在向客户提供免费服务的模式中，服务中心只是负责服务交付的成本中心；而在付费服务的企业中，服务中心则是利润中心。所有的成熟企业，在充分竞争的市场，当产品盈利水平趋于薄利时，服务中心就越来越成为企业的主要盈利中心。

莫贝克在被艾默生并购后，其在通信电源市场中的竞争地位就由原先替代进口的地位转变为被国产替代的地位。特别是当本土的通信主设备制造商也加入通信电源竞争市场中来之后，在通信运营商集中采购的模式下，所有存活于通信电源市场的供应商的产品盈利水平都已处于低利润水平。在此状况下，新公司正式改变了免费为客户提供服务的政策，开始推行在产品质量保证期外向客户提供收费服务的政策。收费服务开启了新公司新的业务生态建设：收费服务就意味着对客户进行服务销售，服务销售是一种有利润的销售，服务销售就需要有服务产品，服务产品就意味着需要有服务定价（服务成本＋服务利润），有了服务销售就需要有服务交付（生产），向客户兑现服务销售的服务内容，有了好的服务交付就希望客户能够再次购买新公司的服务。至此，服务质量和客户满意度就成为发展有偿服务的重要基础，衡量服务的好坏需要建立相应的指标进行测量和管理。由此就有了"客户服务的首解率"和"客户满意度"这两个衡量指标。"客户服务的首解率"衡量的是服务能否"一次性解决好客户问题";"客户满意度"衡量的是客户对每次服务的感受和体验。

由免费服务转向收费服务对新公司而言是一场变革。这场变革的阻力同时来自企业内部和企业外部:内部的阻力来自销售团队,因为从此销售团队丧失了一个强有力的竞争手段;外部阻力来自通信运营商客户,该类客户已习惯了免费服务,很难接受付费服务。好在所有供应商在产品低毛利的压力下都提出了收费服务,在此情形下,客户不情愿地接受了付费服务,但客户同时在"质量保证期"的延长上向所有供应商施压,个别客户甚至将产品的质量保证期定为8年。

新公司开始在产品质量保证期外对服务进行收费,其服务包括产品备件、产品维修和产品的预防性维护(巡检)。服务人员在向客户提供服务时开始区分质量保证期内的服务和质量保证期外的服务。质量保证期内的服务为免费服务,其服务成本计入产品销售成本;质量保证期外的服务是收费服务,其成本和利润计入服务中心的财务损益表。

8 建立四大职能平台，用矩阵管理支撑公司业务扩张

为了驱动在中国业务的快速增长，也为了将中国的开发业务和供应链业务建造成支撑全亚太区的平台，新公司在 2007 年组建了中国市场单元（CMU）并设立了 CMU 总裁一职来统一管理中国市场的营销、销售和服务。

新公司在按产品线分立的产品开发部之外，新建了技术预研部和平台开发部，建构了一个使技术研发和产品开发既有分工又有协作的**大开发平台**。技术预研部聚焦在下一代新技术的研究和未来产品概念的预研发上；平台开发部则聚焦在为产品开发部提供验证和测试服务；而产品开发部聚焦在支撑新公司业务增长的新产品开发和老产品的迭代优化上。新组建的**大开发平台实行公共平台的研发与产品线研发的矩阵式管理**。该平台不仅为中国和亚太市场开发产品，还利用中国相对低的研发成本和强大的研发能力参与艾默生全球研发项目的竞争。

新公司大幅扩展了中国的大供应链平台：基于深圳、江门和绵阳的三家制造工厂，认证和发展了一批外协工厂；对产品制造中的元器件和结构件实现最大程度的本土采购，新公司三家工厂的本土采购率直接提升到了 85%以上；新公司的供应链以中国相对低的制造成本和采购成本参与艾默生全

球工厂的内部竞争中，新公司对关联公司的出口年均增长率连续 10 年都在 15% 以上。

　　新公司以人力资源管理为核心建立行政管理平台，以艾默生的薪酬管理体制为基础结合 HW 薪酬体制中的优点制定出新公司的薪酬体制：薪酬体系中的工资部分完全复用了艾默生的薪酬体制，其奖金部分保留了安圣电气时代的奖金制度，其股票部分修改了原莫贝克全员持股的政策，改为只对关键员工实行股票期权股权激励的制度。伴随业务扩张，新公司以新的薪酬体制为支撑，以绩效考核为依据，以管理优化为向导，以员工培训为手段，通过员工招聘、筛选、使用、保留和培养的人力资源业务来解决公司人才成长、人才增值、职业健康、职业安全与和谐的工作环境等问题。

9 用"营、销、服"一体化市场组织，强力驱动业务组合的高速增长

为解决产品营销和产品销售"两张皮"、产品销售和服务销售内部竞争、市场平台对研发业务的牵引和协同等问题，新公司以中国市场单元的组织形式将营销、销售和服务"三驾马车"放在一个组织内进行协同管理，并通过市场单元将营销、销售和服务的负责人组成虚拟的营销委员会来管理"三驾马车"的互助与协同问题。销售团队在市场单元中占据主要地位，销售部门是新公司最大的利润中心，营销团队和服务团队的首要工作是支撑和支持销售团队从市场和客户处获得订单，为驱动营销团队和服务团队对销售业务的支撑和支持，营销团队除自己独有的 KPI 指标外还与销售团队共担销售和利润这两个指标；服务团队除自己独有的 KPI 指标外，以"及时响应率""首解率"（一次性做好服务）和"客户满意度"（由公司质量部跟踪回访每次服务的客户）这三个指标来支持产品销售业务。新公司定义出有竞争力的产品质量保证，将质保期内免费服务的成本划归销售和产品线承担，但由服务团队负责质保期内的服务交付，将服务业务的利润中心定义在产品的质量保证期外，由服务部门负全责。新公司通过这项制度的设计解决了服务销售与产

品销售之间潜在的冲突问题，服务部门在市场单元组织内同时扮演成本中心和利润中心两个角色。服务作为成本中心而言，凡产品销售合同中涉及的工程、开机、调试和质量保证期内的服务都计入产品销售收入，其服务成本也计入产品销售合同；服务作为利润中心而言，是指在产品质量保证期外的收费服务，服务销售收入、交付成本和利润都计入服务部门的业务损益表。服务部门无论是作为成本中心还是作为利润中心，服务都是由同一个团队来提供，所提供的服务标准是一致的。

市场单元的工作对象是客户，目标客户群构成了新公司的客户平台。市场单元的使命是不断增加目标客户数量、扩大客户平台、提高客户平台上的销售产出。为此，市场单元里的"三驾马车"即营销组织（产品部）、销售组织和服务组织都直接面向客户开展既有分工又有协作的客户工作：营销组织解决销售的市场松土、客户松土、产品播种、产品培育问题；销售组织解决客户关系培育和产品销售收入问题；服务团队则解决产品的售后支持和通过向客户提供服务而获取服务销售的问题。

可见，新公司的中国市场单元是拉动业务增长的龙头，是新公司这辆越野车的前驱动系统，而开发平台则是新公司为市场平台提供增长动力的后驱动系统。新公司只有将前驱动系统和后驱动系统在朝向市场和客户方向上同轴同向才能将新公司的整体资源优势转化为捕获商机的市场优势、夺得订单的优势、渗透细分市场的优势和提高市场份额的优势。在新公司里扮演将前驱动和后驱动协同一致的角色部门就是肩负营销使命的产品部门。

在艾默生收购莫贝克后的10年里（2003—2013年），中国的通信运营商市场、数据中心市场和IT市场发生了巨大的变化。在2004—2010年的6年间，通信运营商在2G、3G的投资增长带动了新公司在通信行业实现年均20%的销售增长速度，但随着2010年以后通信网投资的下降，新公司在该市场中与通信网有关的业务也开始下降；幸运的是自2002—2003年互联网泡沫破裂之后的10年（2004—2014年）时间里，国内数据中心和IT市场的投资持续增长。数据中心投资的持续增长意味着对中大型UPS和中大型机房空调需求的持续增长，意味着数据中心建设中的总包解决方案需求的增长；也意味着对小功率 UPS 和小机房空调需求的持续增长，以及基于 Rack（服务器机柜）解决方案需求的增长。

我所负责的肩负产品应用和产品营销使命的产品团队，在面向客户平台特别是行业客户平台进行营销松土和产品播种的过程中敏锐地捕捉到了新的商业机会。针对这些机会，如前文所述，我向新公司提出将 UPS 产品线拆分成中大功率 UPS 产品线和小功率 UPS 产品线，中大功率 UPS 产品线面向数据中心；小功率 UPS 产品线面向 IT 市场。我向新公司提出在开发中大功率机房空调的同时要开发适合本土的小机房空调产品，中大功率机房空调面向数据中心和通信交换中心的应用，小功率的机房空调面向 IT 中小机房的应用。

我在艾默生并购莫贝克后随即提出要将新公司由产品型公司向解决方案型公司方向发展。在得不到研发团队支持的情况下，我基于"数据中心端到端一体化解决方案"的理念，在公司没有正式立项开发解决方案所需产品的情况下，通过不同的非标销售项目，一步步地牵引开发平台通过非标开发的方式开发出用于 UPS 上游和下游的配电产品，再用由此带来的实际需求的增长（订单增加）推动公司建立起配电产品线。至此，新公司已从单纯销售 UPS 等产品的销售型公司转向了提供 UPS+配电系统的数据中心和通信机楼供配电解决方案的公司。

我利用数据中心供配电解决方案的理念，成功地引导公司的产品开发平台向解决方案型开发平台转型，这项成功进一步鼓舞我对数据中心基础设施进行最小颗粒度的集成定义，并以"工程产品化"的理念引导开发平台开发具有改变数据中心规划与建设方式意义的数据中心：工厂制造的数据中心。我和产品应用团队在数据中心市场了解到客户在数据中心建设上有如下痛点：①建设周期超长，需要 2~3 年。②数据中心建设的决算成本往往是预算成本的 2 倍以上。③数据中心的建设与数据中心的使用脱节，数据中心资产利用率很低。④互联网企业希望将数据中心的建设周期缩短到 3~6 个月，以支持不可预测的互联网业务浪涌性的需求波动。

这些痛点的解决需要对数据中心的设计与建造方式进行创新与变革。我遵循的理念是要与传统总包工程商进行差异化竞争！第一步是将现场实施的烦琐工程改为可以在工厂制造的集成化组件，从而大幅减少现场的工程量和工时；第二步是促进开发团队将数据中心最小独立单元的基础设施设计成模快化集成的数据中心产品并在工厂制造，只在工程现场做模块化数据中心的组装部署。

模块化集成的数据中心是以两排 Rack（服务器机柜）为基础建构的，集成供电、配电、制冷和管理为一体，可以在工厂制造、在使用现场组装的模块化数据中心。根据模块化集成数据中心的概念，同样可以将集装箱作为数据中心的载体，将数据中心集成在集装箱内。

工程产品化的理念同样可以用于 IT 基础设施的解决方案：即基于一排 Rack 集成供配电、制冷和管理为一体，在工厂制造和在现场拼装，以及基于一个 Rack 集成供配电、制冷与管理，并可以直接进行现场调试的解决方案产品。

我的这个"可以在工厂制造的集成化数据中心"创意是一个令互联网企业兴奋的创意。国内标杆企业 A 最先与新公司讨论了在西部荒漠地区建设户外的集装箱集群式数据中心的需求；国内标杆企业 T 最先与新公司讨论如何用"工厂制造的模块化数据中心"方案建设和部署其自用的数据中心的需求；国内标杆企业 B 最先与新公司讨论如何用大模块数据中心来建设部署其数据中心的需求；全球最大的代工厂最先与新公司讨论如何用集装箱数据中心装备其在全球工厂的需求。从某种意义上说，我在数据中心行业发起了数据中心设计与建造方式的变革，随后 HW 和 ZX 等企业跟进了我的这个创意。

如何将"工厂制造的数据中心"的理念在新公司落地？新公司现有的研发平台和制造平台完全不支持我的这个将数据中心做成集成化产品的理念，于是我直接求助新公司总裁。新公司总裁依据模块化数据中心集成制造是以金属结构（Rack 等）构建供电、配电、制冷和管理系统的特点，决定基于机房空调产品线延伸出 IT 解决方案产品线，由 IT 解决方案产品线支持"工厂制造模块化数据中心"的开发和制造业务。为解决模块化数据中心集成产品的管理问题，我进一步推动新组建的 IT 解决方案产品线开发用于模块化数据中心的软件与硬件一体化的管理系统。

我与产品应用与产品营销团队发起和推动的这种变革性的创意不仅为新公司提供了一个由集成化解决方案业务拉动公司销售增长的引擎，也提高了新公司在数据中心市场和 IT 市场对产品型竞争对手进行升维打击的能力，更重要的是这种变革性的创意在不知不觉中引导新公司逐步由产品型公司向解决方案型公司转型，这种转型不仅帮助公司解决了当下的市场竞争问题，也为新公司 10 年后的变革奠定了组织基础、技术基础和人才基础。

10 以市场需求驱动研发，引领公司进入新能源和工业驱动市场

　　产品研发究竟是以研发团队为主导还是以市场团队为主导，一直是本企业争论不休的议题。莫贝克作为创业企业，在起步阶段的产品研发是以研发团队为主导的，企业先开发出了产品再组建销售团队，继而再驱动销售团队以产品去找市场和客户。莫贝克在创业初期由研发团队主导开发产品，这个主导权甚至延伸到了产品包装和产品营销。这种模式在莫贝克出现第一次销售危机时受到了严峻的挑战：在客户没变、产品没变但需求规格发生变化的情况下，莫贝克的研发团队对此变化毫无感知，无感也就没有应对需求变化的行动。在订单下降、销售下降和准备裁员的压力下，我作为产品营销的负责人找到了导致莫贝克通信电源订单和销售下降的原因，进一步提出解决危机的短平快方法，我的建议得到时任莫贝克总裁的全力支持，在其亲自推动下，研发团队仅用了一个月的时间就优化出应对客户新需求的产品，从而解决了应对危机的产品问题。新公司的营销团队也以此为契机，正式从研发团队接手了产品包装和产品营销的职能，从而重启了通信电源销售的继续增长之路。

对产品应用和产品营销团队而言，"沿着既有的市场发现新需求"和"沿着公司的技术平台去寻找新市场和新产品"是最重要的使命和职责。在莫贝克时代，我所负责的营销团队成功引领了公司沿着电力电子技术开发平台开发出了应用于电厂和电网的电力操作电源、应用于工业驱动市场的低压变频器和应用于 IT 市场的小容量 UPS；成功引领了公司基于监控软件开发平台，启动了电网监控智能化系统的开发工作（该开发项目因莫贝克的出售而被中止和取消）。

在新公司重建了产品应用和产品营销团队之后，我协同自己所负责的营销团队重新履行"企业瞭望者"和"企业引路者"的职责。在加入艾默生后的前 5 年，成功引领新公司开发出支持有线通信网和无线通信网建设的户外通信电源产品系列、微基站远程供电产品、基站光电互补供电产品；成功引领公司为满足中国互联网企业的新需求开发出高压直流产品系列，为进入 IT 市场而拆分出小容量 UPS 产品线和开发小机房空调产品；成功引领公司为进入数据中心的集成市场新建 IT 解决方案产品线，设计开发出基于工厂制造的应用于数据中心市场和 IT 市场的模块化数据中心集成产品——SMART 系列数据中心集成产品。

当中国通信网投资建设走向低落，而数据中心和 IT 市场投资建设继续增长时，我所带领的产品营销团队又沿着电力电子技术的平台成功牵引新公司进入了新能源市场，分别建立了太阳能光伏逆变器产品线、风能发电变流器产品线和高压变频器产品线。这三条新产品线都以事业部的形式独立运营，都采用了开发、制造、销售和服务的垂直管理方式。这三个事业部的建立和业务发展，有效弥补了通信网建设大幅下降所带来的业绩缺口。

新公司进入新能源市场的决策是正确的，新公司在电力电子技术平台向新能源产品方向的延伸是有效的，这三个事业部本可以做得很大，甚至可以大到超过新公司的本体，但由于新能源市场的低成本倾向、客户数量少而需求大、客户采用由总包商和集成商进行设备采购的模式、新公司内部在新能源业务管理体制上的左右摇摆、新能源开发人才大量流失等原因，这三个事业部都没能把业务做大。其中太阳能光伏逆变器事业部在 2010 年出售给了一家民营企业，该民营企业不仅因此产品线在中国的 A 股上市，而且在 2022 年此款太阳能光伏逆变器产品的销售额达到 60 亿元人民币（其中 50 亿元是出口额）。

11 以五年发展规划、年度预算、月（季）度运营评审会议制度治理企业运营

以企业五年发展规划制度来引导公司中长期的成长

如果说莫贝克公司在初创时期属于野蛮生长的话，那么在加入艾默生后新公司的生长则是有规划的理性生长。这个理性生长依靠的是"五年规划"制度，五年发展规划是从中长期的视野来看企业航线和航程，新公司对五年规划采取每两年刷新一次的滚动管理。五年规划的本质是对企业做成长性的规划，制定该规划的规则如下：企业滚动式五年规划的总体销售增长是不可讨论的硬要求，但五年规划的销售增长幅度要参考宏观经济增长率；本着绩效改善和优化的企业管理规则，五年规划的销售增长率必须是 GDP 增长率的 1.5~2 倍，这个倍数的确定需要将新公司自身的资源条件和能力条件与全球总部的业绩增长要求相结合。

对上市公司而言，首先，制定企业发展的五年规划是一项对标企业全球增长目标的工作，该工作是以全球总部对投资者所说的成长性故事为核心，这个故事会影响本企业的股价。其次，制定企业发展的五年规划是一项艺术：在拥有多产品线的企业中，有些产品线是被全球总部聚焦关注的，有些

只是由本企业关注的；全球总部聚焦关注的产品线要么是利润好的业务，要么是面向未来的战略性的产品线；对全球总部聚焦关注的产品线的销售增长，即使再困难也要做到令全球总部认可的增长率，同时压低由本企业关注的本可以更高速率增长的产品线销售；对各产品线五年销售增长规划的制定要有"保"（拔高了销售增长率）有"压"（压低了销售增长率），要以"压"补"保"来实现五年规划的总体销售增长率。最后，制定企业发展的五年规划是一项技术：对哪些产品线采用"保"的原则、"保"到什么程度；对哪些产品线采用"压"的原则、压到什么程度，都是在满足全球总部要求的总体增长率的前提下结合各产品线的能力和资源而制定的。

在有"保"有"压"的五年销售增长规划下，企业成长规划就具有了一定程度的抗风险能力和容错能力。如果把每条产品线的五年销售增长都顶格制作，只要有一条产品线不能达成增长目标，企业的整体五年规划也就达不成目标。在销售增长和利润增长的五年规划中，企业要优先保证销售增长规划的达成，因为利润来自销售，没有销售规模的增长，其利润增长是不可持续的。智慧的企业管理者在评价和确定企业五年发展规划中也要遵守这个游戏规则。

公司中层和高层在制定企业五年发展规划中的游戏规则是不同的。在五年规划的总销售增长额和总增长率已经拟定的原则下，启动第一轮由各个产品线根据自己的市场机会和竞争条件制定五年销售增长规划。在第一轮上报的五年规划中，有的产品线会提交销售五年连续增长的规划，有的产品线会提交五年销售持平的规划，有的产品线会提交销售下降的规划。我是本公司第一任主编五年规划的责任者，也是负责了六次每两年滚动一次的五年规划的制定者。根据我的经验所观察到的是，由各个产品线自主提交的五年规划往往反映出的是人性共有的弱点：凡制定销售增长规划的，其增长率不会超过GDP的增长率，这种销售增长即使与GDP增长率持平，也是一种绩效无改进下的增长，其追求的是一种舒适性增长；凡制定五年销售持平规划的，一定是夸大了对手的竞争力，希望通过制定规划的机会向公司索要更多的资源投入；凡制定五年销售逐步下降规划的，是因担心产品线被砍而做的微弱下调，而实际上可能下降的更多。

根据我的经验，在制定五年销售增长规划上，销售团队和研发团队是偏向保守的，而产品应用和营销团队是偏激进的。显然，企业在制定企业发展的五年规划上一定不能停留在"九龙治水"的层面，而要设置一个"总规划师"的角色。"总规划师"要在知己（了解本企业的资源与能力）、知彼（了解目标竞争对手）和知道环境（了解市场需求变化趋势和市场细分）的前提下，将产品线分为必须强增长的产品线（利润率好的产品线）、弱增长的产品线（利润率低的产品线）和需要改善的产品线（利润率和销售都有问题的产品线）。在上述产品线五年规划的分类框架下，启动管理层对各产品线的五年发展规划分别进行评审，由评审会议来修改各产品线提交的五年发展规划目标和各项指标，包括销售增长和利润增长目标下的人头指标和成本指标。

"总规划师"首先要确定现有产品线总的业务增长能否达到企业拟定的总增长目标。如果能够达到，则通过公司管理层驱动每条产品线的产品迭代开发计划、市场细分渗透计划、运营优化计划和改善各产品线的损益表计划；如果不能达到，则要通过公司管理层对未来五年无增长和负增长的产品线进行业务可优化性分析，对无优化空间的产品线进行投资压缩甚至关停并转。其次，对现有产品线的业务增长总和与企业总体增长目标之间的缺口，则要驱动营销部门提出事先已经调查研究过的收购新业务或建立新产品线进入新市场的投资建议来供公司管理层进行讨论与决策，即用新投资和新业务来补全五年规划的缺口。新公司的五年发展规划是一项以财务成长为核心，以业务增长为导向的中长期业务发展规划。

以每年的年度预算落实五年发展规划中对应年度的销售增长和利润增长规划

年度预算是一项关注公司成长的年度计划，是刚性预算，其制定的原则是**年度预算只能高于或等于五年发展规划**中对应年度的设定目标。年度预算制定的方式与制定五年发展规划的方式基本一致。年度预算制定的牵头组织部门是公司的财务部门，龙头部门是销售团队（产品销售预算和服务销售预算），主体是产品线，其是年度预算的损益中心。销售预算按各产品线制定，各产品线依据销售预算制定开发预算和生产预算；所有这些分业务的预算中都包含雇员数量预算、费用预算。财务部在公司年度总预算目标的框架下与各产品线围绕年度预算进行反复沟通，在确定各产品线的年度预算目标后提交公司管理层预审，在公司管理层预审后提交全球总部批准，经全球总部批准的公司年度预算是必须刚性执行的年度预算。年度预算包含销售、利润、现金流、成本和人力资源预算（雇员数量和薪酬预算），这些预算按产品线进行细分。公司的平台部门，如人力资源、财务、法务、质量和采购部门的预算最后以成本预算的方式按一定的规则分摊到各产品线。**五年发展规划和年度预算都以产品线为损益中心**。

为使年度预算的执行具有可操作性、可跟踪性和可管理性，公司需要将年度预算以销售、成本和利润三位一体的呈现形式制定分月和分季度的供执行的年度预算表，此表还需要与上一年度同期实现的数据进行对比，表中的年度预算总数不可更改，但月度和季度的预算计划可以依据经营的具体情况进行滚动调整。

以月度、季度计划运营评审会议制度滚动管理年度预算

由全球总部批准的年度预算是不可更改的，但业务经营的环境又是变化的，新公司采用月度和季度计划运营评审会议的形式来跟踪和管理月度和季度的预算执行。当月度实现的计划低于预算计划时，原则上其缺口要在季度预算中弥补，当销售计划调整时其成本计划也必须做同比同步的调整，只有当季度预算无法弥补所包含月份的计划数据时才可以在季度预算之间进行调整。当年度预算有两个季度达不成目标且在剩余季度无法弥补年度预算的执行缺口时，公司管理层就要决策进行变动成本和费用的收缩式管理，以期在

年度销售预算有缺口的情况下实现年度的利润预算目标；在对变动成本和费用进行收缩式管理后依然无法实现年度利润预算目标时，裁员决策就会提上公司管理层的会议议程，其目的依然是在销售无法实现年度预算的情况下，努力实现年度利润预算的目标。

对本企业而言，人工、租金、差旅和营销费用是排在前四位的成本和费用，其中人工对成本的影响最大，裁员就是企业最大也是最有效的降低成本的措施。公司的裁员决策是最严肃的运营决策，只有在销售改善和成本及费用改善都无法达成年度预算目标的前提下才会采用这个决策。裁员是一把双刃剑，虽然可以帮助公司有效降低当期成本，但也限制了未来在销售有机会增长时的人力投入，从而也限制了公司未来的业务扩张能力。

本人在由莫贝克加入艾默生的 10 年后的 2015 年经历了一次公司的裁员，该年实际预算的执行比年度预算大幅降低，其结果是公司采取了裁员的措施，该措施虽然有效缩小了 2015 当年的利润预算缺口，但也限制了公司在 2016—2017 年的业务发展的能力。本人也正是在 2015 年年末再次受命在不追加投入的前提下去重整、修复和发展服务业务。

12 潜伏在公司高速发展过程中的危机

宏观环境变化给新公司带来的新增长瓶颈

当我站在 2011 年的时间点上往前看 4 年和往后看 4 年时发现，中国的宏观经济增长速度在逐年放缓（见图 12-1），2007—2011 年宏观经济增速从 14.2% 放缓到 9.6%，其间宏观经济的年均增速是 9.2%；2011—2015 年增速从 9.6% 放缓到 7%，其间宏观经济的年均增速是 8.8%。与其相对应，在 2007—2011 年的五年规划中，新公司在中国本土业务的年均销售增长率达到 16.6%，是 GDP 年均增长率的 1.8 倍；但在 2011—2015 年的五年发展规划中，新公司年均销售增长率仅为 GDP 年均增长率的 1.15 倍。当新公司在中国的本土业务由快速增长转为中速增长甚至低速增长时，就意味着公司增长能力已在减弱。我对新公司自 2010 年开始未来五年增长能力减弱的预判，在其后 5 年的实际运营中得到了证实。其实，公司增长能力减弱在 2007—2011 年的高速增长期就已经开始了，这种增长能力的减弱来自由外部因素引发的公司内部的问题。本章的第 2 节、第 3 节和第 4 节阐述了导致新公司增长能力减弱的因素。

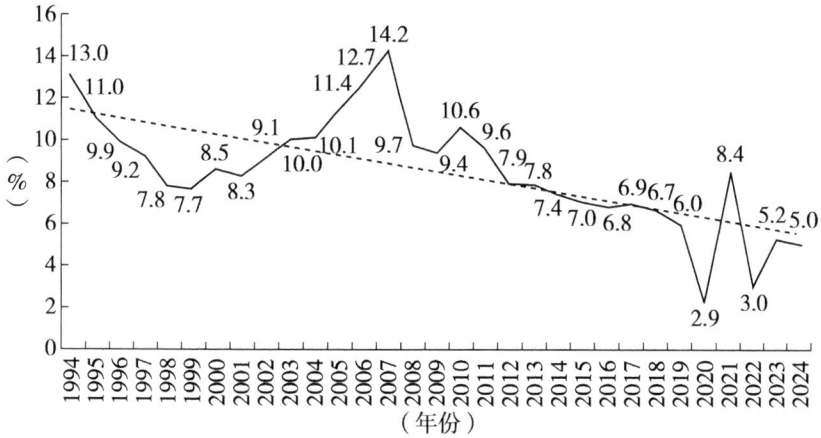

图 12-1　1994—2024 年中国 GDP 增长率

资料来源：中经数据。

全球公司业务归一化削弱了新公司在中国市场持续快速增长的能力

中国在加入 WTO（世界贸易组织）之后快速地成为世界制造中心。早在莫贝克时代，本公司就已经通过低压变频器和电力操作电源产品渗透进中国的工业制造领域和发电及电力传输市场。在加入艾默生后不久，原莫贝克的低压变频器产品线划归艾默生旗下总部设在英国的"工业自动化"集团进行管理，该集团拥有 CT 品牌的变频器，其在中国市场通过渠道进行销售。由于工业自动化集团在中国既没有工厂也没有设计中心，其 CT 品牌的变频器在中国的销售额远低于原莫贝克品牌的变频器。艾默生总部将新公司原莫贝克变频器产品线划归艾默生工业自动化集团进行管理，导致原莫贝克本土变频器产品逐步被 CT 品牌的变频器产品替代。这种决策是一种逆市场趋势的决策，因为中国市场正在发生的是以本土品牌逐步替代进口品牌，本土品牌变频器的企业数量和销售量正快速发展。以进口产品逆整合中国本土产品的结果是该产品线骨干人员大量流失、销售业绩随之下滑、市场份额开始丢失。艾默生总部的这项错误决策，导致了两个严重的后果：一是这条产品线本可以伴随作为世界制造中心的中国制造业的崛起而获得大发展,却因为被进口产品逆整合而错过了快速增长的机会窗口,其业务逐年减弱;二是逆整合导致中国本土人才大批辞职创业,并发展了新的本土品牌变频器产品与CT变频器产品进行竞争,例如,这些辞职的员工分别建立了三个变频器创业公司与CT公司在国内市场进行竞争,这三个变频器创业公司都是乘着制造业大发展的东风获得了快速成长,并先后在国内的股票市场上市,其中最大的一家在2022年的销售额已超过百亿元。

原莫贝克面向HW的印刷板板装电源产品线也在艾默生总部的归一化管理决策下由新公司划归艾默生旗下的雅达电子进行管理。雅达电子公司是一家设计和生产小微工业电源的公司,将印刷板板装电源产品线划归其管理的结果,是该产品线逐步丢失了在HW的销售,直至最后退出HW。这使新公司又减少了一条本可以在工业电源领域获得长足增长的产品线业务。

由创业潮引发辞职潮导致的人才流失和技术流失削弱了新公司继续快速增长的能力

2003—2011年,加入WTO后的中国经济连续8年高速发展。在政府以市场换技术的政策驱动下,以进口替代为目标的创业潮在中国大地兴起。在这个创业大潮的感染下,原莫贝克各产品线的一些骨干员工在并入艾默生的敬业期结束后,陆续辞职出去创业。其中电力电子技术人员是辞职的主力,这些技术人员辞职后大都围绕各种工业领域从事产品研发、制造、销售和服务,除此之外,电力电子的研发负责人和一些中高层的技术人员也先后辞职带着一些员工出去创业,从事工业电源的研发、制造、销售和服务。其中至少有两家公司已成功在国内的股票市场上市。在新公司研发的风力变流器成功进入新能源市场后,就有中层管理者带着部分员工出去创业,这家风能创业公司也成功在国内股票市场上市。

空调产品线发生过两次由业务主管带头的辞职创业潮,第一次发生在2008年,第二次发生在2015年。其中第一波创业者围绕大客户做配套柜式小空调，随后研发机房空调并进入通信运营商市场和中小数据中心市场，该公司也在国内股票市场上市。

我发现，2010 前在中国经济高速增长期从新公司辞职出去创业的，大都获得了成功，其中至少 7 家已是上市公司。这种成功无形中吸引了后来者的效仿，但后出去创业的由于错过了宏观经济的高速增长期，大部分都不成功（无论是以电力电子技术创业还是以制冷技术创业），更没有一家成为上市公司。

内耗及内部职业腐败削弱了新公司持续快速增长能力

艾默生在并购莫贝克后的第一个 10 年期（2003—2013 年）销售的年均增长率达到 25%，这是一个非常亮眼的数据。如果把这 10 年分成两个 5 年时段来看，第一个 5 年（2003—2008 年）的销售年均增长率是 14.8%，达到了莫贝克在出售给艾默生时所承诺的年均销售增长 15% 的目标，支撑第一个 5 年销售增长的是原莫贝克既有的产品线和艾默生转移给中国公司的应用于数据中心的两条产品线。第二个 5 年（2008—2013 年）的销售年均增长率是 11%，在第二个 5 年期的后半段即 2010 年起，中国通信市场在 3G 建设投资后就进入了投资收缩期，与通信网建设相关的产品销售也开始萎缩。好在上帝关上一扇门的同时又打开另一扇门，这"另一扇门"就是中国新能源市场的兴起，其中风力发电和太阳能发电成为新能源投资建设的主市场。新公司沿用擅长的电力电子技术创建了风能产品线和太阳能产品线，通过开发光伏逆变器产品和风力变流器产品进入新能源市场。正是这两条新能源产品线的建立和新能源产品业务的成长弥补了通信网市场需求下降和销售下降带来的公司业绩下滑，并为公司保持住整体业务两位数的增长起到了拉动作用。公司内部的职业腐败就起于这个时期。

公司在创造出辉煌业绩的同时也造就了一大批英雄，众多的英雄不仅需要有合适的位置去安排，还需要有相当层面的话语权。随着产品线的增多、业务的不断扩大、员工数量的不断增加和职能部门的不断扩展，公司组织不仅数量增多而且管理层级也增多。组织的扩张虽然可以解决英雄安排问题，但随着话语权的争夺，部门间的沟通变得越来越困难，组织也变得越来越"笨"，对一线客户的声音听得越来越少，跨部门协同也越来越困难。这种内耗不仅使公司能力不能全部用在客户端，还导致了竞争力开始从顶峰下降。

公司在创造出辉煌业绩的同时也激发了各级各路英雄对回报的欲望，这些欲望超出了公司现有薪酬体系的边界。当欲望不能得到相应程度的满足时，抱怨就开始从管理层向中、基层蔓延，特别是蔓延到销售团队的一线主管和机关的中高层主管，其后蔓延到研发的中高层主管。销售团队的主管以上市公司的销售高管和中型公司老板的薪酬为标杆，研发主管则以出去创业成功的创业者收入为标杆，这股报怨之风就为职业腐败提供了土壤，这种组织内耗和精神内耗也开始腐蚀公司的竞争力。

职业腐败是一种企业内部员工或管理层利用职业便利和权力以不正当手段谋取个人利益或滥用职权的行为，职业腐败包括贪污受贿、浪费资源、内部欺诈、滥用职权、数据篡改等。职业腐败不仅损害企业的经济利益和声誉，还对员工、供应商、合作伙伴、客户等造成负面影响。

为防范和治理职业腐败，公司设立了审计部和合规部，公司每年都要对全体员工做企业道德规范的培训，公司的企业道德规范涉及范围非常广泛，包括但不限于禁止行贿和受贿、禁止财务造假、禁止虚报费用、禁止不正当竞争行为、禁止内幕交易、禁止性骚扰和歧视、潜在利益冲突须主动披露和上报、遵守信息安全规定、遵守贸易合规和保护知识产权等。接受培训的公司员工包括管理层都须专门签署"已接受企业道德规范培训和遵守企业道德规范"的承诺书。公司还在所有办公场所贴有违规行为受理内部举报电话和举报邮箱的提示信息，员工举报可以是匿名的也可以是实名的。为防范和治理职业腐败，公司对发现或被举报的违规员工和行为进行处理，其处理的力度视违规性质和程度，从警告信、内部通报，到退赔和辞退。

上述道德规范的教育和管理措施对员工个人的违规行为管理是有效的，公司在业务流程上也设有审核和批准的节点，这些审核和批准的节点会对合规性进行稽核，如发现连号的发票、大额发票、连号的出租车票、同一天有两张不同城市的住宿发票、假发票、不合适场合的发票等。但上述道德规范很难防范公司内部有"组织"的违规，这个"组织"不是公司设立的部门，而是为谋取非法利益，相关人员利用职务之便、权力之便在公司业务流程上所进行的有"组织"的个人寻租，这种寻租神不知鬼不觉。

销售体系内的腐败最常见的是利用价格授权寻租。这种寻租发生在通过渠道商进行分销管理的组织里，这是一种上下贯通的利用职务和权力并与渠道商联手的寻租。

虚构佣金项目是另一种销售腐败。佣金制度设立的初衷是对帮助公司获取新客户或获得了新项目的居间公司所做工作的一种利益补偿。为防止销售员利用佣金方式进行寻租，公司规定申请佣金的项目必须在项目投标前或非投标项目的合同签署前就居间公司帮助销售的内容和佣金额度进行申请并在获得最高层销售主管批准后才可以执行。

销售体系的腐败不仅使公司损失了正常水平的销售利润，带坏了销售体系的风气，还人为地给公司制造了需要降低产品成本的压力，影响公司的整体市场竞争力。

研发体系中的职业腐败虽然不像销售体系中那样通过销售项目直接贪腐金钱，但也是利用开发项目和产品线垂直管理的权力，通过产品器件供应商、结构件供应商、外包外协工厂的选择和使用寻租。研发体系中的职业腐败是公司技术领域的蛀虫，不仅向第三方泄露和分享公司投入资源开发出的技术，还拖延了公司新产品的开发进度和新产品推向市场的时间。

销售和研发联手腐败方式，则是由销售主管和研发主管联手从产品线研发团队、销售团队和营销团队乃至供应链拉走百人建立创业公司并开发产品与本公司竞争，专业人才被系统地挖走，给公司该产品线的开发和服务业务带来了将近两年的负面影响。

供应链体系也是职业腐败的一个"灾区"。公司每年数十亿元的采购对众多供应商来说就是一个大甲方，所有在商场出现和使用的潜规则同样都会在本企业采购中出现。供应链体系在供应商的选择上尽管有研发部门的约制、有管理层低价采购要求的约制、有质量部供应质量的约制、有采购规则上不允许选择独家供应商的约制、有全球采购平台采购标杆的约制，但由于中国是全球供应成本最低的地区之一，因此艾默生的全球采购标杆对其中国公司没有任何约制作用。供应链的职业腐败第一表现在每年的采购降价和供应商替代上：由于公司每年都有降低采购成本的目标，采购人员就围着这个降成本的目标做文章，供应价格不可不降但也不可多降。第二表现在对供应商涨价的"不作为"上：供应商往往利用产品的非标进行涨价、利用公司的应急采购进行涨价、利用公司的零散采购进行涨价，甚至将采购多年的器件或部件改个编码进行涨价，等等。

宏观经济增长由强转弱的外部环境、企业集团的决策失误、公司人才的流失、公司的内耗和内部腐败等综合因素拖累了新公司快速成长的步伐。原莫贝克（即更名后的安圣电气）在加入世界 500 强企业的 10 年之后再次走到了十字路口。何去又何从，再一次考验着新公司管理层的智慧。

第四篇

以创新挑战不可能，用新引擎突破企业发展瓶颈

1 企业再次出现增长瓶颈，公司需要突围迈向新领域

业务横盘期的五年

我国宏观经济从 2011 年开始，增长速度从两位数减缓为个位数。这一时期，尽管国内的数据中心和 IT 行业仍然保持常规发展，新公司在数据中心和 IT 市场的销售继续增长，但由于通信市场建设需求在 3G 建设之后迅速下降，使新公司与通信网相关的产品销售出现了下降。此外，由于新公司将太阳能产品线出售，其业务清零，加之风能产品线和进入工业市场的中压变频器产品线的业务发展缓慢，新公司在国内的总体销售在 2011 年开始步入年均个位数增长的时期，这个低位的个位数的增长持续了近五年。在这个时期，一半成熟产品的销售增长出现停滞，新产品和服务销售虽然继续增长，但由于其在总量中的占比不高，对公司总体销售增长的拉动有限。

再次受命接手艾默生网络能源（西安）业务，为新公司的低成本业务扩张探索道路

无论是宏观环境的原因还是企业内部的原因，公司的低位增长是不能被艾默生全球总部接受的。销售低位增长就是问题，有问题就需要改变，这种

改变先从管理层的变动开始。2013 年下半年，中国公司将主管销售市场单元的总裁晋升为公司总裁，这个晋升的用意很明显：解决公司销售增长这个开源的问题。新总裁随后将我轮换到新公司旗下的西安公司主持工作，我将自己创建并主管了 15 年的产品应用与产品营销部门转给另一位副总裁负责。

销售低位增长而导致的改变还体现在公司逐步将资源由高成本的深圳向低成本的西安迁移，因为西安在人工和租金上都比深圳低。西安公司成立于 2007 年，建立西安公司的初衷是利用西安高校众多、专业齐全和每年数十万大学毕业生的资源建立公司的第二研发中心。公司在进入低位增长后，进一步将西安公司定位为低成本扩张平台。我也就是在这个时刻受命接手西安公司的工作。

至此，新公司的新研发、新业务、新产品线的创立都必须放在西安公司。由于国内市场竞争具有普遍化的红海特征，企业在没有颠覆性的创新技术可用的情况下应对成本竞争只有一个方式，就是将资源由高成本地区向相对低成本的地区迁移。西安公司除了承接新产品开发、新产品线和新业务，还要承接深圳公司平台部门向西安公司迁移的人员。这种迁移采用的是渐进的方式，深圳公司的各个部门开始在西安公司建立对应的部门，将辞职补充的员工和新招的员工都放在西安的对应部门，于是西安公司的人员规模逐步赶上并超过了深圳公司的规模。

以中国为试点，为网络能源全球业务增长开辟新路径

销售的低位增长不仅是网络能源（中国）公司面临的问题，也是网络能源总公司面临的问题。总公司试图通过收购与网络能源相近或可延伸的业务来推动网络能源的继续增长。第一次是收购工业 UPS 领域的公司，收购的理由很充分：工业 UPS 采用的电力电子技术与网络能源公司拥有的技术性相同，所不同的是工业 UPS 对自身的防护设计有特别的技术要求，而这种技术又是网络能源公司所需要的；通过收购工业 UPS 公司，艾默生也就拥有该公司的所有客户和销售渠道，由此，网络能源就可以借此进入工业 UPS

市场并扩大网络能源的业务规模。在这种通过收购业务继续推动业务增长的思想指导下，艾默生以 12 亿美元收购了欧洲著名的工业 UPS 公司"克劳瑞德"。第二次是收购 IT 领域从事 IT 服务业务的公司。这个收购似乎与网络能源现有的技术平台、产品平台没有任何可协同和可叠加之处。但实际上，网络能源总公司收购 IT 类企业的目的是要补齐其在软件开发能力上的短板。为此，艾默生以 12 亿美元收购了一家位于美国的 IT 领域从事 IT 带外管理业务的"艾伟讯"公司（Avocent）。艾默生收购该公司的目的是继续"艾伟讯"的原有业务，利用"艾伟讯"的软件开发能力开发能够进入数据中心基础设施管理和 IT 管理软件市场的产品。由于有了艾默生的上述收购，我也由此成为克劳瑞德（中国）公司和艾伟讯（中国）公司的法人。

然而，艾默生的这两次收购都不成功。克劳瑞德工业 UPS 的特性是客户定制性，每个客户的需求规格都有差异，其产品的设计周期和生产周期都较长，非标部件的复用性差，制造成本高，因此，客户定制产品的客户拓展和市场扩展能力很弱，其业务盈利点不在产品上而在服务上。网络能源总公司为了降低工业 UPS 客户定制产品制造成本和提高客户需求响应速度，曾经试图将欧洲的工业 UPS 技术和制造转移到网络能源的中国工厂和墨西哥工厂，以支持亚太地区和美洲地区工业 UPS 的业务扩张。但这个策略受到了克劳瑞德欧洲工厂的抵制，他们拖延甚至拒绝做技术和制造转移。网络能源总公司即使更换了克劳瑞德欧洲公司总裁并从艾默生总部派人接管该公司也没能解决工业 UPS 的客户定制技术和制造的转移问题。结果是，这个收购的工业 UPS 公司业务不仅没能扩张到欧洲以外的市场，还逐步走弱，最后该公司被艾默生出售给了业界的其他公司。

艾伟讯公司的 IT 服务业务与网络能源业务在市场上是无法以同频共振的方式进行协同的，只能以井水与河水各行其道的方式沿着各自的轨道前行。然而，艾默生对艾伟讯公司的收购，把眼光放在了该公司具有软件开发能力上，忽视了对艾伟讯公司现有业务未来发展的调查和判断。艾伟讯公司现有的对 IT 设备进行带外管理的业务已经是一个夕阳业务，IT 行业已经将

IT 设备的管理由带外管理转化成带内管理，把 IT 设备管理的需求设计进了芯片。在这个技术变革下，艾伟讯公司的 IT 带外管理业务逐步萎缩，只能用于老的 IT 设备维护，新 IT 设备不再需要用带外管理的产品进行管理。因此艾伟讯公司的收购不仅没有给网络能源全球业务带来增量的增长，反而成为业务增长的累赘。更糟糕的是，艾默生原本看重的将艾伟讯公司的软件开发能力用于开发数据中心基础设施管理（DCIM）软件的努力也失败了，艾伟讯公司开发的数据中心基础设施管理软件，尽管在概念和功能上很好，但由于缺乏可部署性和可维护性，在产品发布的若干年后就宣布退市了。这个花费了巨额投资的收购最终没能弥补艾默生在软件开发上的能力短板。艾伟讯的业务由于属于夕阳业务，艾默生一直无法将其出售，艾伟讯公司也就只能继续在现有业务上苦苦挣扎。

两次收购的不成功加上数据中心基础设施管理软件开发的不成功，使艾默生网络能源总公司的管理层不得不把眼光重新转向对现有产品线业务进行改革上，试图通过改革来拉动公司业务的继续增长。于是，我提出的发展"端到端一体化解决方案业务"的建议，在经历了 10 年的坚持后，终于得到了艾默生管理层的重视和接受。就在我已经放弃发展数据中心总包业务的希望时，艾默生最高层决定：以网络能源（中国）为试点开展数据中心总包业务，试点成功则在网络能源全球进行推广，如果不成功则关闭这个新业务。

组建数据中心总包事业部，为网络能源全球公司吃第一个"螃蟹"

艾默生最高层在中国试点数据中心总包业务的决定，对我而言，是执着 10 年后所获得的意外之喜。我对推动公司发展总包业务的执着，是基于对新公司已经具有发展总包业务的基本条件的判断：对数据中心基础设施建设而言，新公司除没有柴油发电机产品、冷水机组产品和蓄电池产品之外，已拥有数据中心基础设施的全部要素产品；只要在公司内建立总包业务组织，并以数据中心总包设计和总包建造的方式组织资源就能够进入数据中心的总包建造市场，就能够实现在总包项目中打包销售公司的多条产品线甚至全产品线的产品，并以总包的业务模式来拉动公司所有与数据中心相关的产品线的产品销售。

2013 年年末，我被公司任命为"数据中心总包事业部副总裁"，在负责西安公司的同时，基于西安组建数据中心解决方案的总包事业部，并以此组织来发展公司的总包业务。

随后的总包实践证明，艾默生在中国试点发展数据中心总包业务的策略是极具风险但同时又是正确的。从决策的风险角度看，新公司发展总包业务是从零开始，零人才、零资质、零经验、零业务流程、零制度和零总包供应链，在零基础上要在成熟的总包市场发展业务是一种极大的挑战；从决策的正确性角度看，艾默生选择了正确的人来组织中国的团队开创总包业务。其后的实践表明，我带领的团队成功地将总包业务从无发展到有，从小发展到大，以极小的投入实现了总包业务长达 10 年期的连续增长。总包业务自创立开始的 10 年内，每年销售净增长 1 亿元、年均销售增长率达 27.3%、年均利润增长率则达到了 29.5%；而同期的总包业务人员数量的年均增长率只有 7.1%，总包业务成为新公司产品销售增长的最有力的抓手和推进器。这也就意味着新公司开始由产品型公司向解决方案型公司转型，从而为网络能源全球的业务发展探索出一条新的增长路径。

然而，要实现这种转型需要对公司原有的技术基因和组织基因进行改造，只有实现了技术基因和组织基因的改造并叠加上总包业务管理的基因才能实现这种由产品型公司向解决方案型公司的转型。网络能源的全球公司继中国总包成功实践之后也开始发展数据中心的总包业务，但这些全球公司没有对技术基因和组织基因进行改造，其业务虽然发展了，但发展一般，主要原因是不能有效改善总包的业务利润。业务模式的转变需要有公司的技术基因和组织基因的转变作为支撑，我正是在这个方法论的指导下，在组建数据中心总包事业部的同时，着手进行技术基因和组织基因的改造工作。这项工作不是推翻或否定公司现有的基因，而是在现有基因之上增加融合性的技术基因和组织基因，并叠加总包业务管理的基因。

2 嫁接新基因，突破总包领域，增添业务增长新动能

总包销售与产品销售之间的巨大差距

产品销售是新公司的传统，自莫贝克作为创业公司开始至 2013 年，18 年间公司的业务成长全部依靠产品销售的增长。产品销售只要解决好品牌影响力、产品规格对路和竞争力、供应和服务及时性、渠道覆盖目标市场和客户、公司产品通向客户的路径顺畅，产品销售就有一个好的且稳定的销售增长模式。

总包销售是基于总包建设项目的直接面向客户的销售模式。总包销售包含针对数据中心基础设施从设计到制造，到工程建设，再到测试验收的全过程。总包销售的复杂程度比产品销售高许多，它既涉及公司现有的产品，又涉及公司没有的第三方产品（如柴油发电机、蓄电池、中压配电、安防系统和消防系统），还涉及集成工程。如果说在产品销售中只要将产品发货并由客户签收就可以计入销售额的话，总包销售中的产品发货和客户签收只是合同交付的开始，总包销售要到总包工程完工甚至要到工程验收后才能确认。如果说产品销售合同的毛利在合同签订时就已确定的话，总包销售合同的毛利只有到工程测试验收，做合同决算时才能确定。总包的工程建造期长于产

品的生产交付期，总包项目回款的周期也长于产品销售的回款周期。总包销售与产品销售的最大差别是，发展总包销售不仅需要建立总包的架构、设计、交钥匙工程、项目运营管理和项目采购这 5 个团队，还要让这 5 个团队完成跨部门的无缝对接和业务协同。本公司从技术到组织完全没有发展总包业务的基因，在没有业务基因的公司创立和发展总包业务本身就是一项挑战不可能的任务。另外，在产品公司发展总包业务的目的又与传统的总包公司完全不同，产品公司发展总包业务不是为了发展总包业务而做总包，而是为了多卖本公司现有产品线的产品而做总包。总包销售和产品销售之间的这些差异，需要在创建总包业务时就设法解决好植入发展总包业务所需要的技术和组织基因的问题。

在站满巨人的总包市场上寻求突破

当艾默生总部决定在中国试点从事数据中心总包业务时，中国的数据中心总包市场已经站满了总包业务的巨人。其中，进口品牌的总包建设供应商就有国际商业机器公司（IBM）和惠普（HP）。IBM 通过其独有的小型机和 IT 的软硬件设备进入数据中心总包市场；惠普则是通过收购国际知名的数据中心咨询公司 EYP 进入数据中心总包市场。这两家公司不仅为中国客户提供数据中心的总包建设和服务，还提供总包项目的融资并以此来巩固其在总包市场的竞争地位。具有本土优势的拥有一级或二级总包设计与建造资质的工程公司在中国已经有几千家，其中以太极电子工程公司、捷通工程公司和长城电子工程公司为代表。与本公司在 UPS 和机房空调产品业务形成竞争的进口品牌施耐德，也是以收购中国本土工程公司的方式进入国内的数据中心总包市场。

无疑，艾默生作为后来者，要在已经占满巨人的国内数据中心总包市场生存与发展甚至脱颖而出，既不能走 IBM、惠普和施耐德发展数据中心总包业务的老路，也不能走捷通、长城等本土工程公司发展总包业务的老路，艾默生必须另辟蹊径，采用新方法开创一条数据中心总包业务发展的新路径。

这项挑战不可能的任务就落到了我身上：即面对成熟的总包市场，基于公司现有资源创建总包事业部与总包市场上的巨人进行竞争，并在竞争中发展公司的数据中心总包业务。

走新路组建总包团队，用新法培养总包人才

我组建总包事业部面临的第一个难题是公司缺乏从事总包规划与设计的架构师和设计师。最初，我尝试从业界招聘总包业务的架构师与设计师，然而现实很残酷，业界的总包架构师和设计师大都聚集在 IBM、惠普、捷通等这些在多年以前就已进入数据中心总包市场的企业中。产品型公司要在业界招聘总包的架构师和设计师面临的共同难题是人难招、人难留和人难用。人难招有两个原因：一是人才要价太高，数据中心总包架构师和设计师年薪要价几乎都在百万元以上，总包的人才成本比产品的要高几个数量级，新公司无法满足高端人才所开的价；二是成熟的架构师和设计师都不愿意到产品型公司做总包业务，应聘者来应聘时几乎都带着怀疑的眼光，认为产品型公司在总包竞争中处于弱势地位，如果没有更高的薪酬作为这种职业风险的补偿，他们不愿意加入产品型公司做总包业务。招聘总包人才的实践表明，在通过了面试并拿到录用通知书的架构师和设计师中，只有极少数来公司报到。人难留是因为新公司脱胎于 HW，其企业文化的同质性很强，而社会招聘的高端人才或多或少的带有其他企业的文化烙印，很难融入现有的团队。人难用是因为总包业务作为本公司的新业务在各方面都不健全，各项工作的突破需要发挥每个人的主观能动性，没有本企业文化背景的人很难做到这一点。

怎么办？**我决定用"内生法"招聘和组建总包团队：从公司内部的人才池中选拔具有不同技术背景的人组建总包事业部的不同业务组织，再以不同技术专业的组合来构建总包的技术"木桶"。**先将产品部和开发部这两个大部门作为总包结构和设计的人才的资源池，从中挑选出具有 UPS、机房空调、配电、监控、弱电、结构设计等单项技术背景的具有成为总包架构师和设计师潜力的人，组建总包事业部的架构部和设计部；以产品工程部作为总

包工程人才的资源池，从中选拔有能力且具有国家建造资质的人组建总包项目工程部。至此，我所组建的架构部、设计部和项目工程部开启了建立在内部创业基础上的数据中心总包业务航程。

建立起总包事业部的三个组织只是发展总包业务的第一步。在组队问题解决之后，培养总包队伍的架构能力和设计能力是重中之重的工作。为此，我采用五种方法来推动总包团队的自我学习、自我教育和相互为师。

方法一是让新建立的总包团队熟悉和精通数据中心规划和设计的国家标准（即 GB 标准）。为解决这个问题，我利用新公司在中大型 UPS、机房空调领域的技术优势和品牌知名度以及与国家级设计院合作的机会，让总包团队的骨干成员参与《电子信息系统机房工程设计规范》《数据中心设计规范》等国家标准的编写，为此，公司先后派出 7 名骨干参加了上述两个国家标准的编写。通过参与上述两个国标的编写和全国性的国标宣传和贯彻的推广活动，使总包团队快速熟悉和精通数据中心设计的国家标准。

方法二是聘请业界从事数据中心托管运营业务的技术负责人到总包团队讲解数据中心运营业务中的痛点及架构与设计上的变革需求；聘请艾默生香港公司的供配电技术专家给总包团队培训供配电系统设计、防雷设计与接地设计等方面的专业技术。

方法三是在总包事业部内推动各专业的技术负责人组织编写基于核心设备的与上下游设备协同工作的解决方案，以方案的编写推动各专业之间互相教学、相互为师。

方法四是组织总包团队集体编著《新一代绿色数据中心的规划与设计》，以编写专业技术书籍的方式系统培养总包团队的技术素养和技术能力。总包的架构与设计团队全员参加了该书的编写，该书编著历时一年，全员查阅和学习了大量的技术规范、技术文章和相关的技术书籍，并邀请电子工程国家级设计院技术领头人做本书的主编，此书最后在电子工业出版社出版发行，当时在数据中心工程建造界引起很大的反响。通过推动总包团队对该书的编著和出版不仅提高了其整体技术素质，还在数据中心总包市场形成了很强的总包营销影响力。这项能力的培养为公司后续总包业务的顺利拓展做了能力铺垫和营销铺垫。

方法五是跨专业培养总包需要的技术人才。当时公司现有技术人才分布不均衡，电力电子技术人才丰富但空调专业的技术人才稀缺，当无法从空调开发团队选取技术人员加入总包团队时，我打破常规从电力电子技术的开发团队中选拔有潜力的员工来培养空调系统设计的技术人才。公司将选拔出的电力电子开发人员送到艾默生在德国的生产高热密度制冷空调的工厂去学习机房空调技术，经过两个月的工厂学习和实践，该电力电子技术人员成功转变为机房空调解决方案的设计人员。该员工回国后即帮助总包团队拿下了超级计算中心的第一个高热密度机房制冷的总包项目，解决了每个机柜（Rack）25kW高热密度制冷的技术难题。

对公司没有但总包业务又需要的数据中心机房装修专业技术，我则通过面向工程公司招聘机房装修设计人员的方式来补齐数据中心设计中的短板。我在总包事业部建立了学习与技术分享平台，推动所有总包事业部的成员参加该平台进行共建和共享，所有的设计方案、技术资料和技术文档放在该平台上进行分享，所有总包事业部成员通过该平台进行跨专业的学习。

我坚信，在实践中学习才是最好、最快也是最有效的培养总包专业人才的方法。只要总包业务管理者具有包容心，允许新团队犯错误，推动新团队成员从错误中学习并改进，则新团队的能力提升一定很快。后续的实践证明，正是这支从非总包专业起步的总包团队，逐渐发展成中国数据中心总包业界最具创新能力的团队，进而成为业界的佼佼者。这支总包团队不仅业绩年年耀眼，而且成为业界猎头的重点目标，其成员后来遍布中国互联网的所有头部企业和业界的重要客户处。

从数据中心规划与建造方式创新入手，破解总包市场准入的难题

国内总包市场进入有着较高的门槛，总包市场准入所要求的企业资质有两类：建筑智能化设计与施工一级和二级，或机电总承包一级和二级。一级

资质承接的总包项目金额不受限制；二级资质只能承接 3 千万元以下规模的总包项目。针对从事总包工程的从业人员，国家设有一级建造师和二级建造师两类资质：由一级建造师担任项目经理的总包工程金额不受限制；二级建造师只能担任 3 千万元以下总包工程的项目经理。

根据业界的经验，一个产品型公司是很难申请总包资质的，即便是自己申请也需要有足够数量的一级和二级建造师，并花很长的时间、走很长的流程才能申请到资质，而且只能申请二级总包资质而不能申请一级总包资质。总包事业部一成立就需要快速启动总包业务、快速参与总包市场的项目竞争，以总包业务拉动各产品线的产品销售增长。然而，总包事业部必须要有总包资质才能启动总包业务，最快获得总包资质的方法就是收购业界现有的工程公司。

为获得总包资质，总包团队从 1000 多家工程公司中选出了 5 家在数据中心建造领域有一定知名度的民营工程公司进行摸底，以了解其被收购的意向。拥有一级资质的民营工程公司绝大多数都没有出售公司的意向，其中有若干企业认为他们可以自己独立上市。有两家拥有一级总包资质的工程公司有出售意向，但受阻于复杂的股权处理过程而难以收购。因此只能将目光转向收购具有二级总包资质的民营工程公司，其中有一家股权单纯的工程公司有出售意向，并且对其收购的谈判也很顺利，艾默生总部也批准了过亿元的收购计划，但该公司在与艾默生谈判的同时也与另一家做机房空调的民营企业进行合资谈判。结果该公司最终选择与机房空调公司组建合资企业而没有选择出售。

总包业务的起步受阻于总包资质。华山只有一条路，那就是自己申请总包资质。我决定先申请总包二级资质和机电总承包二级资质，同时探索在没有总包资质的情况下参与总包项目竞争的方法。

我发现，在国内的总包市场即便没有总包资质，也有两种变通的方式可以参与总包项目的竞争：一是通过与有总包资质的工程公司联合投标；二是通过付费借总包资质的方式来参与总包项目竞争。但这两种方式的成本很高，由于此时的总包市场已经是一个充分竞争的市场，没有足够的利润空间来消化这种资质成本。此路可走但不可行。怎么办？路在何方？

向创新要出路！艾默生作为国内总包市场的后进入者，如果亦步亦趋按照现有工程公司的老套路去做总包，是熬不到天亮的，因为艾默生还不具备做总包业务的条件：没有资质，没有经验，内部也没有支持做总包的制度和流程，更没有做总包的供应链。艾默生有的是用于数据中心的核心产品UPS和机房空调。拥有总包所需要的核心产品是艾默生相对于工程公司的最大优势，艾默生只有通过创造一种新的总包建造方式来暂时规避总包资质的缺乏，才能发挥艾默生的产品在总包项目竞争中的差异化竞争优势。我在自己曾经提出的"发展数据中心端到端一体化解决方案"的基础上，进一步**以"工程产品化"和"基于工厂制造的数据中心"的理念来推动数据中心建造方式的变革**。具体过程在本书第三篇第9章"用'营、销、服'一体化组织，强力驱动业务组合的高速增长"中有详细描述。

用制度和创新方法解决工厂供应链无法解决的总包外采供应难题

数据中心的总包涉及数据中心的5大系统和24个子系统。在小微型数据中心中，公司以100%的自有产品进行基础设施的集成化产品制造；在中型数据中心中，用50%的自有产品和50%的第三方产品进行基础设施集成化制造；在大型和超大型数据中心基础设施的集成制造中，公司的核心产品只占10%~20%，80%~90%的产品要从第三方外购。

新公司的供应链是基于大批量标准化的产品制造而建立的。选择一个新供应商进入公司的采购名单需要经历从提供样品进行检测到供应商资信调查、供应商的厂验、供应商认证和供应商引进决策等环节，走完这个新供应商引进流程，最快也要6个月。此外，工厂供应链部门对供应商的采购价格一般是一年谈一次，确定的采购和供应价格除非有特殊情况，一般有效期为一年。

我在与公司供应链部门讨论如何用工厂供应链采购平台支撑总包项目型

采购需求时发现：由于客户允许的总包建造周期一般短于 6 个月，工厂采购引进新供应商冗长的流程不能支撑总包项目采购所要求的快速认证、快速采购和快速供应的需求；又由于每一个总包项目都会涉及引进十几甚至几十个供应商，而且这些供应商在总包项目之间的复用性很小，大部分供应商由于有客户指定的供应商短名单的限制而只能使用一次。此外，总包在供应商供应价格谈判中要获得的极端供应价格，其供应商只承诺仅在本项目中使用，新项目即便采用同一个供应商，其价格也要重新谈判。上述这种项目型采购的特殊状况，决定了总包采购无法复用工厂供应链的采购平台，为了发展总包业务，公司必须新建立一个短、平、快的适合总包业务特点的项目型采购部门，同时制定出项目型采购和供应的业务流程和管理制度。

在公司总裁的支持下，公司决定在供应链中建立总包项目采购部：总包供应商的认证、采购、供应和付款管理遵从公司供应链采购的基本规则；总包项目采购和供应流程要根据总包业务所要求的短、平、快的特点进行调整或新建；总包项目采购业务由总包事业部与工厂供应链实行矩阵式管理。

总包事业部刚刚成立，总包项目便接踵而来，而此时总包组织架构、管理制度和业务流程尚未完善，总包团队的队形还没站好，特别是在缺乏总包项目供应链的情况下就开始出征打仗了。第一个总包项目虽然没有赢标，但成功地把公司的核心产品卖给了与我们竞争并赢标的总包商，第一个项目没有涉及对外的项目采购；第二个总包项目是中型数据中心项目，我们成功地以基于工厂制造的数据中心、工程产品化和超短工程交付周期的故事赢得了项目，这个项目使用工厂供应链的团队按照总包短、平、快的要求做了第一单项目型采购，但这个项目打乱了工厂供应链采购的正常秩序，使供应链的员工手忙脚乱。

第三个总包项目是一个超大型的用于托管业务的数据中心，项目金额超过 2 亿元，工程建造期 6 个月，但附有工程超期罚款的条款，以及要求总包商自带资金进行建造、在数据中心投入使用后再由总包商向甲方按月收取租金的条款，甲方租用期为 8 年，8 年期满后甲方以 1 块钱来回购整个数据中心。第三个总包项目是一种融资租赁型的项目，是一个考验全公司的项目：①融资租赁业务不是产品经营性业务而是资本经营型业务，我们从来没有做过融资租赁业务，该业务的审批权在艾默生的全球总部而不在新公司；②超大型数据中心的规划与设计虽然有设计院的图纸，但现实的建筑实体与设计院的图纸之间差异很大；③该总包项目包含市电引入，需要与电网公司谈判为该数据中心拉电力专线，这项任务完全超出了总包团队的认知和公司的业务能力；④2亿多元的总包项目中公司自有的产品占比不超过 2000 万元，需要外购的第三方产品和外包工程金额将近 2 亿元；⑤该项目客户采用最低价中标原则。

第三个总包项目对新组建的总包事业部而言是一个即使赢了标也很难交付的项目。我本着"不在于成功而在于练兵"的思路，将整个总包事业部资源全部投入该项目中，总包团队对照现实的建筑首次采用数字化设计的工具创新地对数据中心进行了数字化 3D 设计，利用数字化设计平台同步做了数据中心基础设施的虚拟建造。我推动总包团队采用数字化设计平台进行设计的目的是要解决总包项目中的设备、工程材料和施工工时的精准设计问题，此事事关建造成本和工期。为降低总包投标中的外采成本，我动用了工厂供应链部门为这个总包项目做项目询价和项目采购。工厂供应链部门用了一个月的时间对几十家供应商进行反复询价、压价，为该总包项目的工程造价提供依据；总包的架构团队、设计团队和工程团队通过一个月的协同工作终于把总包工程量一层一层地收敛出来形成工程造价。

我带领总包团队参与该项目的初心是在参与中练兵，却意外地在投标中打败了著名的以低价进行竞争的强大对手而中标。这个超大型总包项目的中标，对总包事业部而言，对外一战成名，从此，业界开始流传和扩散艾默生已经进入数据中心总包市场的信息；对内，则加速了总包项目采购部的组建和总包项目采购业务的独立运作，因为公司的工厂供应链部门在这个超大型总包项目采购中被总包事业部的投标要求逼得"鸡飞狗跳"，为此，该部门要彻底把自己从总包项目的采购中抽身出来。

总包项目采购部的行政职能由工厂供应链部门进行管理，业务职能由总包事业部管理。总包项目采购业务的这种矩阵式双实线的管理方式是企业采购业务的组织方式和业务管理方式的一项创新，这个创新既保证了工厂供应链平台对总包采购的规则管理和供应商的管理，也满足了总包业务按项目做供应商的快速引入、快速认证、快速谈价、快速供应的需求管理。

组织是基础，干部是核心。选择什么样的人来组建总包项目采购部是第二项重要工作。总包项目采购本质上是工程性采购，这种采购包含对第三方设备的采购、各种工程材料的采购和各种工程施工的采购。总包项目采购中涉及的供应商多、采购种类多、采购的规格繁杂，在一个总包项目中分类分项的外采购金额从巨大到大、中、小一应俱全。总包项目采购的这个特性就决定了总包采购团队与总包项目团队之间需要有效地解决需求沟通和需求理解的难题。例如，照明的灯有上千种，总包项目中设计要求的灯究竟是哪一种，这就需要总包项目采购团队与总包项目团队在相互沟通时必须解决信息的完整性和准确性问题，否则会出现因错误采购导致项目成本的增加，或因错误采购导致工程延期。

我最终选择公司内负责产品工程的总经理来组建总包项目采购部。该负责人具有服务交付和工程交付的管理经验，对工程材料、工期、工时、工程外包和服务交付外包等有履职经验；作为总经理，该员工具有带领团队协同工作的经验。后续总包项目采购的实践表明，我的这个决定是正确的。该负责人在组建总包项目采购团队的第一年，在手下只有一个借用的从事行政采购的人员情况下，正式开启了总包项目采购的业务，并将该业务开展得有声有色，有力支撑了总包业务的发展，总包采购团队也随着总包业务的发展获得了快速扩大。

公司工厂供应链部门的采购流程在采购管理上已经有了基本的管理制度，如除特殊情况不得使用独家供应商、80%的采购必须通过招标、30%的采购必须进行电子招标等。采购流程的目标：一是保证采购质量；二是保证采购供应的可靠性和稳定性；三是保证供应价格的竞争性；四是预防采购人员的寻租行为（在采购流程中供应商的提名是关键）。对总包项目采购而言，在满足甲方技术规格要求的前提下采用价格低者优选的策略对提高总包项目的赢标率最为重要。要想让有竞争力的总包项目供应商参与总包项目采购竞争，就必须避免将供应商的提名权固定在某个部门或某个岗位的做法（容易形成寻租）。我为此为总包项目采购制定了新的规则：**总包项目的所有参与者（销售、架构、设计、工程、采购和质量）作为项目采购组成员都有推荐优秀供应商的权利；在供应商的选择上必须坚持公平、公正、公开的原则，在技术入围前提下实行最低价中标；选择非最低价中标的必须经过投票，由票多者中标，所有总包项目的参与者参与投票，每人一票；项目采购的投标和中标结果向总包项目组和项目采购的供应商进行公示。**本人作为该规则的制定者和总包业务的管理者，既不做供应商推荐也不参与项目采购的投票，但拥有对非最低价中标者的否定权（项目采购组要提供选择非最低价中标供应商的理由和说明）。

为了避免老供应商在总包项目采购投标中形成报价默契，我规定：**总包项目采购中对每项重要的采购必须引进一家新的供应商参与项目投标和竞价。**新供应商往往是投标中的价格鲇鱼，对低价中标的新供应商，由于未经过实际使用的检验，我规定：**第一次使用的最低价中标的新供应商，其采购份额限制在5%，并给价格第二低和第三低的供应商一次标外降价的机会，价低者为第一中标供应商。**为防止总包项目供应商以超低价中标但在中标后不投入足够资源拖延工期要求涨价的做法，我规定：**每项分包工程采用两个供应商，初始采购份额只是预算采购份额，工程结束时依据供应商的实际工程量对预算采购份额进行调整。工程速度快者其决算的采购份额会大于预算采购份额，工程速度慢者其决算采购份额会小于预算采购份额。**我的这条规定促进了项目供应商在工程交付上的竞争（供应商必须配置好的项目经理和工程人员才能实现决算的采购份额大于预算的采购份额）。为保证总包采购中的工程质量，我规定：**项目验收后对施工质量进行后评估，后评估不合格者经整改也不合格的，则从总包采购名单中移除。**

项目采购供应链的竞争力是总包竞争力的重要组成部分。基于总包采购实践的成功，该总包项目采购部发展成为公司**总包暨服务采购部**。

从产品型公司中再造出总包的业务流程

新公司主业务流程是为产品销售和交付设计的，每个在销售的产品都有产品编码，在公司业务主流程中，从商机注册、订单的价格申请与批复、订单的商务和法务评审、合同成立与预付回款、合同成套、合同生产、合同发货、合同回款等都以产品编码贯穿全流程。数据中心总包业务信息不仅包含自有产品，还包含第三方产品，包含工程材料、工程施工期等信息。除自有产品外，第三方的产品种类和工程材料种类繁多且复杂，无法用现有的公司产品编码系统来支持总包合同所包含的非我公司产品信息、工程材料信息和工程建造信息。要开创总包业务，必须围绕公司现有的主业务流程来设计总包的业务流程，并平行建立总包业务的知识平台库，借助公司现有的 IT 平台将总包业务的管理进行 IT 化。

本着效率与质量并举的原则，我将总包业务主流程分为相互连接的前后两阶段来设计。总包第一阶段业务流程的重点是解决客户需求的快速响应、总包方案的快速形成、随客户需求快速调整总包方案、总包工程界面的清晰化、总包工程量与成本的快速盘整、快速形成报价等问题。第一阶段流程的目标是支持赢得总包合同，其作业的核心是围绕客户需求在总包项目的技术标准与规格准确的基础上提供具有技术竞争力和成本竞争力的总包投标方案，这是赢得总包订单的基础。总包**第二阶段业务流程的重点**是解决总包合同的齐套性发货和到货管理、工程工艺管理、施工顺序和工期管理、施工安全管理、施工界面管理、工程验收管理等问题，并在上述 6 项管理的基础上百分百地贯彻执行总包合同交付的预算约制与决算管理。第二阶段业务流程的目标是保证总包合同按时、按质、按量在预算成本内完成交付。

总包项目的运作管理采用虚拟项目组的运作方式，总包合同从签订到交付全流程涉及的总包业务关键角色有 6 个（见图 2-1），在具体的总包项目运作中，这 6 个角色的人员是固定的，项目组来自公司和总包事业部的不同部门，其包括销售员、架构师、设计师、工程项目经理、造价师、采购和供应专员。销售员负责获取客户信息、客户总包需求信息和竞争信息，并提供给总包业务的架构师、设计师和工程项目经理；架构师提供满足客户总包需求的架构设计给设计师；设计师把完善和细化的总包架构设计方案给项目工程经理，并为总包工程实施提供工程量、材料量基础；工程项目经理基于工程现场的物理环境和设计师给出的设备量、材料量和工程量，提供施工设计和总包工程的建造工时。架构师、设计师和工程项目经理为明确和理解客户的总包项目需求，需要协同销售员共同面对客户，多次讨论和细化总包需求。总包采购与建造专员对总包建造需要外包和外采购的部分通过对供应商的询价、议标或招标提供外包和外购的成本，造价师依据总包方案和上述 5 个角色的工作成果形成总包造价，并将总包造价提供给销售主管、架构师、总包业务主管。在总包业务流程的第一阶段，为了赢得总包项目，在解决了总包项目的技术与规格满足客户要求之后，总包销售人员和架构师会根据总包项目竞争的要求将成本优化压力通过设计师和工程项目经理传导给总包采购，驱动采购对供应商进行多轮询价；架构师、设计师和工程项目经理也会为降低总包造价而反复优化设计以支持赢得总包项目。在总包业务流程的第二阶段，为按照总包合同的约定，按时、按质并在合同成本预算内交付总包项目，工程项目经理不断推动和协同销售人员、架构师、设计师、总包采购、造价师、外包资源、客户、监理等角色及时沟通和处理总包交付中的各种问题。总包业务流程第一阶段的使命是赢的项目，总包业务流程第二阶段的使命是按时按质在总包合同的成本约制内交付项目，流程要达成使命就需要有责任主体，要由流程的责任主体做贯穿全流程的管理，以此来保证使命必达。

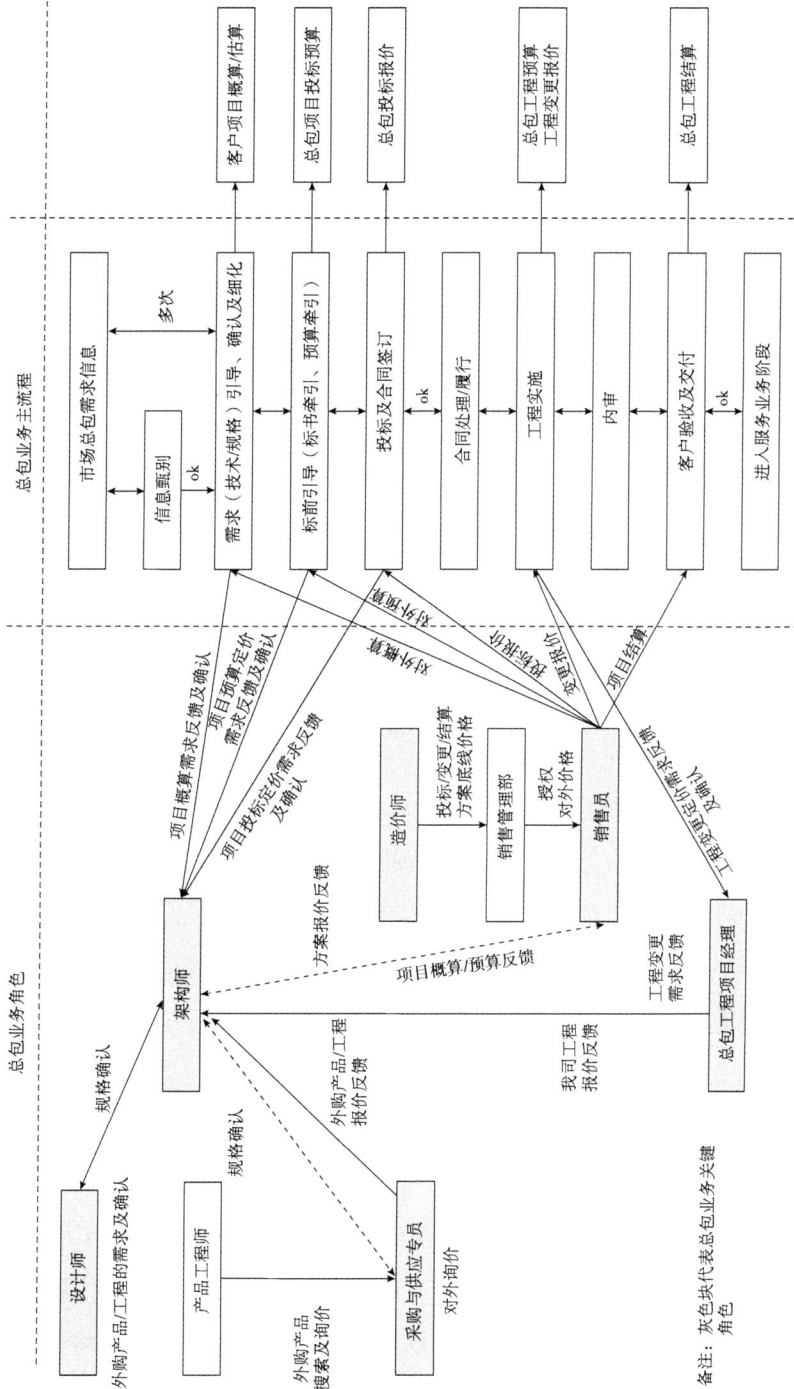

图 2-1　总包项目运作管理

确定总包主业务流程中不同阶段的责任主体，由流程的责任主体对流程的使命负责

总包业务的难点是要在"铁路警察各管一段"的分工体制下解决好总包各环节的角色进行握手和将信息无衰减地进行传递的问题。在总包业务流程的第一阶段中，总包各角色握手和信息无衰减传递的目的是赢得总包合同，赢得合同的前提是要努力确保提供给客户的总包建造方案在技术上和成本上都具有竞争力。将总包方案中的技术和成本集合为一体的角色是架构师，理想的架构师角色不仅要为客户设计有竞争力的技术架构，还要在技术架构上承载成本信息和工程建造信息，从而形成有竞争力的总包投标方案。因此在总包业务主流程的第一阶段，架构师是该段流程的责任主体，对总包的赢标率负责，并驱动各业务角色之间的握手和信息的无衰减传递。对此，在该阶段，销售人员、设计师、工程项目经理、采购与供应专员、造价师等的工作都要围绕满足架构师的需求进行。在总包业务主流程的第一阶段，架构师是责任主体（Owner）。

在总包业务主流程的第二阶段中，总包各角色握手和将信息无衰减传递的目的是确保面向客户的总包合同的交付按照总包合同（无成本信息）约定的时间、内容和质量进行；面向公司内部的总包合同（有成本信息）交付要在合同的成本预算约束下，在确保施工安全和质量的情况下完成总包合同交付。如果在总包建造的过程中客户提出了变更需求（建造内容的增加或减少），工程项目经理必须协同架构师、设计师、采购与供应专员、造价师和销售人员的工作，向客户提供相应的造价追加或减少方案。因此总包业务流程第二阶段的责任主体是工程项目经理（Owner），架构师、设计师、采购与供应专员、造价师和销售人员的工作都要围绕工程项目经理进行，并满足其需求。

总包业务主流程设计的方法论是解决将总包项目的客户需求信息和满足客户需求的方案从客户端到架构师、设计师、工程项目经理、采购与供应专员及造价师的传递过程的完整性、透明性、对称性、无衰减性的问题。信息

完整是指总包项目需求信息不会出现缺项和漏项；**信息透明**是指总包所有业务环节的信息对其他角色都是公开的；**信息对称**是指上一个环节与下一个环节的信息除在下一个环节叠加的新信息外是一致的；**信息无衰减**是在总包业务的全流程中，信息由上游向下游的传递和由下游向上游的传递不会出现缺项和漏项。

为解决总包信息的**传递**问题，我将总包业务主流程的第二阶段责任主体放到第一阶段的参与者的角色中，其目的是把第二阶段可能面临的导致工程成本增加的问题放到业务流程的第一阶段来明确和解决，如工程界面问题、工艺要求问题、施工难度问题、施工条件的满足问题、施工工期的可行性问题等。这些总包业务在建造阶段的管理事项事关总包合同在交付后的交付成本是否能做到小于或等于预算，事关总包合同在交付后的决算阶段能否保持合同签署时的毛利水平。

我设计的总包业务主流程、流程分段、流程分段责任主体、总包业务的6大关键角色和6大角色之间的互动关系，为在产品型公司运营体制下顺利拓展和发展总包业务提供了流程和制度基础。

用数字化工具解决总包信息完整、透明、对称、无衰减低传递的业界难题

传统总包的规划、设计和建造方式完全依靠从业者的经验，越是复杂的总包项目越需要有总包项目经验和资质的人来做。如前所述，新公司是在总包人才难招、难用、难留的情况下，从公司内部选拔产品人才，然后通过编写《新一代绿色数据中心的规划与设计》等五种培养总包能力的方式，从理论上解决了产品人才向总包人才转化升级的难题，解决了总包人才的初步培养问题。

由产品人才向总包人才的转化不能只是停留在理论和纸面上，要将这些理论上和纸面上的总包解决方案转化为实践的总包解决方案还需要借助工具来实现。这个工具就是数字化虚拟设计和建造工具BIM，BIM是"建筑信

息模型"软件平台的英文缩写，我是数据中心行业中第一个提出并实践将建筑行业的数字化设计平台用于数据中心的规划与设计的人。在总包事业部建立后的第一次总包产品开发路标讨论会上，就优先开发总包产品还是优先开发总包设计工具的议题，我与主管公司研发的副总裁发生争执，研发副总裁的观点是优先开发总包产品，但我的观点是要优先开发总包设计工具。我认为，总包产品开发从产品概念的形成，到市场可行性研究、开发立项、产品开发，再到产品发布和上市至少需要三年，而新建立的总包事业部需要有现实的业绩才能存活，新生的总包事业部首先要解决的是如何通过尽快地做出业绩来解决生存问题。开发总包设计工具就是解决在现有总包人才经验不足的情况下通过数字化设计工具来弥补经验短板，用工具解决经验分享和经验传承问题，这是一项事关总包业务能否顺利起步和发展的最为迫切的问题。我要用总包的数字化工具来解决总包业务信息从上游向下游再由下游向上游的完整、透明、对称、无衰减传递的问题。

总包开发部提出了借助第三方的 BIM 设计平台开发数据中心总包设计工具的建议，我立即支持了这个建议。BIM 是一个成熟的用于建筑行业的第三方数字化 3D 设计平台，是一种建筑数字化 3D 建模工具，该工具解决了建筑图纸两维设计中的缺陷问题、建筑信息三维可视化问题、建筑施工阶段经常遇到的设计冲突问题等，提高了设计和出图的效率。BIM 设计平台的上述特性正是总包架构、设计、生产和建造所需要的，但是 BIM 中用于建构建筑模型的各单元都是建筑类的小数字化 3D，没有数据中心基础设施类的数字化 3D。总包必须基于 BIM 自己开发数据中心基础设施设计所需要的设备和工程材料的数字化 3D，其中工程材料类的数字化 3D 小模型开发是共性的、不以设备为转移的，可以在不同品牌的设备上使用。但是，设备类的数字化 3D 小模型开发则是依供应商的不同而不同的，即使是同一供应商，其不同代产品的外观尺寸也不同。所以，要使用 BIM 数字化设计平台就必须开发各种设备和材料的数字化 3D 小模型设计库。这个数据中心数字化的设计库就是新公司独有的 BIM+ 数字化设计平台（见图 2-2 与图 2-3）。

Autodesk Revit | 族库开发

3D MAX

协同平台

Navisworks

BIM +

电缆算量

Fuzor

设计标准

AR 3D Scan | 最佳实践

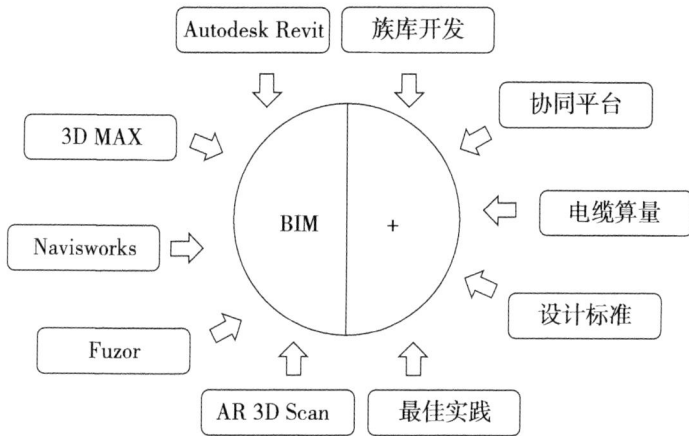

· BIM是基础，"+"的内容是核心竞争力
· 用数字孪生模型指导设计与建造
· 确保信息完整、透明、对称和无衰减的传递
· 快速出图、出清单和预算
· 纠错纠偏指导施工
· 按模型进行项目交付
· 保障赢标并盈利

图 2-2　BIM+ 工具与方法平台

BIM+数字化、可视化3D模型承载的总包信息支持完整、透明、对称、无衰减的传递

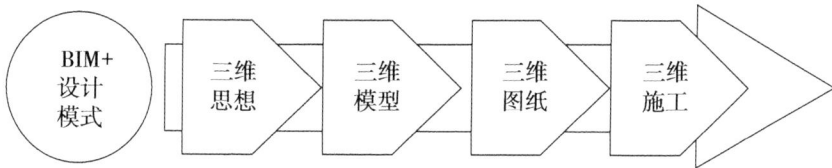

BIM+
设计
模式 | 三维
思想 | 三维
模型 | 三维
图纸 | 三维
施工

BIM+数字化3D设计优势：
· 以三维设计指导三维建造，虚拟与现实1:1
· 确保了总包合同的决算等于预算

CAD的二维设计缺乏第三维度的信息，导致了三维建造中的信息不完整

CAD
设计
模式 | 三维
思想 | 二维图纸 | 三维
施工

CAD二维设计缺陷
· 无法解决由二维设计转向三维建造中信息缺失问题
· 总包合同的决算一定会大于预算

图 2-3　基于 BIM+平台设计的 3D 数字孪生模型

在开发 BIM+ 设计库的基础上，总包团队通过总包项目采用边建设、边使用、边维护、边丰富和边扩展的五边原则，不断地丰富和完善数据中心基础设施的 BIM+ 数字化设计库。总包设计团队还针对 BIM 设计平台只有管道数字化 3D 小模型库而没有缆线数字化 3D 小模型库的缺陷，补充开发了缆线的数字化 3D 小模型库。

用 BIM+ 数字化 3D 建模工具来设计数据中心基础设施建造模型，有效解决了总包项目中的客户与供应商之间、供应商与外包商之间以及供应商内部上游与下游之间的信息完整、透明、无损沟通的难题。由于总包项目参与方人员使用的沟通语言都是数字化的 3D 模型语言，项目沟通效率显著提高，项目沟通的成本大幅降低。此外，数字化 3D 设计工具还有效解决了客户所需要的设计方案与供应商所提供的设计方案之间的一致性问题（所思即所设）；有效解决了供应商设计方案和供应商工程交付方案之间的一致性的问题（所设即所建）；有效解决了供应商建造方案与客户要求的方案之间的一致性问题（所建即所得）。

基于 BIM+ 数字化设计平台所做的数据中心的规划与设计模型，解决了甲方和乙方之间在信息沟通与信息理解上的一致性问题，乙方既缩短了在总包项目规划和设计阶段中与甲方的沟通时间，又解决了数据中心架构和设计中的易变更问题（只需要变更数字化 3D 模型，其基于 3D 模型的二维图纸会自动变更）。

总包方案的竞争最终落在总包的造价和报价上。为能够基于数字化 3D 模型快速做出总包方案报价，总包设计团队与总包成本管理团队合作开发了基于 BIM+ 设计平台的总包造价定额库和总包采购成本库，并在数字化 3D 模型与上述库之间建立映射关系。这项创新性的开发解决了在数据中心基础设施数字化 3D 模型上同步承载建造成本信息的问题；解决了同步明晰建造成本和快速对外报价的难题；也解决了盘整总包建造成本耗时多且可能出现成本漏项和缺项问题（见图 2-4）。

业界实践表明，总包工程建造阶段遇到的所有难题，都是由于在总包的架构和设计阶段相关的架构信息和设计信息不正确或不完整，最终以总包建

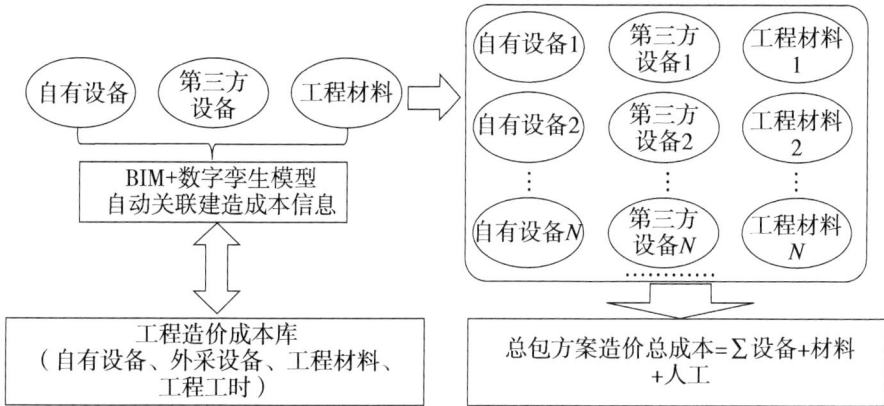

图 2-4　以数字孪生模型关联造价成本库可以直接导出工程造价预算

造成本超出总包合同预算的形式表现出来。**要解决总包建造成本超合同预算的问题，最好的方法是在总包方案的架构和设计阶段解决客户需求与满足客户需求之间的信息完整和信息正确的问题，这就是确保总包合同能够按照合同签订时的利润水平实现盈利的关键方法论。**

　　BIM+ 设计平台具有数字化 3D、虚拟化和可视化三大特征（见图 2-5）。

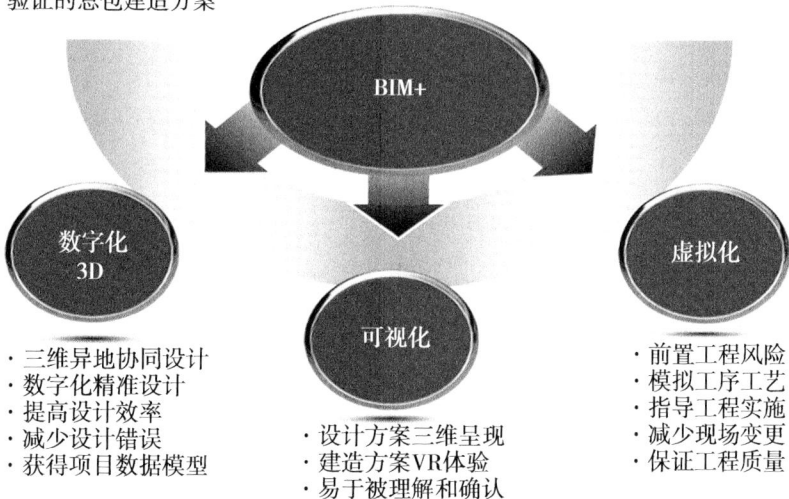

图 2-5　BIM+设计平台特征

基于 BIM+ 平台设计的数据中心基础设施的**数字孪生模型**（虚拟模型与现实模型 1∶1）可以在实际施工和建造之前通过**虚拟化建造**的方式进行**无成本试错**，用虚拟建造的方法发现建造风险、验证架构与设计是否有缺项漏项、验证工程的可实施性可建造性问题，及时完善架构方案、设计方案、工期方案、工艺要求和造价方案。数字化设计平台的开发与使用既解决了总包方案投标的竞争力问题，又解决了总包合同顺利交付和按预期实现盈利的问题。

以混合现实技术首创数据中心"数字化、虚拟化和可视化设计与建造"

我在创建总包业务的实践中发现，BIM+ 虽然很好地解决了传统的总包建造中以 2D 设计图纸指导 3D 工程建造的难题，但不能解决数据中心基础设施的 3D 设计与实体建筑的拟合问题。我的团队起初用 BIM+ 依据设计院提供的 2D 建筑图纸设计数字化 3D 模型，但实施工程部署时却发现，建筑实体与建筑设计院的图纸不符，建筑实物在屋顶、墙壁、横梁、立柱和地面的平整度上与设计图纸有较大差异，这种差异会导致基于建筑实体重新设计须安装的结构件和安装材料时，原先依据 2D 图纸设计和制造出来的结构件和裁剪好的工程材料可能会造成不同程度的浪费。比如，建筑图纸的屋顶是平的，建筑实体的屋顶则是弧形或微三角形的，这会导致有一半的金属吊架材料要废掉重做；又如，钢结构建筑图纸中除 4 面有钢架结构外，中间是没有金属立柱的，但建筑实物却多出了上百个金属支柱，对此，只能根据建筑实物重新做拟合性设计。所以，为避免建筑实物与建筑图纸不符所带来的总包工程中的工程材料的增加、施工界面的增加、工程施工时长的增加和由此带来的施工成本的增加，必须将增强现实技术（AR）与虚拟现实技术（VR）联合应用。**增强现实技术与虚拟现实技术的联合应用是一种混合现实技术（MR）**。混合现实技术可以彻底解决在采用虚拟现实技术设计的基础设施上与建筑物实体诸如屋顶、墙壁、横梁及立柱的拟合设计问题，由此避免不同程度的材料及工时浪费。

混合现实技术对在旧建筑内建造和部署新数据中心的基础设施，在建筑承重改造、避障碍设计、复用现有资源，在旧建筑内合理规划管线桥架的路由等方面有独到的优势。混合现实技术通过数字孪生模型的设计和建造，预先验证建造和部署方案的技术可行性、现实可行性和成本可行性，将建造施工阶段的风险化解在投标前。

混合现实技术为总包供应商在总包建造和部署阶段客户提出的超出合同界面施工的要求提供了有理有据的数字化和可视化的建造费用依据。

以"10所"理念占据数据中心设计与建造的技术营销高地

我带领总包团队，用以下四个步骤为总包业务增长带来新动能。第一步，通过编写《新一代绿色数据中心的规划与设计》将内部产品技术的应用人才提升成为总包规划与设计的解决方案型人才；第二步，解决了总包业务主流程和总包运作管理机制；第三步，对 BIM 数字化设计工具做创新应用性开发并形成独具竞争力的 BIM+ 虚拟现实设计技术平台；第四步，将增强现实技术（AR）与虚拟现实技术联合使用形成艾默生网络能源独有的应用于数据中心基础设施的规划、设计与建造的混合现实技术。继上述四步之后，我带领总包团队迈出了第五步，即聚焦提炼新公司面向客户和面向市场的总包业务的营销理念。我将总包项目的竞争实践与总包团队在规划、设计与建造上的工具与方法的创新结合，以客户的视野，针对客户在总包方案及建造上的痛点，站在客户的立场上提出了公司在总包业务中凸显独到竞争力的"10所"营销理念："所思即所设""所设即所建""所建即所得""所得即所用""所用即所维"。

"所思即所设"解决的是所提供的总包建造方案能够满足客户需求的问题。这一过程需要与客户进行反复互动，在基础设施的架构、技术规格、设计指标、功能指标、性能指标、布局与部署方面融入客户友好的理念。亲和客户设计和呈现总包建造方案的工具是基于混合现实技术所规划、设计和虚拟建造的数据中心的数字孪生模型。数字孪生模型很好地解决了客户所提供的总包建造方案的直观体验问题。当客户看到他们建造数据中心的具体想法集中体现在数字孪生模型上时常会被虚拟建造的现实所震撼（见图2-6），客户可以基于数据中心的数字孪生模型提出细节性的修改要求，当甲乙双方通过对数字孪生模型的反复讨论和修改，最后一致同意定型数字孪生模型时，就实现了"所思即所设"的理念，同时又为"所设即所建"奠定了基础。

图2-6　某互联网企业数据中心的数字孪生模型

"所设即所建" 体现的是新公司在数据中心建造方式上的创新与变革，要将虚拟建造的数字化模型1对1完整地落地到具体的建筑或场地时，需要将"工程产品化"技术和"基于工厂制造的数据中心技术"与场地"乐高工程"技术进行三位一体的结合（见图2-7）。这种建造技术是将大部分原先需要在现场进行施工的工程放到工厂做成集成制造的产品，现场只需做管线桥架施工和将集成制造单元进行搭积木式的拼装工程。这种三位一体的建造技术的变革将工程建造部署的串行流程改成了工厂制造与现场部署的并行流程，缩短了数据中心的工程建造周期。"所设即所建"不仅使传统工程公司丧失了在总包项目竞争中的工程优势，也使传统工程公司暴露出无工厂集成制造能力和工程产品化能力的弱势。艾默生网络能源公司终于后来者居上，实现了在数据中心总包的目标市场领先于老牌工程公司，成功"挑战不可能"。

图2-7　某互联网企业数据中心的"所思即所设""所设即所建"的数字孪生

"所建即所得""所得即所用"体现的是客户所得到的数据中心不仅是虚拟建造模型所呈现的，也是能够得到充分使用的数据中心（见图2-8）。艾默

图2-8　某互联网头部企业数据中心的"所建即所得"和"所得即所用"的数字孪生

生网络能源公司将模块化数据中心设计的概念、工厂集成制造模块化数据中心的概念、乐高工程方式部署模块化数据中心的概念、模块化数据中心即部署即使用的概念以及依据未来需求按模块扩展数据中心的概念进行了集成和推广，这项集成化概念的推广深度契合客户需求。我带领总包团队通过对数据中心易建设、易部署、易扩展的方式变革帮助客户有效解决了数据中心这种重资产能够得到充分利用的难题。

"**所用即所维**"体现的是客户所得到的数据中心是集设计、建造、运行与维护于一体的数据中心（见图2-9）。数据中心是一个极其复杂的系统，其核心功能是确保所承载的业务365天×24小时全天候运行。基于工厂制造的模块化数据中心的维护方式与传统数据中心有着显著的差异。我将数据中心的规划、设计、建造、运行与维护的业务设计成数据中心全生命周期一体化服务，并由此将新公司的业务由设计和建造向维护及服务方向延展，驱动公司在向客户提供数据中心的规划、设计、建造服务之后，继续向客户提供数据中心的原厂总包维护服务。

图2-9　某互联网企业数据中心的"所用即所维"

"**所思即所设，所设即所建，所建即所得，所得及所用，所用及所维**"的"**10所**"**理念**的提出，彻底改变了传统数据中心将设计、建造与运行、维护分离的状况，解决了数据中心建设与使用两张皮的问题，即解决了在设计、建造阶段不考虑也不知道所建造的数据中心在后期是"给谁使用"和"如何使用"的问题，使数据中心资产能够得到充分利用。互联网的头部企业和将数据中心作为托管中心的公司开始以数据中心给谁使用、如何使用作为数据中心规划、设计与建造的依据，开始以"数据中心的使用"来指引"数据中心的设计与建设"，使数据中心的建设规模与使用相匹配，并可以随着需求跨区域流动、迁移。

"10所"理念的实现完全依赖于将数字化工具与业务流程结合。总包业务流程只能解决总包业务的顺利开展和风险可控的问题，但不能解决总包业务流程中各角色之间在信息传递上的握手与互动中的信息缺失、衰减和扭曲的问题，这个问题如同田径接力赛中两个运动员之间的交棒和接棒中的掉棒。总包业务流程中发生在各角色互动环节和各业务段互动环节的"掉棒"是造成总包合同亏损的主要原因，业务流程越复杂、角色互动环节越多、业务阶段互动环节越多、掉棒的概率越大，总包合同亏损的概率也就越大。为此，需要在总包业务流程中植入和应用数字化工具来解决各环节互动中的掉棒问题。

总包业务流程在合同签署以前阶段（总包业务流程的第一阶段）涉及的角色分为外部角色和内部角色。外部角色是主导角色，该类角色包括客户和设计院；内部角色是从属角色，该类角色包括架构师、设计师、工程项目经理、采购与供应专员和造价师。在这个阶段，客户提出总包需求，设计院为客户提供总包建造技术方案；架构师与设计师承接、理解客户需求，与客户讨论设计院所提供方案的技术可行性并向客户提供修改的设计方案；工程项目经理给架构师和设计师提供总包工程界面方面的专业支持；采购与供应专员给架构师、设计师和造价师提供外购设备、外购工程材料和外购工程施工成本方面的支持；造价师参照行业的工程定额标准和客户的总包建造预算，基于架构师和设计师给出的总包建造方案和工程项目经理给出的总包工程界面给架构师和销售人员提供总包造价建议；销售人员根据总包项目竞争的状况基于造价师的造价建议向销售主管申请总包投标价格；销售人员在赢标后，基于架构师、设计师给出的总包建造方案和工程项目经理给出的总包工程界面与客户签署总包合同。总包业务第一阶段流程的核心使命是在确保实现公司盈利目标的前提下赢得总包合同，并为总包合同顺利交付提供有法律约束力的工程交付内容、验收标准和建造工期。要实现这个核心使命，架构师与设计师完整地、正确地理解和承接客户的总包建造信息是赢标的关键。为解决对客户总包建造信息理解的完整性和正确性问题，我将数字化设计工具植入总包业务主流程，通过引入 VR 技术（BIM+），驱动架构师和设计师运用 VR 技术将对客户总包需求的理解转化为数字化、可视化的 3D 建造模型。以数字化的 3D 建造模型与客户做总包建造的需求确认和需求修改的互动，再将经过客户确认的数字化 3D 建造模型作为内部角色之间的沟通语言进行完整、透明、无衰减信息传递和信息互动；工程项目经理、采购与供应专员和造价师都围绕这个数字化 3D 模型开展各自的工作，并**共同支持销售人员与客户签署建造内容明确、工程界面清晰、建造工期可行、有盈利的总包合同。**

　　总包业务流程的第二阶段即总包合同交付阶段流程的核心使命是忠实地履行总包合同，按时、按质完成总包合同中约定的所有对客户的承诺。然而，这个阶段的履约难题有三类：**第一类难题**是集成化工厂制造的数据中心模块与场地建筑实体之间的拟合问题。数据中心建筑是由独立的土建和基建总包商完成的，其所交付的建筑大概率与设计院的二维设计图纸有差异，这种差异不仅会给基于建筑实体进行设备施工的工程商带来额外材料和工时的增加（如因为墙壁不可穿透导致管道和线缆铺设路由需要改变和延长），还会导致在工厂制造的集成化数据中心模块无法按照设计院二维图纸上的设定进行完整的部署（如建筑实体上多出了二维图纸上没有的立柱），从而需要重新进行集成化数据中心模块的设计与制造，这种状况既增加了建造成本又大幅延长了建造工期。**第二类难题**是工程分包施工中的工程界面握手问题，最常见的错误是分包施工界面之间不清晰，导致在同一个施工界面上分包施工之间出现交叉或分包施工界面不能握手，这种错误会导致分包成本超预算增长。**第三类难题**是客户或监理方提出超出合同界面和内容的施工要求。如果总包合同界面签署的不清晰，总包商拿不出明确的证据来证明客户或监理提出的新要求是超出总包合同界面的，客户大概率不会承担新增需求的建造费用，总包商会为此付出超合同预算的成本。发生在总包业务流程第二阶段中的**这三类难题是造成总包合同签署时有盈利但到总包合同验收时却无盈利甚至亏损的主要原因。**

为解决这三类难题，我在总包业务中**引入增强现实的技术**，将增强现实技术与虚拟现实技术联合应用形成了总包团队独有的混合现实技术（MR）。增强现实技术是一种数字 3D 的激光扫描技术，该技术最早用于古建筑的按原样修复的工程，它能将实物的实体以虚拟化、数字化和可视化的 1∶1 的形式经过大数据清洗呈现在数字化的 3D 模型中。**用增强现实技术进行数据中心建造现场的勘察解决了 VR 技术（BIM+）与建筑实体的拟合设计问题**（数据中心模块集群与建筑顶部的拟合设计、与墙体的拟合设计、与立柱的拟合设计、与地面的拟合设计），最大限度地解决了数据中心的基础设施因与建筑实体的拟合问题所带来的施工成本和工时的增加。**用混合现实技术解决了分包施工中因界面切分和界面握手问题所带来的施工成本的增加问题。**有了混合现实技术在总包合同签署中的应用，客户或监理方在提出超合同界面施工的要求上就会十分审慎，因为有证据证明其所提出的额外施工要求是超出合同界面的，是需要额外付费的。

我将混合现实技术引入总包业务流程中**解决了总包采购中如何理性压低分包施工供应商的价格问题。**供应商为了保护自己的利益，在供应报价中往往包含不可预期的增加施工界面的风险成本。由混合现实技术虚拟建造的数据中心的数字 3D 可视化模型解决了供应商对施工界面不可预判的担忧，也就可以让供应商在报价中去除预留的风险成本从而降低报价。例如，在一个对成本控制有极致要求的总包外采的案例中，采购与供应专员用二维图纸招标，但 3 家供应商的报价都比采购预算高了 40%，总包采购进行了三轮招标也没能让供应商降低供应报价，当采购与供应专员用数字 3D 可视化模型进行第四轮招标时，3 家供应商都把价格降到了项目采购预算成本附近，供应价格下降了 40%。

用方法论解决总包业务的盈利难题

总包工程造价一般分为概算、预算和决算。这三个概念分别体现了总包工程在不同阶段进行工程造价评估和成本管理的方法。**概算**是甲方在工程项目初期由设计院所做的工程项目造价的初步估算，用于工程项目的可行性分析和工程成本预估。**甲方预算**是甲方在工程项目筹备阶段对工程建造费用的详细估算，用于甲方的工程项目招标、工程项目合同的谈判和项目资金的融资。**乙方预算**是总包商所签署的总包合同中**各项成本与费用预估的总和**。**甲方的决算**是甲方在总包工程项目**验收后与乙方的造价结算**，包含了总包工程实施中甲方所接受的实际发生的各项成本与费用的总和。**乙方的决算**是总包合同在交付验收后**对实际发生的各项成本与费用总和的核算**。甲方对概算、预算和决算的管理逻辑是用预算支持总包工程项目立项，用预算做比概算更经济的工程项目的预估造价，用决算核算工程项目的实际造价。甲方理论上的逻辑是概算大于预算、预算大于决算，而甲方实际上的痛点是在实践项目中决算大于预算，甚至大于概算。总包合同对乙方而言只有预算和决算两个成本管理的节点，乙方的痛点是决算的成本往往大于预算的成本。可见，在总包工程项目中无论是甲方还是乙方都有决算大于预算这本难念的经。

为解决决算大于预算的难题，我站在甲方的立场设立了总包合同交付中的成本管理原则：**按照单个总包合同独立进行成本预算与成本决算的管理，在合同施工界面不改变的前提下，总包合同的决算成本要小于，最多等于总包合同的预算成本；在合同施工界面发生改变的情况下要向客户收取额外的费用**。按合同进行成本预算与决算管理的财务管理原则是由工程项目经理作为责任人，工程项目经理对总包合同的预算决算负责。这项制度设计有效地解决了总包合同交付中成本核算和成本管理的难题。在十年如一日的总包业务发展中，我的总包团队没有做亏过一单总包合同，且每个合同的决算毛利都会等于甚至大于预算毛利。

以总包工程管理的七项准则来确保总包工程项目的盈利

为了使工程项目经理实现对总包工程项目的预算与决算的责任管理，我总结了业界总包项目交付中成本失控的教训，制定了总包工程实施的七项管理职责，即合同界面管理、工程进度管理、工程变更管理、工程质量管理、工程安全管理、工程成本管理和工程文档管理，在这七项管理中有六项都与合同实施的成本有关。合同界面管理用于应对甲方提出的超出合同界面施工的要求，工程项目经理对此类要求要反向向客户提出追加 PO（增项施工费用）的诉求；工程进度管理涉及工程的工期成本，工期延长会导致工程施工中的工时成本增加；工程变更管理是应对甲方在总包合同实施中追加施工内容，对增加的施工内容，工程项目经理需要向甲方提供相应的方案和额外的造价，在客户签署同意后才实施工程变更；工程质量管理是为避免工程返工所做的对工程工艺的管理要求，工程返工会造成材料用量的增加、工时的增加和相对应的工程成本的增加；工程安全管理是防止工程事故造成建造工时的延长和事故损失；工程实施文档管理是为工程决算提供核算依据；工程成本管理是对总包合同实施成本进行最终的核算并与预算进行对照的管理。

选择合适的员工出任总包工程项目经理是实现总包项目盈利的关键

为使工程项目经理胜任总包工程管理的七项职责，我为其制定了面向甲方的四项工作要求，即对客户贴近得了、有分歧沟通得了、有危机处理得了、客户工程欠款追讨得了。我为此刻意挑选既有总包建造资质，又懂行业和项目管理的工程师出任总包的工程项目经理。该角色对内要协调得了项目部署所需的所有资源和资源供应，对外要协同和协调得了甲方、监理方、工程管理方、造价管理方和地方政府等相关管理部门。该角色在对内对外协调的基础上，要履行"四控"（工程界面、工程内容、工程质量和工程成本）和三管（工程变更、工程安全和工程文档）的工程项目管理职责。

以总包收款作为总包验收与项目管理成功的检验标准

总包合同的特点是合同金额巨大、外采购金额大、工程周期短但验收周期超长。总包合同的上述特点给项目占款管理和现金流管理带来了巨大挑战。甲方的通常做法是无预付款、有部分到货款、有工程完工款、留工程质量保证款。甲方在上述阶段通常的付款比例是 0∶50∶40∶10，为减缓总包项目的巨额占款和项目现金流压力，我在向客户收款和向供应商付款上采取对冲机制，将客户对我公司的占款和付款周期的压力分解到各个外包和外协的供应商身上，从而确保公司向客户的收款周期（DSO）和我公司向供应商的付款周期（DPO）保持一致，或者将甲方对我公司的付款条款背靠背地签署给多家外包和外协供应商，并以总包项目的客户全额付款作为评判总包项目成功的标准。

用数字孪生技术解决总包验收交付难题，为拓展后续数字中心的总包服务提供差异化竞争手段

数据中心基础设施包含供配电系统、制冷系统、弱电系统、消防系统、服务器机柜系统等五大集成系统，数据中心基础设施的运行就是这五大系统按照设计的控制逻辑一起协同工作。我发现在数据中心总包建造落地实施中，在测试验收阶段投入的资源和精力要远大于数据中心的建造期。测试验收分为设备级调试、系统级调试和跨系统联合调试，在缺乏调试工具的情况下，只有通过增加各系统的技术人员逐个逐级地对五大系统的控制逻辑和五大系统间的协同逻辑进行反复试错和反复调试。为降低数据中心总包工程在验收测试阶段的成本投入和工时，我推动总包团队与技术服务团队协同，共同开发了既可以用于数据中心测试验收，又可以用于总包服务培训和数据中心运维训练的数据中心数字孪生系统。

数字孪生系统是虚拟和现实 10∶1 的数字化、虚拟化、可视化和自动化的模型系统。团队开发的数据中心数字孪生系统是基于 AR+VR（BIM+）的

混合现实技术的应用，将数据中心的设备和基础架构五大系统的实体，建构成虚拟的数字化 3D 模型，基于这个模型应用仿真技术、通信网络技术、传感技术叠加各种控制逻辑和控制参数进行虚拟运行，使数字化 3D 模型中的五大系统都具有运行逻辑和相互协同的灵魂。有了这个数字孪生系统，数据中心的测试验收工程师就可以先在后台根据合同及标书的技术要求对五大系统进行参数与逻辑设定的试错、校验和仿真，再做五大系统协同运行的试错、校验和仿真，然后将该数字孪生模型中经过校验和仿真的参数与逻辑设定到部署在数据中心施工现场的五大系统中，从而大大减少了在数据中心测试验收现场的技术人员投入和工时，同时也降低了测试验收的成本。

新公司是以发展数据中心基础设施的多种产品起家的公司，我领衔驱动了新公司通过新能力的叠加进入数据中心规划、设计和建造的总包业务领域。随着新公司进入数据中心总包领域，原先基于自己产品的产品服务已不能完全满足数据中心客户的需求。随着数据中心由客户自用的业务支撑型向互联网企业的生产型发展，数据中心的总包建造叠加数据中心的总包服务就成为一种新型的业务生态。在这个业务生态中，总包建造商和总包服务商逐步占据了数据中心业务生态的制高点。产品提供商和产品服务商在面向客户的竞争中会逐步被总包建造商和总包服务商所收敛、从属、辖制；总包商面向客户的话语权会增强，产品供应商和产品服务商的话语权被减弱。我正是看到了数据中心市场发展的这个趋势，基于本公司数据中心总包业务的发展，开始思考如何在本公司发展数据中心的总包服务业务。

运营期的数据中心总包服务，需要总包服务商拥有熟悉、了解和理解数据中心整体架构，供配电系统、制冷系统、弱电系统、消防系统与服务器机柜系统及其相互之间的逻辑联系的专家，需要拥有熟悉、了解和理解基础设施中所包含的多种制式产品，并在需要的时候协同诸多的设备原厂提供维护和维修服务的数据中心运维服务的专家。新公司发展数据中心的总包服务业务具有天然的优势：公司拥有数据中心基础设施的全产品（除了柴油发电机和电池）；拥有数据中心基础设施全产品的服务能力；具有数据中心的规划、设计和建造能力。新公司可以基于数据中心基础设施的全产品服务发展数据中心的总包服务，这项服务包括但不限于运行与维护（O&M）、设备维修、机电改造、数据中心基础设施升级以及基础设施的生命延展。当艾默生网络能源有限公司进入数据中心总包服务领域时，数字孪生技术就是一种差异化的数字化竞争手段，新公司可以基于数字孪生技术发展和提升新型的数据中心总包服务。

当新公司基于数据中心总包建造项目拓展该数据中心的总包服务业务时，用于数据中心测试验收的数字孪生模型就是极好的由总包建造向总包服务交接的集成化的信息握手和维护交接工具。数据中心的接维团队可以通过数字孪生模型学习、理解和训练五大系统的运行维护，客户也可以购买该数字孪生模型训练自己的运维人员。

用工具、制度和方法创新向业界和客户展示总包业务的最佳实践

2013 年年末，当我受命组建数据中心总包事业部发展数据中心总包业务时，对外面对的是早已成熟的数据中心总包市场和众多的强势友商；对内面对的是零总包人才、零总包经验、零总包资质、零业务流程和零资源支撑。

新公司要在中国数据中心的总包市场异军突起就必须走创新和变革之路。为此，我先驱动总包团队通过编写《新一代绿色数据中心的规划与设计》而"自练成才"，继而在业界首创提出"数据中心工程产品化""工厂预制的数据中心"和"工厂制造的数据中心"这三个全新的数据中心规划、设计与建造理念，从而重新定义了数据中心的建造规则，继而基于"工厂制造的数据中心"的概念驱动公司推出了"工厂制造的模块化数据中心"产品。

模块化数据中心是一种迷你化的中小颗粒度单元的数据中心，它包含数据中心基础设施五大系统的所有要素，可以模块化组群的方式构建大型和巨型数据中心。模块化数据中心改变了在数据中心现场的建造施工方式，大部分现场工程都在工厂通过工程产品化方式集成进了产品，现场施工方式主要以搭积木式进行模块部署。我的"工程产品化""工厂预制或定制的数据中

心"和"现场乐高工程"理念与本公司推出的数据中心集成化产品的结合，解决了业界一直解决不了的数据中心设计建造周期长、建造与需求之间难以匹配、扩容扩建困难、建造高度依赖土建和建筑本体的难题，以短平快的建造周期、不依赖和低依赖土建和建筑实体以及易部署、易扩容、易维护特性获得了中国互联网企业和数据中心托管企业的青睐，继而在没有获得总包资质的状况下，以卖集成化产品的方式进入了中国的总包市场。

迷你型的模块化数据中心适用于中小客户。当把迷你型模块发展为大型模块，并以集群形式将大型模块化数据中心推向大型和超大型数据中心市场，同时将集成的第三方产品纳入工厂制造的数据中心整体解决方案时，就需要一整套的数字化的勘察与设计工具来解决工厂制造所需要的精细化设计问题、现场工程所需要的模块之间的拟合设计问题、模块与建筑物之间的拟合设计问题、连接模块集群的管线桥架与建筑体的拟合设计问题、数据中心基础设施与建筑物地面的拟合设计问题。为此，我驱动总包团队基于第三方的 BIM 平台发展出适用于数据中心规划、设计与虚拟建造的 BIM+ 设计平台，将 BIM+ 这个虚拟现实技术与增强现实技术（AR）结合，形成了新公司独有的数据中心规划、设计与虚拟建造的混合现实技术，并以此构建了对所有总包友商的独特竞争力。总包团队正是将这项独特的竞争力与工厂制造的数据中心结合、与工程产品化结合、与现场乐高工程结合承建了近 10 年中国几乎所有的创新型数据中心的建设。总包团队帮助客户将数据中心建在了山洞、建在了海底、建在了租用的建筑内、建在了无建筑的园区里、建在了集装箱里。总包团队创下了只用 71 天就在 300 米长的山洞里建造成完整的数据中心的世界奇迹。

我成功地在产品公司内部创新出一整套总包业务管理制度和流程，并通过 IT 创新将总包业务流程叠加在产品业务管理的主流程上与公司主营业务流程融为一体。我将增强现实技术（MR）所建的混合现实数字 3D 模型作为总包综合信息的载体，以看板的形式叠加在总包业务流程上进行完整、透明、无衰减的信息传递；以数字 3D 模型的形式很好地解决了客户、架构师、设计师、工程项目经理、采购与供应专员、造价师之间的角色互动与信息互动。我将总包业务流程第一阶段的责任主体定为架构师的制度解决了"赢标"阶段的资源整合难题；将总包业务流程第二阶段的责任主体定为工程项目经理的制度解决了按期、按质、按合同约定实现工程交付的资源整合难题；我在公司工厂生产资料采购体系之外建立总包项目采购组织，有效解决了总包外购产品、材料和工程分包采购的成本竞争力问题，给项目采购确定的管理目标是通过采购成本优化保证总包项目赢标，再在赢标的基础上以拧毛巾的方式进一步优化采购成本、保证外采购的质量；我将按照总包合同进行成本预算与成本决算的财务管理原则与工程项目经理的七项管理制度相结合，成功地解决了业界普遍存在的总包合同签署时有利润，验收时低利润、无利润甚至是亏损的难题。总包团队在为期 10 年的业务发展中，在所有的总包合同中，绝大部分都实现了合同验收后的决算利润高于合同签署时的预算利润，甚至将总包合同签署时负利润的合同（竞争激烈的战略性项目）通过项目的运营管理在项目决算时实现了正利润。

总包成功拉动产品增长，驱动本企业由产品型公司向解决方案型公司转型

2014 年年初，我创建的是 32 人规模的总包事业部。其中架构师 10 人，设计师 10 人，工程项目经理 10 人，采购与供应、运营管理 2 人。这个新组建的总包团队在组队元年即 2014 年的总包业绩预算是 5000 万元。总包团队在当年超目标完成 9000 万元总包销售及交付，成为艾默生网络能源公司内部唯一当年组建事业部、当年实现销售的快速增长、当年实现业务的盈亏平衡、当年实现业务净盈利的团队，其运营净利润率达到公司整体净利润水平。

在其后的 10 年里，总包业务的销售与交付以年均 27.3% 的增长率一路高歌猛进，年均利润增长达到 29.5%。但总包人员数量的年均增长率仅为 7.1%。到 2023 年年末，61 人规模的总包团队实现了 9 亿元的总包销售和总

包交付，其运营的净利润率略超过公司整体的净利润率水平。这个成果是总包业务变革、总包技术与方法创新协同作用的结果。

我所创立的总包业务的成功，帮助公司在产品竞争红海市场维持住了市场份额，提升了新公司的市场地位，成为拉动公司产品业务继续增长的新发动机。更重要的是，总包业务成功驱动公司逐步从产品型公司向解决方案型公司转型，继而为公司由解决方案型公司向服务型公司的转型打下了基础。

总包团队通过工具创新、方法创新所形成的数据中心总包业务成为新公司在艾默生全球公司的楷模，网络能源的美洲公司和欧洲公司也开始学习中国团队的这些创新工具和创新方法。中国总包团队开始向网络能源的全球公司输出总包业务的数字化工具、总包的最佳实践和总包的运营管理方法，总包业务的成功是新公司在中国发展的第二个里程碑。

3 用新战略在红海市场环境下改善公司运营

2015 年是我国宏观经济连续放缓的第五个年头，这种放缓给企业的业务增长带来了压力和挑战。虽然公司在 2014 年开始发展总包业务以拉动产品业务的增长，且总包业务刚起步就快速奔跑，但由于起步初期的总包业务体量太小，拉动产品销售的力量弱小，2015 年公司第一次出现业务增长危机。

2015 年的挑战：业绩首次负增长带来的成本紧缩

宏观经济连续放缓是导致公司业绩下降的直接外部触发因素，这个外部因素触发了公司内部希望借助宏观经济放缓做一次业绩深度"洗澡"的想法。公司在国内的业绩已经连续增长了 12 年，在 2010 年之前的 7 年，我国 GDP 几乎每年的增长率都在 9.5% 以上且呈现加速增长趋势，这段时间的公司业绩以年均 2 位数增长率高速增长；从 2011 年开始，GDP 增长率呈现逐年下降的趋势，2010 年的 GDP 增长率是 10.6%，到了 2015 年 GDP 增长率下降到了 7%，与此相对应的，公司在 2011—2014 年业绩的年均增长率只有个位数。

客观地讲，宏观经济增长放缓只是一个因素，另一个重要的因素是国内本土企业已经成长壮大，本土品牌替代进口品牌的能力日渐增长和成熟。本土的通信企业和 IT 企业开始进行纵向一体化（同时开发主设备和配套设备）和横向一体化（开发协同系统的设备）的产品扩张；单产品的本土企业在国内上市政策的帮助下开始向多产品发展甚至也向解决方案方向发展。在这一时期，以**"技术跟随、成本领先"**为竞争策略的本土企业得到了采购市场和股票市场的呼应与支持，客户在采用总分制竞争力评分的采购决策中逐步调低了技术权重、提高了价格权重，直至采购决策中的价格权重超过了技术权重。在此商业环境下，本土品牌的业绩增长速度开始超过进口品牌，特别是在通信市场，以价格竞争为主导的集中采购政策逐步将进口品牌挤出了中国通信运营商的集中采购市场。互联网企业和数据中心托管企业也开始沿袭通信运营商集中采购的策略，以价格竞争为主导来选择供应商。此外，产品技术的同质化也使客户放低了采购的技术门槛，通过进口品牌的质量溢价赢得客户越来越困难。在此背景之下，公司的市场地位就由原莫贝克时期的替代进口品牌的市场地位转向被本土品牌替代的市场地位。在连续多年被本土品牌替代的市场竞争的承压之下，公司内部就有了做一次深度"洗澡"然后再出发的意识，这种意识与外部宏观环境因素结合导致了 2015 年公司业绩的跳水，结果是除刚起步的总包业务之外，所有的产品业务都出现了下滑，服务业务也首次出现下降。业绩跳水使得公司 2015 年的业绩出现负增长。

紧缩成本是上市公司最常用的应对危机的手段。艾默生是纽约上市公司，实现股东的价值是放在第一位的经营原则。当公司不能实现销售增长的情况下，紧缩成本就是一项不可避免的运营管理措施：由销售短缺带来的预期利润的损失要通过降低成本来弥补，不管销售增长有多困难，对股东利润回报的承诺必须兑现。

从公司运营的角度看，与当年业绩无关的刚性成本有两个：第一个是企业雇用员工的成本；第二个是工厂、办公楼和分支机构的租用成本。与当年业绩有关的弹性成本也有两个：第一个是生产资料和成品库存成本；第二个是员工的差旅成本。生产资料的库存成本是公司的第二大成本，差旅成本是公司的第四大成本。

基于上述成本结构，公司**紧缩成本**的第一步措施是**减少差旅支出**，为此管理层首先收回差旅批准权，取消一切与销售无关、与客户无关、与供应商无关的差旅。当差旅减少的成本达不成成本降低目标时，则开始采取第二步措施，**紧缩生产资料和成品库存**。当库存成本的降低仍然达不到总成本降低的总目标时，则进一步启动第三步措施，**退租或搬迁，以减少租金成本**。将租用到期的办公场地退租并搬迁到低租金的区域。当上述降本的措施还达不到总成本降低的总目标时，则采取最严厉的第四步措施——**裁员和停止固定资产投资**。在员工数量上的投资和固定资产的投资属于公司的能力投资，缩减了能力投资就意味着公司开始以牺牲能力建设来保住对投资者当年的利润承诺。

极致的成本紧缩策略让公司管理层面临大考

2015 年是公司自莫贝克创业以来的第一次裁员。1999 年，当时还处于创业期的莫贝克，由于通信电源业务的第一次下滑而启动过裁员计划，这个裁员计划最终由于我所推动的产品拯救计划获得了成功而终止。2015 年，由于业绩深度跳水所导致的年度预算利润缺口巨大，在网络能源中国公司采取了减少差旅、降低库存、退租和搬迁等一系列措施所带来的成本降低仍然不能弥补利润缺口的情况下，艾默生总部给网络能源中国下达了裁员 20% 的指令。如何执行这个指令？

公司分为市场、销售、服务、研发、供应链、人力资源与行政、财务与法务几大部门。市场、销售和服务是公司的开源部门，研发是公司的创新部门，其他的都是平台部门。开源部门是公司创收的部门，研发部门是公司可持续成长的动力部门；平台部门是业务支撑部门。显然，站在公司裁员后依然要实现可持续发展的立场，**力保开源和创新部门，紧缩平台部门是裁员策略**的总原则。

在这个裁员的总原则下，**开源部门对做后台的工作和平台工作的岗位进行紧缩、对面向客户工作的岗位进行优化；创新部门对做平台技术研究的部门和岗位进行紧缩、对产品开发的岗位进行优化；平台部门则进行部门合并**

和岗位合并，加大外协和外包，将固定成本转化为变动成本。

我直接负责的总包事业部尽管其业务在快速增长，但在公司裁员大目标的压力下也进行了资源紧缩。总包事业部的定位是开源部门，我在资源紧缩上力保做总包项目的团队，紧缩后台和平台岗位。我将由研发部门划转给总包事业部的 10 人规模的总包研发团队缩减一半，只保留了工具开发的岗位，对因业务增长导致总包采购的新增人员需求采用外包外协的方式；对架构、设计和工程三个部门只做极少的人员优化；对资源不足但又要支撑总包项目实施的急需资源则采用资源外协或资源外包方式。我在既要推动总包业务高速增长又要承受公司裁员的双重压力下通过将固定成本转化为变动成本的方式，将优化掉的岗位和需要新增的岗位都转为资源外包和资源外协。自己的雇员是固定成本，该成本与当年的业务量无关；外包外协的雇员是变动成本，与当年的业务量相关。我就是通过这种"曲线救国"的方式，在公司裁员的情况下，用资源外协和资源外包的方式，解决了总包业务高速增长所需要的资源投入问题。

在裁员和紧缩投资之下探索扭转公司业务下降和利润下降的路径和方法

业绩下滑下时降低成本只是解决了止损问题，并没有解决公司业绩的增长问题。从某种角度看，成本对业绩增长的公司而言是能力投资，对业绩下降的公司而言是利润的累赘。裁员是最有效、最快的降本措施，但也是对企业能力最有伤害的一种行为。业界所有公司的裁员实践证明，在法律保障被裁员工有权获得"N+1"补偿金的背景下，企业裁员时，主动要求被裁的往往都是有能力的骨干员工（骨干员工不愁没有聘用的下家），这就导致裁员对企业而言不仅是员工数量的减少，更是关键人才的流失，关键人才的流失会影响企业的能力。

在裁员压力下，努力保留住关键业务人才，使团队在裁员后不降低竞争能力，是所有部门管理者首要的职责，也是团队整装再出发和扭转业务下滑的基础。

扭转利润下滑需要有更多市场智慧和运营管理的智慧。利润改善分为利润率改善和利润额改善两种：利润率的改善相对较难，因为在充分竞争的市场中只有被客户接受的差异化的技术才能带来品牌溢价；利润额的改善则有市场端的方法和平台端的方法这两大类。市场端的方法有四种：第一种是在需求增长的市场通过保持价格水平和提高销售份额来提高利润总额；第二种是在需求无增长的市场以价格为杠杆，通过降价扩大市场份额，从而提高销售额，使销售额增长带来的利润额增长超过降价带来的利润额损失，以此提高利润总额；第三种是提高价格和降低销售额，使价格提高的利润额高于因销售额减少而损失的利润额，以此提高利润总额。市场端第一种和第二种的利润改善需要增加资源才能实现，第三种可以在不增加资源的情况下实现利润额的改善，但代价是降低了市场竞争的地位。市场端第四种改善利润的方法是在总销售量增长或销售总量不变的前提下，通过提高利润高的业务占比，降低利润低的业务占比的方式来提高利润增额。

利润额的改善在公司平台端的方法有三种：第一种是用新技术开发产品，以同样的成本开发出功能和性能更强大的产品（技术领先的方法），以支撑在市场端进行涨价销售，在销售额不变的情况下提高利润率，以利润率的提高带动利润额的增长；第二种是对产品做降成本的开发（成本领先的方法），支撑在市场端进行降价销售的情况下能够维持住利润率，支撑以销售额的增长带动利润额的增长；第三种是降低制造成本，以制造成本的降低对冲市场端销售价格下降所带来的利润损失，进而改善利润。

在所有上述的企业利润改善措施中，绝大部分都需要以销售额的增长或销售额的持平作为前提。销售规模是利润改善的第一要素，而销售规模在充分竞争的市场上又需要有价格杠杆来支撑。在红海市场上，要想在维持或提高市场份额带来的价格竞争中保持甚至改善产品利润，提高成本竞争力是一种不二的选择。

公司面对的是充分竞争的市场和进口替代的市场，基于国内客户在采购中逐步形成的轻技术重价格的偏好，公司只能将提高销售额同时提高利润的运营管理重点放在对外和对内两个方向上。对外的运营管理重点放在优化产品销售组合和市场销售组合上，即通过增加高毛利产品、高毛利业务和高毛利市场销售的占比来改善总销售业务的平均毛利率；对内基于公司与竞争对手之间的技术差异化缩小的现实，将提高成本竞争力的运营管理重点放在以产品开发降成本、以改进生产管理降成本、以优化采购降成本和以缩小行政平台降成本的综合方法上。公司将营销组合与综合降成本相结合，走通了以综合降成本支撑销售业务中的竞争性定价，以竞争性定价维持和提高销售额与市场份额，通过提升销售额和优化营销组合，实现产品利润额的提高和产品利润率的改善，这也是综合降本所追求的目标。

业界的实践表明，企业利润改善有四种策略：第一种是利润率和利润额双增长，这种双增长在卖方市场，在有垄断技术、独特差异化技术或垄断供应的情况下是可以实现的。第二种是利润率持平，利润额增长。利润一平一升在需求放大的市场对于竞争力得到改善的企业是可以实现的，这种利润的增长是在保持价格水平的前提下通过销售量的增长带来的，或者是通过降低产品成本支持竞争性定价，以价格撬动更高的销售量的增长带来的。第三种是利润率下降但利润额增长。这种利润的一降一升，通常会在需求无增长的市场和价格敏感的市场出现，其利润额的增长通常是以价格杠杆撬动更多的销售量增长带来的。第四种是利润率下降、利润额下降。利润双降出现在需求萎缩的市场、买方市场或竞争力严重下降的企业。

公司由于已经没有独特的差异化技术，在利润改善上只能采取第二种和第三种策略，即利润率持平利润额增长、利润率下降但利润增长。

艾默生决策：将总包事业部与服务部合并，增加高利润业务的业务占比

当 2013 年年底公司调我去西安负责西安公司并负责创建总包事业部时，我已 56 岁，这个岁数离政府规定的退休年龄只差 4 年，我在去西安赴任时

就已经做好在西安公司退休的打算。当我用两年的时间，即到 2015 年，将总包业务从零起步发展到销售额达 1.5 亿元时，本公司的总体业绩严重不达标和服务业务业绩下滑这两个事件就触发了艾默生最高层再次对中国公司进行业务和组织调整。

这次业务和组织调整的目的是要将已初步建立起来的总包业务的能力叠加到服务业务上，以扭转服务业务下滑的状况，提高服务业务在公司总业务中的占比，从而支撑公司实现销售和利润率双增长。总包业务是一种复杂但毛利属于中低水平的业务，其原因是在中大型总包合同中外采购成本占比超过 50%；总包业务对公司而言，其对销售增长的贡献意义远大于其对利润增长的意义。与总包业务相对应，服务业务则是一种聚焦于自有产品服务的高毛利业务，这个业务的基础是十多年的时间里在通信网和互联网上累积上线应用的网络能源产品的数量。网络能源中国公司要在现有的能力基础上既要解决销售量增长问题又要解决利润增长的问题，最合适的运营策略就是将总包事业部与服务部合并，组建一个强有力的新型技术服务部发展大服务业务。为此，艾默生总部驱动了这项中国公司的业务与组织的变革。

再次受命，融合总包与服务，开启公司业务优化之门

在不增加资源投入的前提下，艾默生总部对中国公司提出的既要、又要、还要的增长要求，唯有通过业务组合优化来实现这个目标。最初的组织重组方案是将原有的服务部从深圳迁移到西安与总包事业部合并成大的技术服务部，由我在管理西安公司的同时管理重组后的技术服务部。其后，考虑到家在深圳的服务部总部员工可能大规模辞职的情况，而修改为基于深圳将原服务部与总包事业部重组，建立新的技术服务部，这是一种不会导致人员流失的稳妥方案。基于这个方案，我将总包事业部与原服务部融合为一体，以此同步推进总包业务发展和服务业务发展。

4 把服务发展成产品线，打造公司成长新引擎

我重组服务组织和服务业务之前对服务业务一窍不通，可以说是在零服务知识、零服务经验下扛起建构企业新增长引擎的责任和使命的。这项使命对我而言无疑又是一项艰巨的挑战不可能的工作。好在**我是一个喜欢挑战自我的人，是一个对未知世界充满好奇的人，是一个对挑战性工作充满激情、对别人认为不可能做成的事却充满斗志的人**。正是这种人格特质加之我在本公司从业 15 年所获得的营销管理经验和总包业务创业经验，驱动我在接受组织任命之前就采用自己擅长的社会学研究方法，通过各种渠道在不惊动任何人的情况下对服务业务进行暗中调查、学习和理解，这使我用很短的时间就学习到、了解到并搞清楚了服务业务的灵魂四问：服务业务是什么？服务业务如何发展而来？当下的困境是什么？要将服务业务推向可持续成长道路的挑战是什么？

厘清产品业务与服务业务之间的关系

从理论和逻辑上理解，产品业务是围绕产品销售所发生的业务；服务业务是围绕产品服务所产生的业务。2016 年以前，服务销售业务是对客户购买本公司产品提供收费式的维护、维修服务，产品业务与服务业务之间的

关系犹如树和树上的果子关系。从逻辑上看，产品是"树"，服务是树上的"果子"，服务这个果子包含产品工程、产品维护和维修；产品销售得越多，树上可卖的果子就越多。基于这个逻辑，服务业务依附于产品业务，同时产品业务又依赖于服务业务，因为只有产品服务做得好客户才有动力和理由继续购买本公司的产品。由此来看，产品业务和服务业务是一种共荣共辱、唇亡齿寒的关系。从理论层面讲，设备的销售数量就是服务销售最大有可为的设备数量。

然而，对发展服务销售业务而言，理论的丰满和现实的骨感是并存的。几乎所有的企业在将产品卖给客户时都附带有或多或少的附加条件，如在质量保证期内提供免费服务的承诺、对所卖产品提供免费安装的承诺等。这些卖产品时附加的承诺所带来的是服务成本而不是服务收入，免费安装和免费服务是一种为了履行产品销售合同时的承诺，或是一种为了改善客户满意度而向客户提供的一种有成本而没有收益的服务，我将这类服务称为"成本为中心的服务"。从理性角度看，"成本为中心的服务"有助于产品销售，可以增加用户重复购买本公司产品的动机，但并不能必然驱动客户重复购买本公司的产品，因为免费的服务对客户购买产品而言是必要条件但不是充分条件。与"成本为中心的服务"相对应的是"利润为中心的服务"，也就是所谓的服务销售业务，这种服务业务是在产品出了质量保证期之后向客户提供的各种类型的收费服务，是一种以客户满意度为基础的利润中心的服务，是一种包含着收入、成本和利润三要素的服务。

产品销售与服务销售都属于企业的利润中心，从理论上讲，它们是一对孪生姐妹，属于一枚硬币的正反两面，然而在现实逻辑上，产品销售和服务销售又是两个不同的范畴，很难融为一体，在一定程度上还具有潜在的利益冲突。不同的角色会选择不同的行事逻辑，产品销售人员出于自身业绩的考量希望产品的工程和服务都是免费的，这最有利于产品销售，因此终身免费服务是产品销售人员最希望拥有的差异化竞争手段。

然而，当市场竞争下的产品利润已经不能覆盖免费工程和免费服务所需要的成本时，当产品利润已经不能满足投资者的目标预期时，企业将工程业务和服务业务作为利润中心来管理和经营就是必然的选择。如果把工程和服务定义在自家的产品上，服务销售就是一种依附于产品销售的依附性销售。面对重复购买产品及服务的客户，当客户只愿意购买其一时，就会产生产品销售和服务销售之间的利益冲突，在依附型服务销售的情境下，服务销售往往会让路给产品销售，等实现了产品销售后再设法向客户推服务销售，在特殊的情况下，还会牺牲服务销售来保产品销售。依附性服务销售永远做不满理论服务销售空间的根本原因是，在充分竞争的市场，缺乏技术垄断和供应垄断的企业无法推动所有购买本企业产品的客户在所有产品上购买本公司的服务，无论本公司的客户服务满意度有多好。

从服务业务的前世今生定位服务在公司发展中的作用

服务业务起源于莫贝克时代，作为具有 HW 血统的创业企业，在创业初期就承袭了免费产品工程和免费产品服务的传统，因为创业企业活下来的第一要素是最大限度地卖出产品。在没有品牌、没有口碑、用户很少的情况下，终身免费服务就成为企业最重要的弥补品牌劣势并吸引客户的竞争手段。所以莫贝克时代的服务是成本中心的服务，免费服务的目的是推动客户重复购买莫贝克的产品，创业期的莫贝克完全靠产品销售而活。当时的通信客户对终身免费服务非常受用，并以此要求进口品牌的企业也要提供终身免费服务。那个时期的服务组织受产品销售量的限制规模很小，成本中心的服务业务全力支持并完全依附于产品销售。随着产品销售量的扩大，免费服务的成本快速增长；随着竞争导致的产品售价的不断下降，公司对免费服务的成本承受力开始降低，因此在公司创业后期，开始微调终身生免费服务政策：服务免费但备件收费。

在原莫贝克加入艾默生之后，艾默生将国际企业的理念带入新公司，期望将免费服务调整为收费服务，但在免费服务的市场惯性作用下，要将免费服务转变为收费服务，无论是在直销的客户还是在公司内部的销售团队中都遇到了极强的阻力。由免费服务向收费服务的转变，最终是由通信客户采用集中采购产品的方式所带动的：客户为了最大限度地降低产品的采购成本，开始将以县级公司和市级公司采购向省级公司采购集中，由省级公司集中全省的设备需求统一进行招标。通信运营商以采购规模换取供应商价格的大幅降低，而设备供应商为了获得更大的份额，则通过大幅降低产品价格的方式争夺集中采购的份额。在集中采购模式下，供应商的产品利润被急速压缩，免费提供服务的时代也就随之结束。

免费服务时代的结束并不意味着服务销售能够快速崛起，设备集中采购中包含着不可更改的强势的质量保证期条款，产品招标的质量保证期一般都规定为2~3年，在质量保证期内，产品供应商需要提供免费的服务。在这样的背景下，起初的服务销售只能从卖配件和卖设备维修服务开始，起步阶段的收费服务在遇到重复购买产品的客户强烈抵制时，在一切荣耀归产品销售的时代只能向客户让步，提供最必要的免费服务。收费服务与免费服务在客户端的反复持续了若干年。当进口品牌供应商之外的所有本土供应商都向客户提出收费服务的要求时，客户端才真正形成独立的服务市场，才开始有了制度化的服务采购，从此真正开启了服务业务的发展航程。

起步期的服务销售特点是，产品服务合同金额小、签署分散。由于服务是以具体的产品为对象，当产品采购已经集中到省级客户时，服务采购还是分散在市级客户甚至是县级客户，其服务合同金额从几百元到几万元不等。由于服务合同签署分散且服务合同金额小，客户对价格不敏感，服务合同的毛利明显比产品好，由于服务大都是非标准化的，服务的议价能力也比标准化产品的议价能力强。客户对服务价格的不敏感和服务议价能力强的业务特点，让公司看到了把服务作为一条独特的产品线进行经营以提高公司整体利润率水平的希望，也让公司看到了可以把服务从免费服务时代的成本中心转化为收费服务时代的利润中心的可能性。随着客户端逐步接受了收费服务，公司收费服务业务的增长快于产品销售的增长，服务运营利润在公司总运营利润中的占比也逐年提高。

2015 年，在公司产品业务深度跳水时，服务销售和服务利润虽然也出现下滑，但由于服务业务下滑的幅度远比产品业务小，服务运营利润在公司总运营利润中的占比反而获得了明显提升，服务业务对公司的重要性凸显出来。正是基于这个背景，艾默生总部驱动了其中国公司的业务和组织变革，将新建不到 3 年的总包业务及组织与服务业务及组织进行融合，将总包业务和服务业务作为两个发动机来驱动公司总体业务的增长，以网络能源中国公司为试点探索在由产品公司向解决方案公司转型之后继续向服务型公司转型。

传统服务业务发展的局限性

2016 年以前，服务业务第一是维保，第二是维修与备件，第三是设备大修服务，俗称"老三样服务"。维保是基于自己的产品向客户提供的一种预防性的收费服务，这类服务销售以产品为单位，第一次是发生在产品质量保证期结束之后，其服务内容主要是通过定期或不定期的主动式设备巡查来发现处于运行状态的设备是否存在故障隐患，并对发现的故障隐患进行预防性的处理，这种处理大部分不会涉及备件更换，大都是人工的技术服务，所以维保服务的交付成本相对较低，其服务利润也是最好的；如果在设备巡查服务中发现必须对设备进行备件更换和维修，其涉及的备件和维修是不向客户另外收费的，因为维保交付中备件和维修是小概率事件。对客户而言，维保服务的价值就是在不影响设备使用的情况下通过服务来保证设备的安全稳定运行。如果客户出于费用考虑不愿意购买维保服务，公司也可以向客户提供按次数收费的维修服务，由于维修服务 100% 涉及备件更换，服务成本高，服务收费相应也高。单项维修服务通常发生在设备已经发生故障甚至已经无法使用时才由原厂向客户提供服务，这是一种亡羊补牢式的服务，客户实际上并没有因此而省钱，因为设备故障或设备停用所带来的损失要远远大于购买设备维保服务所花的费用。从客户价值角度看，维修服务的客户价值要低于维保服务的客户价值。设备大修是一种对到了设备生命周期末期对关键器件或部件进行更换的收费服务，这种服务缘自关键器件的生命周期小于设备整体生命周期。设备大修前需要停机，服务商在服务前须做好负载切换等各种安排。与大修服务类似的还有一种是当设备负载增高需要增加设备输出时所提供的对设备进行增容的收费服务，增容服务是大修服务的变种。

这三类服务依次发生在设备全生命周期的不同阶段。设备全生命周期以设备开机运行为起点，以设备的退网为终点，理论上的电力电子设备全生命周期大约为 8 年。维保服务最先发生在设备质量保证期结束之后，维保服务可以延伸到除大修之外的任何一个全生命周期的阶段；大修服务通常发生在设备开机运行后的 5~6 年的某个时段；维修服务可能发生在设备的全生命周期的任何一个时点上。从理论上讲，老三样服务可以覆盖设备的整个生命周期，因此收费服务业务对公司的意义不仅在于它是公司的第二个利润中心，更重要的是它已成为公司能够黏住客户的唯一手段。从一台设备来看，产品销售在设备的全生命周期只能发生一次，而一台设备的服务销售则可以在产品全生命周期至少发生三次，做得好的服务则可以在设备全生命周期的每一年都会发生一次。服务业务的逻辑基础是使用设备的客户高度依赖设备服务，服务商通过对所有在网运行设备的运行状况的管理来黏住客户。

从理论上看，产品服务业务是从产品业务上衍生出的叠加业务，当年的产品服务业务是 2~3 年以前产品业务的衍生；当年的产品业务发生波动时，其服务业务也会发生相应的波动，只是由于质量保证期的阻隔而在时间上出现滞后，但绝不会不出现。2015 年发生的产品业务深度跳水，其对当年产品服务的影响不是很大（服务业务只下降了 2%），但对 2016—2018 年的服务业务产生了较大的影响。

站在第三方立场理性看待服务业务在企业中的位置

服务业务在企业中的位置与地位取决于企业的发展成熟度和企业所处的市场竞争环境。对初创企业而言，产品销售是第一位的、产品的市场扩展是第一位的、最大限度提高产品的市场份额是第一位的，无论此时企业面对的市场是成长性的、平稳性的，还是萎缩性的，企业的服务业务一定是处于支撑产品扩张的成本中心的地位。当企业的市场份额达到了与企业能力相匹配的位置，在企业没有新的动能加入，无法通过新的资源增加来进一步提升市场份额的情况下，企业的服务业务就开始由支撑产品销售扩张型向服务业务自生扩张型方向发展，与此相对应，企业服务业务的地位也就由成本中心向利润中心转变。当企业面对的市场不仅成熟而且充分竞争，产品销售连维持低毛利都困难时，就需要由产品型企业向产品服务型企业转型，此时企业的服务业务就会成为业绩增长的引擎和发动机：企业通过销售产品来保本"种树"并维护住市场份额，通过产品服务来收割所种树上的"果子"并挣利润。一个产品型企业是否已经转型为产品服务型企业，在财务上有个判断标准，就是看企业的服务业务所获得的净利润是否已经接近甚至超过了产品业务净利润的50%。服务业务的净利润占比越高，产品服务特性就越明显，此时企业应对市场竞争的新产品研发投入主要依靠服务利润来支撑，当服务业务的增长能够拉动整体业绩的增长时，这个企业就是一个100%的产品服务型企业。在产品服务型企业，开发和销售产品的目的是驱动产品服务业务的增长，整个企业的运营围绕服务业务展开，此时产品业务反向成为服务业务的支撑。当一个企业的产品业务无法增长，又不能及时发展出产品服务业务，并让服务业务成为企业增长的动力时，这个企业从此就会走向衰退。

从服务业务所处的困局中寻找突围方向

2015年的服务销售虽然下滑，但服务业务规模已占了本公司总体销售的17%。尽管如此，我所接手的服务业务仍面临六大困局。**服务业务面临的困局之一是服务销售的业务结构与产品销售的业务结构呈现倒挂**。通信市场是直接销售市场，行业市场则是通过渠道进行销售的市场。在产品销售结构中，通信运营商市场的销售只占25%左右（直接销售），而行业市场的销售已经占到了75%左右（通过渠道销售）。服务销售的业务结构则是通信运营商的服务销售占70%（服务直销），行业服务销售只占30%（行业服务销售中80%是服务直接销售，20%是通过渠道销售）。沿着"产品销售是种树，服务销售是从所种的树上摘果子"的逻辑，服务销售的业务结构与产品销售的业务结构是错位的，即服务业绩的 70% 来自占比 25% 的产品直销市场、30% 来自占比 75% 的产品渠道销售市场。经统计，占据了 75% 产品销售量的产品渠道商对产品服务的销售贡献只占服务业务总体销售的 8%~10%，80% 的服务业务是由渠道商自己销售和交付的，也意味着在产品服务销售上，渠道商与本公司之间一定程度上存在着潜在的利益冲突。服务销售业务结构的错位既是问题也是服务业务改善的机会。

服务业务面临的困局之二是服务销售中的 20%~30% 并不是真正的服务销售，而是产品销售。 服务团队能够顺手卖产品对公司而言虽然不是坏事，但这种荒了自己的"地"（拓展服务销售）种了别人的"田"（产品销售）的做法我并不推崇：一是因为服务销售团队卖产品，在产品销售团队能达成自己目标的前提下虽然不会发生业务摩擦和冲突，但在产品销售达不成任务目标时就一定会产生服务销售和产品销售两个团队和两个业务之间的摩擦和冲突；二是因为服务团队如果把大部分的时间和资源用在卖产品上，在资源和时间都有限的情况下，会影响服务业务自身发展。因为服务销售的金额小、合同多，在服务的客户拓展和业务拓展上都需要有充分的资源投入、时间投入和精力投入。可见，服务销售团队通过卖产品来冲抵服务销售业绩的做法是一种投机取巧式的"交作业"，这种行为无论是对服务的客户拓展还是对服务的业务拓展都是有害的。

我深究此事后发现，服务业务面临的第二个困局是由**第三个困局**造成的。在本公司的市场体系中，区域分公司的总经理在名义上是产品销售和服务销售的总负责人，实际上分公司总经理只对产品销售负责，而不对服务销售负责。服务销售在分公司相对产品销售而言是处于从属地位，如果分公司的总经理足够强势，就会要求分公司服务团队将主要资源和精力放在围绕产品销售所需要的服务工作上（成本中心的服务），而对服务销售目标所要求的销售数据，总经理会将一部分产品销售团队所做的销售业绩划给分公司的服务团队，以使分公司的服务团队能够对上级服务部有个业绩上的交代。

　　服务业务面临的困局之四是服务团队从总部到分公司的士气都很低落。士气低落是由多种因素造成的：第一个因素是 2015 年出现了第一次业绩下滑，这个下滑给服务团队带来了对业务发展前景的担忧。第二个因素是接踵而至的公司裁员对服务团队员工产生了对就业保障的担忧。第三个因素是作为利润中心的服务是集销售和交付于一体的业务，交付业务本质上是一种在客户现场做服务的生产，在网设备的服务量并没有因为裁员而减少，服务团队人员所承担的维护、维修和技术服务的工作量相应增加了。第四个因素是服务团队中第一次出现离职创业潮，其中空调技术服务的骨干绝大部分被人带出去创业，服务总部也有近 10 名总监助理以上的中高层服务主管离职创业；服务部在 6 年内更换了三任领导，每一任新领导虽然都想有所作为但最终都无果。另外，服务团队在公司体系和市场体系里虽然所肩负的责任很重但话语权很低，公司面对客户的所有产品问题、发货问题、设备故障问题、产品销售中对客户的服务承诺问题等最后都要由服务团队面对客户来承接、承担、处理和兑现，服务做好了无功，但做错了有过，服务团队缺乏成就感。

　　服务业务面临的困局之五是服务业务的财务管理混乱。其最大的问题是服务收入、服务成本、服务库存、服务回款和服务外包付款数据很难与各个服务合同对应。服务成本与服务利润数据在月度、季度之间波动很大，各分公司服务业务每年到了 11 月还不清楚自己是否能够完成利润目标（因为无法确定业务成本数据），甚至出现 11 月底还对利润完成大喜，但到了 12 月底进行财年结账时则大忧的状况。为解此困局，公司亚太区总裁甚至提出在财务部为服务业务增加一个财务总监来解决服务业务的财务管理问题。

　　服务业务面临的困局之六是服务管理层退缩式的、僵化的业务意识形态。"多一事不如少一事、以不变应万变、不求有功但求无过"成为服务管理团队普遍的思维方式，这种意识形态阻碍了公司管理层驱动服务业务进行变革的所有努力，公司从市场销售团队"空降"领导来管理服务部也没能扭转这个局面。"不可能"和"做不到"是讨论如何变革服务管理和服务业务时服务业务各大部门主管的口头禅，"空降"的最高服务主管的政令出不了服务总部。

困局意味着需要变革，业务成长意味着需要找到突围的方向，而突围的方向就隐藏在上述的困局中。

挑战不可能，拥抱服务的未来

就在我即将告别任职的西安公司带着总包团队到深圳加入服务团队之前，艾默生全球 CEO 到访了西安，在与艾默生中国公司驻西安机构的所有负责人会面后，逐一与他们握手并道别时，特别地拍了拍我的肩膀，然后与我握手说："Good luck。"此时，我瞬间明白此次履新是任重而道远。一回到深圳总部，亚太区总裁就与我做任职谈话，他明确给我的工作目标是，基于当下服务销售占公司销售额 17% 的基础，**在公司持续增长的前提下，将服务业务发展成为占公司销售额 50%，占公司净利润 65% 的业务**。这个目标已经不是一项具体的业务目标，而是一项使命，是一项需要永远奔跑在路上追求该目标的使命。我在临近退休的年龄坦然接受和拥抱了这个挑战不可能的使命。

5 新引擎的动能——服务改革及其改革方法论

从组织的结构与功能入手，解决阻碍服务业务增长的障碍

上述服务愿景和使命的达成，需要有组织架构和功能的支撑。我按照公司的安排，将数据中心总包团队带入原有的服务部，将两个团队混合组建了"技术服务部"。最初，在考虑技术服务部组织架构时，我将总包事业部作为一个独立的事业部与服务部并列，但为了解决两个团队的深入融合问题，也为了解决将总包业务的营销能力、运营管理能力和创新与变革能力向原服务部延伸的问题，我在保留总包事业部的业务流程、制度和运营管理方法的前提下，将总包事业部4个团队拆散与原服务部进行重组。

重组服务产品部，将"营"与"赢"挂钩，以服务营销来牵引服务业务的发展方向、推动服务销售的增长。重组的核心首先是将总包的架构部和设计部这两个解决总包业务赢标问题的组织独立地植入原服务部的服务产品部，**给原服务产品部植入服务营销业务变革的基因。**其次是按产品线服务业务和解决方案服务业务耦合的逻辑设立通信服务业务产品部和数据中心服务业务产品部。再次是以**坚守传统服务业务、开发新服务业务并举的方式变革服务营销工作。**最后是将**"成为链接客户和产品线的桥梁""成为服务发展**

航程的瞭望者""成为新服务业务开发的驱动者""成为新服务业务开源和拓展的尖刀""成为服务产品组合的优化者和拓展者"等五项职能作为重组后的服务产品部的成长方向。重组后的服务产品部不仅负责总包业务的营销工作，还负责电信类客户和行业数据中心类客户的营销工作。

改组产品工程部，将总包的工程团队植入产品工程团队，为产品工程的业务管理植入变革的基因。将总包项目工程部独立放入工程部，负责总包合同中约定的总包工程建造；保留原有的产品工程设计部和产品工程部，继续负责产品销售合同约定的工程安装交付，以总包工程的管理方式、管理制度和管理方法来优化和变革产品工程业务。

建立服务运营管理部，治理服务运营。为搞清隐藏在服务业务中的财务管理难题的真相，解决服务业务财务管理的问题，我将服务业务管理和服务数据管理在组织上进行切分和重组，**建立服务运营管理部**负责服务运营的数据管理和服务业务的损益管理。具体来说就是将原隶属服务销售部的服务销售计划部独立出来组建服务运营部下属的服务计划团队，负责管理所有二级服务部门的服务业务计划；将服务交付、产品工程和服务费用管理部门中的成本管理职责与人员切分出来组建服务运营管理部下属的服务成本与费用管理团队，负责所有服务二级部门的业务成本和费用管理；将总包业务的运营管理职能与服务业务的运营管理职能合并交由服务运营管理部统一管理。服务运营管理部不仅要对所有总包和服务业务的订单计划、交付计划、工程计划以及与其相关的成本数据、利润数据、回款数据、交付考核数据、工程考核数据等进行管理，还要对接公司财务部门，协同公司财务部门负责总包业务的损益管理、总体服务业务的损益管理和各产品线服务业务的损益管理。服务运营管理部不仅要**对内接口**服务销售、服务工程、服务交付和区域服务中心等所有的独立核算的二级服务部门，还要**对外接口**公司的财务部和市场销售计划部门。

加强服务技术支持业务。技术支持部门要继续扮演帮助区域服务人员解决技术问题的角色，要推动各产品线的开发部门帮助区域服务人员解决一线和技术支持人员都不能解决的技术难题。这意味着技术支持部的工作既要帮助区域服务部的一线人员解决技术难题，又要承担创新和开发服务工具的工作，既要提高一线的服务交付能力和服务效率，还要基于面对设备的技术支持工作发展面向客户的技术营销工作。

加强和聚焦服务销售业务。服务销售是服务业务发展的龙头，整个服务体系都是围绕产品销售和服务销售运行的。围绕产品销售部分的服务运营做的是成本中心的服务；围绕服务销售运营的是利润中心的服务。我们从前文所述服务面临的困局中已经了解到，服务销售结构与产品销售结构是错位的，服务销售的来源与产品销售的来源倒置，这种倒置既是问题也是机会。所谓**"加强"**是指提升服务销售部在服务体系内的话语权和对服务业务发展的牵引作用，**"聚焦"**是指将服务销售资源和精力从熟悉的通信服务市场向不熟悉的行业服务市场转移，在守住通信服务市场规模的同时最大限度地发展行业服务销售业务。

提升服务交付团队。服务交付业务是一种在客户现场进行生产的业务，它是公司所有服务业务的基石，"客户满意度"反映的是客户对供应商的评价，这个评价主要来自客户对供应商所提供服务的评价。服务交付业务的定位是独特的，它既是产品销售的支撑，也是服务销售的保姆级保障，通过好的"客户满意度"来影响客户对公司产品和公司服务进行重复购买。因此，要发展服务业务，最重要的基础性建设是提升对服务交付团队的组织建设、交付能力建设和交付业务建设。交付的组织建设不仅要解决在规模、结构和功能上能够支撑服务销售业务发展的问题，还要解决将交付的人才作为服务销售的后备人才的问题；交付能力建设既要解决服务交付中的单专业深度交付问题，又要解决跨专业的宽度交付问题；交付业务建设还要解决突破老三样服务的框框发展新型交付业务的问题。上述建设的核心就是基于现有的服务交付人员离客户最近、能够及时听到客户的声音、能及时闭环解决客户问题这个有利的基础，发展交付侧的服务营销，有意识地去倾听客户的声音，叠加服务业务开源工作要素，并倒推服务销售进行服务业务拓展。

将总包开发部变身为服务开发部，将总包工具开发的能力转向对服务工具和装备的开发，以创新的服务工具和装备来实现服务交付的差异化、提高服务效率和改善服务交付质量。建立服务开发部可以说是业界的独家实践，设立该部门的目的是给服务业务植入创新的基因。该团队在总包的 BIM+ 数字化设计平台的开发及在总包集成的控制系统的开发与部署方面已经有所成就。将该团队植入技术服务部是通过服务工具和服务平台的技术创新逐步推动公司的服务业务向数字化、可视化、自动化、虚拟化乃至数字孪生方向发展。该团队与技术支持团队构成一对互相协同的服务技术的创新团队。到我完成本书稿时为止，该团队累计为技术服务部开发出了在全球都具有独特性的数据中心基础设施安全运行记录仪、数据中心运维数字化管理工具与平台、水冷空调节能 AI 管理系统、产品服务 VR 培训软件、数据中心基础设施运维数字孪生系统、可编程集成管理系统等。这些服务工具与装备的创新可以让原本只能在地上"走"的服务业务"飞"起来。

将总包项目采购部扩展为服务采购部，把在总包项目采购中构建的外购成本竞争力覆盖到服务采购中，建构服务外采供应链的竞争力。我基于总包项目采购部将市场体系中的服务采购职责和人员分拆出来合并组建了服务采购部；该采购部统一负责总包的项目采购、产品工程的外包采购、机电工程的外包采购、服务交付的外协和外包采购。服务采购部的业务定位是基于质量，实现最优成本供应和及时供应，以成本竞争力帮助总包和服务业务赢得项目，在赢得项目前提下进行采购成本的再节约。设立服务采购部并对该业务实行采购部门与服务部门双重管理，这是业界的独家实践，而且这个实践非常成功。实践证明，在同一个公司的同一个采购项目上，工厂采购供应链降不下来的采购成本在服务采购部就能实现。

将外包的呼叫中心转为自有的远程服务中心，以服务窗口对接客户，无缝解决客户—公司—区域服务之间的三角连接，全天候响应、受理和处理客户问题。设备的服务文档和客户服务报告是公司服务业务的核心资产，是发展服务业务的资源和基础，而呼叫中心是企业联系客户的窗口，客户服务受理和客户服务问题解决的闭环都在呼叫中心，所以这个核心资产通常保留在服务部门。我在接手服务部的同时，着手从以下五个方面开展工作：一是将原外包的客户呼叫中心转为自有的远程服务中心，并以此为窗口将各省服务中心和客户对接起来，通过服务业务流程实现"服务受理—服务派工—服务交付—服务受理关闭"的闭环管理。二是将呼叫中心的服务受理职能扩展成服务数据管理的职能，即负责交付业务数据管理、工程业务数据管理、设备维保业务数据管理、服务人员工单数据管理、工程人员工单数据管理、每单服务的客户满意度调查数据管理等。三是提高对远程服务中心的技术能力要求，将客户问题的远程解决率作为呼叫中心不断改善的指标来管理。四是对远程服务中心提出了发展远程服务受理的数字化和自动化的目标，以科技手段提升远程服务的效率、质量和能力，最大限度减少客户呼入的等待时间。五是要求远程服务中心基于呼入受理的业务逐步发展呼出服务的业务。我基于远程服务中心的新职能，将该部门的业务汇报关系从向服务交付部报告工作转为向服务运营管理部报告工作，我推动的这项呼叫中心的组织和业务的变革在业界也是先例。

在服务资源部署上，我采用重一线部门轻总部部门；重面向客户工作的创造价值的部门，轻平台支撑部门的方式进行人力资源配置，将80%的服务资源部署在贴近客户的各省的区域服务中心。

上述对服务部门的组织重构和职能重构，体现的是以服务业务可持续开源为核心，将服务业务分工和服务业务握手并举，将契合服务业务的资源差异化配置和资源跨部门复用并举；以服务业务发展规划牵引服务业务计划，以服务业务计划驱动服务业务执行；以服务业务发展为灵魂，以服务财务管理为准绳，将服务销售、服务采购供应、服务交付这三个关键业务职能贯通成一个生生不息的不断扩大的服务业务流；用其他的服务业务职能支撑服务的开源、服务的执行，提升服务的能力和改善服务的效率。重组后的技术服务组织既要有成本中心的服务业务与管理，又要有利润中心的服务业务与管理，还要有将服务业务这艘航船带向更宽的水域和更深的航道的愿景，只有这样，才有可能在某年的某个时点达成在公司的总体业务中服务销售占50%、服务运营利润占65%的使命。

技术服务部的组织与功能的设立得益于我所学的社会学结构功能学派的方法论启示：**以结构支撑功能，以功能支撑业务目标**。

以改变服务团队的思维方式为先导，通过启蒙变革来探索业务改善

为改变服务团队的思维方式，在第一次服务管理团队的会议上我就明确了与本人沟通中的**"四不允许"**原则，并将这个原则作为服务管理团队的组织纪律。

我在接手服务业务前了解到，服务部前几任领导不是不想变革，是推不动变革，其主要原因是在没解决思想问题之前就急于推行变革，忽视了服务部内部传统的"惰性磨盘"太沉重给服务变革带来的阻碍。有了前车之鉴，在推动变革之前应先改变团队的思维方式，于是我在接手服务部的第一次经理层的见面会议上就开宗明义地宣布了与本人沟通的**"四不允许"**原则，即服务的各级主管与我讨论问题时不允许对我说**"不懂、不会、不能、不行"**。我明确：**各级服务主管的作用就是解决"怎么才能'懂'""怎么才能'会'""怎么才能'能'"和"怎么才能'行'"的问题；沟通中我不会听抱怨，但会听产生抱怨的原因和讨论解决抱怨的方法**。

我赴任第一个月，在服务总部的各类业务会议上，反复告诫各级服务主管在业务沟通中"四不允许"。经过一个季度的反复洗脑，服务总部的各级主管开始转变会风，所有的会议都开始聚焦在如何解决问题的正向沟通上。随后我花了一个季度的时间密集巡视30个分公司的服务中心，在与每个区域服务中心团队讨论业务时也是开宗明义，要求中心主管和团队**停止抱怨服务的困难和不可能，要将思想和精力转向如何创造可能、如何克服这些困难并驱动服务业务的增长**。

思想的力量是巨大的，区域服务中心的主管也是互相学习的。在最先巡

视的区域服务中心的业务讨论中，我花在转变思维方式讨论中的时间很长，因为区域业务 PPT 中充斥着抱怨和不可能，需要花时间和精力来引导报告者去认识产生问题的根源，继而引导报告者往解决问题的方向提出策略和方法。越往后巡视，我花费在转变思维方式的讨论上的时间越短，因为这些区域服务主管已经从前面巡视过的区域服务中心吸取了教训，业务汇报的 PPT 中抱怨越来越少，而如何解决问题并需要公司支持的内容越来越多。当我第二年再次巡视区域服务中心时，业务汇报的 PPT 几乎通篇都是如何解决困难和问题、如何驱动服务业务增长和业务改善。我的"洗脑"行动终于起到了四两拨千斤的作用，服务部这个巨大而又沉重的磨盘终于被推动了起来。

聚焦服务业务开源，改革服务销售管理上的"单点瓶颈"

服务业务要长期持续增长，服务业务的开源和拓展是重中之重的工作。2016 年之前的服务业务起步于服务交付人员在服务客户时兼职做服务销售，随着本公司客户端在线运行设备越来越多，完全由服务交付人员兼职做服务销售的形式已经阻碍了服务销售的增长，于是在 2010 年前后，公司将服务销售和服务交付的角色分开，服务交付人员专注于服务交付，平均每个服务交付人员一年的服务合同交付金额在 200 万元左右；服务销售专注于服务销售，平均每个销售人员每年承担 800 万元左右的销售任务。独立设立的服务销售团队分布在每个区域分公司的服务中心，由服务销售部进行垂直管理，服务销售业绩"实"算在区域服务中心而"虚"算在服务销售部。2015 年，当公司整体业绩下滑时，服务销售业务也第一次出现下降，在服务部跟随公司同比紧缩了人力资源之后，要继续推动服务销售的增长就必须充分发挥区域服务中心资源的作用以解决服务销售资源不足的问题。

2015 年每个区域服务中心的销售人员和交付人员的配比是 1∶4 或 1∶5。也就是说每配置一个服务销售人员要配置 4 或 5 名服务交付人员，服务交付就是服务生产的角色。在这个服务销售与服务生产的资源配比下，按每 800 万元销售额配置一名销售人员的标准，小型区域服务中心只有 1 名服务销人员、中型区域服务中心只有 2~3 名服务销售人员、大型区域服务部中心也只有 5 名以上的服务销售人员。在这种销售资源配置原则和垂直管理模式下，中小区域服务中心的销售资源不足就成为服务销售增长的瓶颈。2016 年要在不增加销售人员的基础上提高服务销售量，唯有通过调整将原有的由服务销售部进行垂直管理的方式转变为由区域服务中心和服务销售部进行矩阵式管理的方式，将区域服务中心主任叠加在区域服务销售经理之上对区域服务销售、服务交付和服务运营进行一体化管理，由区域服务中心主任协调服务中心的交付人员、工程人员，甚至行政人员协助服务销售人员做服务销售。服务销售管理方式的这种调整通过 4（交付）帮 1（销售）或 5（交付）帮 1（销售）的资源复用解决了服务销售资源不足的问题。

将区域服务中心作为区域服务业务的运营中心是一项重要的服务体制改革。区域服务中心主任要对服务销售、服务成本、服务利润、服务回款等负全责；区域服务中心主任既然掌管了区域所有的服务资源就要对资源使用的结果负责。这项体制改革既解决了在不增加人员的基础上增强了销售资源的问题，也解决了销售增长的区域抓手和开源动力不足的问题，更解决了区域服务资源的复用问题。区域服务中心主任隶属于技术服务部副总裁管理，就区域服务运营向副总裁汇报，就专项业务向服务销售部、服务交付部和工程部汇报。技术服务部副总裁通过服务运营管理部向区域服务中心下达年度服务销售增长、利润增长、回款增长目标。我所做的对服务销售和服务运营体制的改革解决了服务销售和服务业务增长所需要的双通道管理问题，而管理的双通道不仅解决了销售管理上的"单点瓶颈"，也解决了销售增长所需要的资源支持问题。

改革机关作风，明确对一线组织的管理职能与服务职能并举

我在赴任前的暗访中了解到，原服务部门衙门习气严重。区域服务中心业务无论是电子流批件还是纸质批件，在服务总部都会积压一两个月，甚至三个月才能得到批复，等不到批复的区域服务中心往往需要通过服务总部各

业务主管的秘书去推动主管加快批件的审批；我还了解到，有一些服务总部的部门主管去区域服务中心出差时从来都不带办公电脑，这些业务主管在出差期间的邮件都得不到处理；业务电子流得不到批复，业务就无法继续往下走流程，衙门作风已严重影响到服务部的业务运营效率。

为此，我以身作则，首先，向区域服务中心宣布，所有到达我这里的邮件或批件的批复都不会过夜，区域服务中心半夜的邮件我都会秒回，为履行批件不过夜的承诺，我批复过的邮件时间最晚是凌晨 4 点。其次，我通过 IT 部门统计出所有服务总部的业务主管批复电子流所用的时间，发现最短的批复时间是按周计，长的按月计，最长的按两个月计。为此，我要求业务主管的批复或回复时间不得超过三天，要求主管出差必须携带电脑并每天处理邮件。IT 部门给所有服务业务主管的电脑安装 VPN（虚拟专用网络），以便服务业务主管在出差期间能够连接到公司的内网处理电子邮件和审批电子流。

我在保持服务总部各业务部门管理职能的基础上，增加其对区域服务中心的业务支持职能，目的是让区域服务中心的人员将时间最大限度地用在面向客户的工作上。销售管理部主管出差不只是听业务汇报，更重要的是帮助区域销售人员做客户拜访，特别是拜见新客户；工程管理部主管要现场支持重大的工程项目；交付管理部主管要帮助一线协调资源解决一线交付中的疑难问题；技术支持部不仅要帮助一线解决交付中的技术难题，还要帮助服务销售做面向客户的技术营销工作等。

大幅精简业务审批流程。我接手服务业务的第一天，就被繁重的电子流审批所考验，当天花了几乎 5 个小时才把邮箱的电子流审批完。通过 IT 部门了解到，服务部共有大小 1000 多个审批电子流。每个电子流在我做最后权签之前就已经过至少 5 个人的审批，但我在电子流审批的记录上看不出每个审批人是对什么方面或什么内容进行审核和把关，也无法判断是应该做同意的权签还是做不同意的权签，这种状况在给外包商或外协供应商付款的电子流中特别严重。此外，我还发现，同一个业务在不同部门之间使用的电子流也不一样，每段电子流都要做重复输入的工作，更甚的是在同一业务中采用电子流审批和纸面审批并行，存在对同一业务做两次审批的风险。

对此，我做了以下六方面的优化：第一，取消所有业务的线下纸面审批，将所有的服务业务审批走线上；第二，取消各部门独立的审批电子流，一类业务归拢采用一个电子流，用统一的电子流贯穿所有的审批部门；第三，将1000多个电子流合并同类项，将电子流缩减到不足50个；第四，对所有审批电子流做闭环管理，所有交付与工程的业务电子流按合同从公司主业务流程中的订单开始发起，直至交付和工程项目结束后关闭；第五，对每条业务电子流中的审批人的审批项进行定义，审批人要明确对所负责的审批项进行审批，去除不必要的审批人；第六，对每条电子流中的审批环节设立审批时间限制，在规定的时间内没有审批的，系统默认该项的审批人已经同意，电子流会自动跳转到下一个审批人。

用简化和优化后的电子流替换原先的1000多个电子流，如果采用"一刀切"的方式进行切换，不仅工作量非常巨大而且还有遗漏的风险。我采用的是新旧系统并行的方式进行自然切换：新的交付与工程项目走新电子流，已经进入旧电子流的业务继续走旧电子流进行审批，等所有老的交付与工程项目在走完审批流程后再关闭旧电子流。

经过对上述1000多个服务业务电子流的简化和优化，重新建立的业务审批电子流最初缩成为50多个，后来进一步缩减为20多个。我每天用于审批电子流的时间也相应地从5小时压缩到了1小时，服务业务整体的运转效率成倍提高。

魔鬼藏在细节里，按合同进行损益管理

2016年以前的服务部门说不清为什么服务业务的损益会出现大幅波动；说不清为什么服务成本、服务库存的变化很难与服务订单合同和服务销售合同相匹配；说不清为什么服务成本预提与预提释放没有规则。最初，我试图优化每个服务合同毛利，但这个想法缺乏合同级的财务数据支撑；我试图降低服务外包采购成本，但采购成本的降低也对应不到受益的服务合同上。服

务合同的特点是合同小而数量多，服务业务每年大约产生 1.2 万 ~1.4 万个订单合同。显然，要管理好服务业务的损益，正确的方法是要以服务合同为单位进行项目型的损益管理，每个项目都有成本预算和交付结束后的成本决算。服务业务既可以按直流产品服务、交流产品服务、制冷产品服务、监控产品服务和基础设施运维服务等五大服务产品线进行分类，又可以对每条产品线的服务交付按维保与维修、备件、技术服务和扩容改造等四大类型进行分类。从损益管理角度看，不仅五大服务产品线之间损益差异很大，而且在交付类的四大服务类型之间的损益差距也很大。

按工程和交付合同进行项目型的损益管理是最简化、最有效的服务损益管理方法。在我的推动下，服务运营管理部对 5 万元以上的服务项目按合同类型设立工程项目台账、交付项目台账、软件项目台账、运维项目台账，以台账的方式管理每个项目的损益。这种按合同管理项目损益的方法很好地解决了将项目收入与项目成本进行匹配的记账问题，解决了将正在交付但还未确认收入的服务项目暂时性计入服务库存的问题，解决了服务业务损益的总体平稳问题，也很好地解决了对历史上未使用的成本预提进行释放的判断标准问题（只有历史上已经计入销售并确认成本，不会再发生额外成本，才可以对剩余的合同成本预提进行释放）。

服务合同是服务业务损益产生的最小单元，只有厘清服务合同的损益才能管理好服务业务的整体损益。

防范业务风险，治理服务资源外协业务

客户服务的第一要旨是让客户满意，客户满意度是衡量客户是否满意的程度性指标。服务人员在每次服务中的响应及时性、一次性把客户问题解决、备件的及时供应、服务态度、客户对本次服务的感受或体验等五个维度的表现都会影响到客户的满意度。对海量服务业务而言，服务资源的配置会影响服务交付的及时性。服务资源分为自有服务资源、外协服务资源和外包服务资源三类。全部使用自有员工来满足服务响应和服务交付及时性的成本

会很高。在既要提高服务响应和服务交付的及时性，又要控制交付成本增长的服务运营管理原则下，只能通过使用外部相对低成本的交付资源来提高交付资源的总量，并以此解决客户响应和服务交付的及时性问题。在经历了2015年的大裁员之后，为了在服务交付资源不足的情况下解决及时服务的问题，原服务部大都采用了向第三方借用人员的方式来解决这个难题。

使用外协资源的方式在运营管理上有三个问题：一是无法衡量这些外协资源的使用效率，因为外协资源是与自有资源混合使用的；二是当向第三方借工成为常态时，借工的成本不比使用自有员工低，因为第三方员工常年在此工作，其每年的涨薪就垫高了借工成本；三是借工的用工方法有法律风险，相关法律规定借工人员行为导致的所有经济的和法律后果都要由借工方承担。

出于对资源成本和资源使用上的法律风险的双重考量，我对使用外部资源的方式进行了变革，将原来向第三方借用服务人员改为按服务合同进行服务业务外包的方式。我已经推行了按服务合同进行项目的成本预算和成本决算的管理制度，将这项管理与按合同做交付外包的方式结合就解决了将外包成本对应到服务合同的财务管理难题，解决了外包成本控制和外包资源使用的效率问题，也解决了将外包业务实施中的经济与法律风险归属在外包公司的问题。

采用按服务合同进行业务外包及将外包资源和自有资源分合同进行组合使用的方式，帮助我解决了在自有资源不足的情况下继续扩大服务业务的难题。将自有的服务资源用在服务业务拓展上、重要客户的服务交付和高技术难度的服务上；将低技术难度的服务、零散的服务，小微的服务按服务合同在成本预算约制下进行外包。以这种方法，解决了以个位数的自有服务人员的增长支撑了两位数的服务业务增长的服务绩效改善难题。

借助人性的作用，用"冷水煮青蛙"的方式推行服务变革

艾默生总部赋予我的使命是将服务销售业务发展到公司销售业务的

50%、将服务利润在公司利润中的占比提高到65%，但原有的服务组织、业务领域、流程、制度和方法都不能支持这个使命。为带领新的服务团队和服务业务走向新的愿景，对原有的服务组织、业务领域、流程、制度和方法做360度的变革和调整就是必须要做的工作。

然而，对公司而言，无论对未来的追求如何，保证当下现有服务业务的连续性是首要的；解决长期可持续性增长问题不能使当下的服务业务减速，更不能中断现有的服务业务，而是要在已有服务业务的基础上进行加速，并增加更多的服务业务，要开拓的长期可持续性增长的道路一定是一条先继承再发展的继承式发展的道路。此外，任何一种变革首先是人的思想变革，其后才会有人的行为的变革。思想变革是缓慢的、逐步的和需要较长时间的，人的思想的转变是不能靠行政命令的，但一旦思想变革完成了，行为变革就会很快。基于上述的逻辑和考量，我制定了"细雨润无声""大雪无痕""冷水煮青蛙"式的变革策略。

"细雨润无声"是指我自己作为变革的"布道者"和"传教士"，借助一切机会，采用正式的和非正式的方式推广业务变革点，在一段时间里从上到下只讲一个变革故事，这个故事不是只向服务的各级主管讲，而是借助一切机会向每一个我接触到的员工讲，如从"发展全生命周期服务"中寻找服务成长空间和服务成长道路等。第一个变革故事落地后，随之而来的是第二个、第三个变革故事和故事的落地，如此一直延续，变革不止故事不断。

"大雪无痕"是指，用持续变革带来的连续增长的业绩成果去覆盖因变革所形成的疤痕，在业绩增长成果所造就的组织士气和员工正向舆论的基础上辅之以各类的培训和沟通，消弭了坏处、解除了困扰、转变了负面情绪。在成功变革中形成的士气和正气叠加了不能在变革中掉队的从众意识，使整个服务队伍一直向前、向前、再向前。

"冷水煮青蛙"是指，不断地在舒适区的边缘上推进变革，虽有点不舒服但可以接受，不会形成对抗，持续到变革成功，让不舒服者成为变革的成功践行者，继而让践行者自己去讲成功变革的故事。

用微积分的方法论来解决业务变革中的复杂难题

当以客户需求为导向来看待自己所服务的市场时，就会发现，B to B 的服务有很多潜在的、没有被挖掘的也没有被满足的需求。这些需求之所以是潜在的，是因为它们是综合性、跨设备、跨系统的。所有设备供应商给客户提供的服务主要是针对自己品牌设备的维护维修、备件供应和扩容升级。客户的这些潜在的需求没有被挖掘和被满足是因为没有供应商向客户推广和提供这类服务。如何进行业务创新或变革，驱动现有的组织从无能力为客户提供综合性的跨设备和跨系统的服务，转变为有能力为客户提供综合性的跨设备和跨系统的服务？当以客户需求为导向来审视服务市场时还会发现，在 B to B 的服务业务中，存在一些服务是本公司没有做也不会做的，而这些服务在其他领域已有服务商在为客户提供。如何驱动新的服务团队从不懂这类服务、不会做这类业务到懂而且会做？

微积分是一种数学方法，该方法提供的是一种解决复杂问题的逻辑和思路，如对不规则的复杂体的面积、体积和重量进行计算的基础方法就是将不规则的复杂体无限细分到有规则的不同的截面（解构，从无规则中找出规则），这个截面是易计算的，然后以极限求和的方式对这些截面进行积分。同理，在复杂业务上，如果现有团队中没有一个人或一个部门能做这个业务，就需要业务管理者根据团队中现有的人才基础和专业基础，将难做的业务解构拆分成若干片或若干段，再通过分工和协作就可以尝试做这个不会做的业务，这就是先微分再积分的解难题的方法论。我在接手服务团队和服务业务后所做的所有变革和创新，在没有引入外部资源的前提下，都是采用通过微积分的方法，利用现有资源进行跨团队解构、分块、分步实施，然后再整合的逻辑路线。

6 面向未来活好当下，寻找服务长期可持续增长的领域与机会

运维业务的功与过、成与败

运维业务起步于 2009 年，起步于通信运营商的通信机楼的机电类的值守服务，运维业务在 2009 年当年就实现了 3500 万元的服务销售，当年运维服务的毛利率在 20% 以内。在随后的 6 年里，运维业务的年均增长率是 23%，其运维业务开始从通信机楼的机电值守类服务向通信基站值守服务，继而向数据中心的值守服务发展。2013 年前，运维业务发展正常，2013 年的运维销售达到 6600 万元，毛利率与 2009 年持平。在 2014 年后，随着运维业务开始向通信基站拓展，销售规模上了 1 亿元的台阶，但毛利率急速下降到了个位数，其中通信基站运维的实际毛利率是负的。到 2015 年，运维服务业务整体进入负毛利时代，运维业务负责人报告的原因是低毛利率的合同签多了。低毛利毕竟还有利润，运维业务的整体毛利为负一定有运营管理上的问题。

运营管理缺失是运维绩效恶化的祸根

2014 年运维业务毛利下降和 2015 年运维业务的负毛利率使公司管理层曾若干次讨论是否要关闭这项服务业务，从而把服务资源放到利润好的服务业务上。但公司管理层的意见受到了产品销售团队的反对，产品销售团队认为，运维服务虽然不挣钱，但可以通过运维业务"黏"住客户。原因是新建立的铁塔公司垄断了三大通信运营商的基站基础设施的采购和建设，铁塔公司以价格竞争的手段通过全国性的集中采购来决定供应商的采购份额，在这种情况下，本公司产品在铁塔公司的集中采购中获得的份额逐年减少，甚至出现了在集中采购中本公司产品拿不到份额的状况。由此，产品销售团队和产品营销团队与铁塔客户的互动减少，对客户的需求信息了解的也越来越少，产品销售团队希望保留住运维业务，通过运维业务保持与铁塔公司的客户互动，以利于产品销售团队后续能够继续参与客户的产品采购竞争。

如何在保留运维业务的基础上治理好这个不盈利的服务业务？运维服务亏损的真相是什么？从财务部到服务销售部再到服务交付部，没有一个人能说得清运维业务亏损的真相，更说不清亏损的原因。财务部只知道年度运维业务付出的成本大于运维业务的收入；服务销售部只知道每单运维服务的合同是有利润的（尽管毛利率还达不到 2009 年的水平）；服务交付部门只知道所有合同的交付都是按合同中的约定执行的。从三个部门对运维服务业务问题的回答上看没有一个部门有错，在运维服务业务管理上相关的人都尽了力，但尽力的结果却是业务亏损。

三个部门对运维服务业务的管理如同铁路警察各管一段，没有部门也没有个人对运维服务业务的整体损益负责：服务销售部负责运维服务合同的签订，只负责所签的服务合同的毛利率达到了公司的审批要求；运维交付是按合同约定派人进驻客户的场地提供每天 24 小时的 365 天值守服务，这项业务的主要成本是人工成本，公司只派运维项目经理带领外协或外包的服务人员进驻客户场地进行值守服务，人员外包成本是运维项目的主要成本；财务部负责运维服务的收入计数和成本计数，只能从运维服务业务年度收入和支出的总账上提供运维服务业务的损益。问题就出在运维服务的运营管理上，在运维服务业务管理的全流程中，只有服务销售合同的价格授权是按合同进行管理的，从合同交付开始，只有派驻场地的服务人数是按照合同确定执行的，派驻场地提供服务的第三方人员的外协采购和外包采购的人员单价则不是基于所签的服务合同而是基于与供应商的年度价格谈判决定的；这种外协和外包资源的采购方式就决定了运维服务合同签订时所核定的成本不是真实的成本（人员数乘以人员单价乘以服务天数才是真实的合同成本），所有与成本和付款相关的管理都是脱离了运维服务的合同进行的总量管理。运维服务业务没有按照合同进行损益管理，合同交付关闭后没有人知道所关闭的合同是盈还是亏，运维服务合同虽有不准确的成本预算，但没有合同的成本决算，没有人知道合同交付的成本是否超合同预算。可见，运维业务运营管理存在以下两方面的问题：一是在业务流中，订单、交付、运营、外包、合同回款和外包付款各个环节之间是相互隔离和脱节的；二是运维业务的交付资源主要是外协和外包资源，外协成本和外包成本是构成运维业务的主要成本，但在外协资源和外包资源的采购和付款上，则是由运维服务的业务主管一个人操盘把控，而这个主管还不对运维项目和总体运维业务的损益负责。可见，运维服务业务的亏损不是由该业务的市场竞争带来的，也不是由该业务的资源使用方式带来的（用外包资源交付要比用自有资源交付更经济），而是由该业务的运营管理问题带来的。

既然运维服务业务有助于增加客户的黏性，有助于在客户端维持产品销售，那就要继续运维服务业务，要实现该业务的扭亏为盈。运维服务业务亏损的原因产生于运维服务的运营管理，因此必须彻底变革运维业务的运营管理方式。

改革运维业务的运营管理，实现运维业务的扭亏为盈

我从两个维度同步推进运维业务改革：第一个维度是改善运维业务的销

售结构；第二个维度是改革运维业务的组织、合同管理、流程管理、资源外包管理和财务管理。

从第一个维度来看。当时的运维业务有三类：通信机楼的机电值守服务、数据中心值守服务和通信基站值守服务。运维服务业务按销售额排序，通信机楼运维排第一，通信基站运维排第二，数据中心运维排第三；按运维服务业务利润排序，数据中心运维排第一，通信机楼运维排第二，通信基站运维排第三。显然，运维扭亏为盈最重要的改革是全力发展数据中心运维服务销售，维持通信机楼的运维服务销售，减少甚至取消通信基站的运维销售，这是改善运维业务的销售组合，其思路是通过提高毛利相对好的运维销售占比来改善运维业务整体的毛利率。

从第二个维度来看。我首先对运维服务组织和业务运营管理原则进行变革，将运维服务组织独立成一个垂直管理的虚拟事业部组织，用虚拟事业部的组织形式解决运维业务管理中的铁路警察各管一段又互不握手的问题。为此，我在服务总部建立运维业务部，在每个区域分公司建立运维服务站，在区域运维服务站下按合同设立运维项目交付组织。运维业务的这个三级组织由运维业务部和区域服务中心实行矩阵式的业务管理：运维业务部主要对运维业务的总损益负责，区域服务中心主要对区域运维服务业务的损益负责；运维业务部负责制定总体的运维业务预算并下达给区域服务部，同时给区域服务中心提供资源支持和业务监管，区域服务中心负责运维服务业务预算的达成、所需的运维服务资源的组织、区域运维业务的监管。区域运维服务站和所管辖的运维交付项目组在组织上和业务上受运维业务部和区域服务中心的双重领导，区域运维服务站负责交付和运营具体的运维服务项目，对每个运维项目的损益负责。为解决矩阵管理中的运维业务部与区域服务中心工作积极性的问题，我将各省运维服务站的运维业绩实际计算在区域服务中心，虚拟计算在运维业务部，这种业绩双算的制度最大限度地解决了运维业务管理上的垂直管理与区域组织之间的协作与协同问题。

我继而对运维业务的合同签署管理、合同交付进行改革：运维业务部要协同服务产品部和服务销售部共同驱动各省的运维业务的销售，所有运维业务在销售人员签署合同之前要由运维业务部对运维项目的交付资源的来源、交付资源的组织方式、接维措施、驻场人员的培训管理、运维全成本预算等要素进行核准，并制定合同预算；在合同签署之后，监督和支持运维服务站按合同建立项目交付组、确定项目经理、组织项目交付的人力资源、在合同成本预算的约制下协同服务采购部采购外包的人力资源、组织对运维项目组成员的运维技能培训，监督、指导和支持运维项目组的接维和日常的运维服务；在运维项目交付结束时，运维业务部要协助区域服务中心的运维站将该项目对标项目预算进行项目成本决算。

紧接着改革运维业务的财务管理制度：所有运维业务无论合同金额大小，全部以台账方式进行合同的预算与决算管理。运维合同的预算制定要在合同达到公司批准的毛利率的前提下，在对交付成本和交付风险做充分评估后，制定合同交付成本的预算，并以财务预提的合同交付成本作为合同预算。在运维合同交付中，运维项目经理以合同成本预算为限，严格执行交付成本；在运维合同交付结束后进行决算时，以符合事实为原则，对项目交付成本进行决算，对运维项目交付中节约的成本以项目预提释放的方式在决算时改善项目利润。

为改善低毛利率运维合同的利润，我推动运维项目组基于值守的运维场地，帮助客户发现设备与系统存在的潜在故障风险，在值守服务之外，通过对潜在问题的处理和承接客户的新服务需求给运维项目增加额外的新服务收入（PO），为此，我以考核指标为杠杆，撬动每个运维项目中的优化成本和增加附加服务业务收入的行为。运维项目成本优化的考核标准是运维项目的决算成本要小于或等于预算成本；运维项目附加服务业务收入增加的考核标准是运维项目决算的毛利要大于或等于运维项目预算的毛利。

建立可靠的运维业务外包资源池、做好运维项目的收款和付款管理是发展运维业务并实现低毛利下稳健盈利的关键。2016 年之前的运维业务只有一个外包资源商，90 多个运维项目的外包资源供应商只有一个，所有的鸡蛋都放在了一个篮子里，这是一个大风险。唯一供应商不仅不能解决新运维项目的外包人员及时供应问题，而且在外包人力资源成本上还面临逐年上升的压力：一方面运维人力外包成本在逐年上升；另一方面运维合同在充分竞争下不能涨价只能降价，正是这个原因导致了经过6年之后，运维业务就从一个能盈利的好业务变成了难盈利的差业务。

为解决外包资源的管理，我将运维人力外包的采购职能从服务部拿出来放到公司供应链的服务采购部，由服务采购部按区域分布发展多家外包商，要求每个外包商都要有垫付外包人员4个月薪酬的能力（3个月一次业务结算，一个月付款流程）。这项改革不仅解决了新运维项目的人力资源招募的及时供应问题（多家人力资源供应商），还解决了外包人力资源的成本逐年上升的问题，人力资源使用也按项目结算。此外，采用新项目用新的人力资源，老项目的外包人员在结算后除保留服务骨干外，原则上不再继续用到新项目中，对于老项目中外包人员的流失一律用新人力资源替补的原则。我将供应商准入资格定在了具备垫付4个月外包人力资源成本的能力上，是以垫付能力来决定供应商的业务规模（为防范供应商一家独大的风险，我设立了一个外包人员数量的上限），我的这项采购方式创新，使公司的运维业务在不使用公司现金流的情况下通过项目的运营管理获得了稳定的盈利。

上述对亏损服务业务的治理在当年就获得了成效，实现了扭亏为盈。2016—2017年运维服务业务销售获得个位数增长，利润扭亏为盈。

正因为在接手服务部后对运维业务进行了360度的改革和创新，我才有底气在2018年服务销售团队给出的年度服务销售预算是-7%时，通过将运维业务增长率调高到30%的方式，将2018年服务销售的总预算拉升到正1%的增长。从此以后，每年的服务销售增长预算不再由服务销售团队制定，而是由我制定。

7 用破釜沉舟之战冲破种种羁绊，在拯救运维业务的同时开创服务业务发展新生机

接手服务业务面临的第一大挑战是应对通信运营商需求萎缩

我接手服务业务时，正是中国铁塔成立，三大运营商将通信基站移交给中国铁塔统一进行共享通信基站基础设施的布局优化的时期，铁塔的无线基站的基础设施包含天线、电源、电池、监控、民用空调和站点机房这六大要素。本公司在铁塔销售的只有通信电源和基站监控这两个产品及其服务。如上一章所述，铁塔公司以价格为主的集中采购政策在一定程度上导致赢标的供应商在价格上和获得的采购量上都是双降的，因为在共享基站的站点建设原则下，理论上由铁塔一家统建的站点数一定大大低于三家运营商分建的站点。

接手服务业务面临的第二大挑战是满足铁塔公司对更低服务价格的要求

中国铁塔为对三大通信运营商转交的无线基站统一进行远程监控管理，自己建立了通信基站远程监控的云管理平台，以集中采购的方式只向供应商

采购基站监控的无线采集器和相应的监控工程施工。无线基站监控建设的技术规则和采购规则的改变对监控产品供应商的业务形成了冲击。价格极低、工期极短，不分地理区域都要求施工在冬季开始和结束，且只采购无线采集器和基站监控工程，不采购软件。这种模式使铁塔的基站监控业务在后续市场上没有服务需求，采集器坏了就采用批量集中采购的方式来替换。

铁塔公司对三大运营商转入的通信基站监控做了一次性对接铁塔远程云监控平台的改造，由于各供应商的旧监控采集器是差异化的，无法进行标准化的集中采购，只能由三大运营商基站监控的原供应商进行改造，基站监控改造采用议标方式采购。我所领导的服务销售团队面临双重压力：一方面，铁塔公司要求我们降低服务价格；另一方面，内部产品销售团队也希望我们降低服务销售价格。铁塔基站监控改造的降价事关监控产品线生死，因为监控产品在铁塔集中采购中虽然有份额，但这个份额是低毛利甚至是微毛利的，铁塔监控产品销售已经没有运营利润，本次基站监控改造也是最后一次在铁塔监控的服务销售中有盈利的机会，如果服务不能维护住合理的毛利，监控产品线就会因业务损益问题而关闭。

接手服务业务面临的第三大挑战是在铁塔基站监控工程与监控改造的浪涌式需求到来时，公司没有任何监控工程外包资源

前面曾说过，服务部前几任领导无法推动服务这个沉重磨盘的变革，一切都是按"原来都是这么做的"原则一遍遍地抄作业。出人意料的是唯有监控工程外包做了变革，而且这个变革不是向分散工程交付风险、优化工程成本方向变革，而是将原来监控工程就地外包给各省监控工程合作伙伴的方式转变成将全国所有监控工程与服务外包给一家独大的 IT 服务企业。这种被独家第三方服务提供商完全垄断监控外包资源的做法持续了三年，原先各省的监控工程与服务的合作伙伴要么成为竞争对手的外包合作伙伴，要么转行做强电工程。我刚刚接手服务业务，还不清楚监控工程和服务外包资源的状况，铁塔的无线采集器的集中采购和基站监控改造的议标采购的结果也还没

有公布，这个独家的监控工程和服务的外包商突然宣布退出与本公司的监控业务外包合作，撤走了所有的监控工程与服务的合作人员，扔下了 100 多个烂尾的监控工程。

唯一的外包商无预警地突然违约，这对我无疑是个晴天霹雳。各省没有监控工程和监控服务合作商的状况已持续了三年，不仅现有的 100 多个烂尾监控工程需要认证新的合作商接手，更让人崩溃的是巨量的铁塔基站监控建设与改造工程马上接踵而至，服务团队手中竟然没有一个可用的监控业务合作资源！如何收拾 100 多个烂尾工程？！如何应对即将到来的基站监控建设与基站监控改造工程的海量需求？！

接手服务业务面临的第四大挑战是要在 3 个月内完成 24 万个铁塔无线基站监控安装和改造

果然，中国铁塔在 2016 年年末公布了各供应商中标基站监控无线采集器及其工程的份额，也宣布了各供应商的基站监控改造工程的份额。本公司在基站监控新建工程和监控改造工程上一共获得 24 万个基站的监控业务，且要求服务团队在 3 个月内完成工程交付。本公司自建立以来还没有承接过如此规模的广布在全国城乡的基站监控工程，也没有在 3 个月内完成 24 万个基站监控工程的能力。我面对的严酷现实是由于合作了 3 年的监控工程与服务的独家外包供应商突然违约，服务部手上没有任何监控工程与监控服务的外包合作资源。如果不能按时完成 24 万个基站的工程交付，不仅要损失掉上亿元的销售，还会得罪客户，甚至连累到通信电源产品从此无法参与铁塔客户的招标。

接手服务业务面临的第五大挑战是服务业务在困境之下还要提高两个点的利润率以完成年度服务业务目标

为降低产品销售团队的销售增长和产品利润增长的压力，公司在总预算不变的前提下，将产品销售团队的利润目标下调了 2 个百分点，将服务的利润目标提高了 2 个百分点，同时将销售增长预算从 2% 调高到了 8%。调整业务目标是公司的权力，能否经受得住这个挑战则是我的责任。对这项调整，服务团队内部很有怨言，这是人性，谁都不愿意额外承担责任。提高服务的销售增长目标和利润增长目标对整个服务团队来说是一个大考，能否经受住这个大考，不仅事关服务团队当年的奖金，更事关服务业务能否长期可持续发展。

没有退路，服务业务要避免首战滑铁卢，必须从创新中找成功的希望

我理性判断服务业务所面对的五大挑战：第一个和第五个挑战是战略性的，如果不解决，服务业务就无法获得可持续的发展。第二个、第三个和第四个挑战是战术性的，若能智慧应对，不仅能帮助服务业务解困，还能促进服务业务建设和服务资源建设。

战略性的挑战需要用营销视角来弄清困局真相、寻找解难题的方向和解难题的方法。我在本公司 15 年的营销管理经验告诉自己，要应对在运营商服务需求下降时实现服务利润额外增长这个似乎不可能成功的挑战，就必须从服务营销上找出路。服务利润增长的首要基础是服务销售的增长，服务销售增长是以产品服务增长为基础的，产品服务增长是以产品销售增长为前提的，尽管产品销售增长已经连续 3 年乏力，尽管外部市场环境的变化使通信基站的基础设施需求压缩了一半，由于本公司同时拥有通信基础设施产品和数据中心基础设施产品，服务业务还有足够的在网使用产品存量来支持服务销售的增长，所以接受服务销售增长的挑战和利润再增长 2 个百分点的挑战是有可能性基础的。

"发展全生命周期服务" 是我带领服务团队应对利润增长挑战的第一个营销口号。**服务销售增长的机会和利润额外增长的机会就在全生命周期的服务里**。本书第五篇第 2 章的 "传统服务增长的玻璃天花板" 和 "从设备的全生命周期中寻找服务成长的机会" 对此有详细阐述，在此不再赘述。

我进一步将全生命周期服务的概念从产品层面升级到系统层面时，服务的机会就进一步扩展。围绕通信电源的直流不间断供配电系统就有了作为备电的蓄电池的服务和直流配电柜的服务；围绕 UPS 的交流不间断供配电系统不仅有大容量的蓄电池服务，还有上游配电系统和下游配电系统的服务；围绕水冷系统的服务不仅有室内循环系统的服务还有室外循环系统的服务。进而产品服务的业务就开始由原先只服务自己产品开始向服务第三方产品的方向和向总包服务的方向延伸。只要本公司实现了总包服务，就会将原先各品牌产品服务之间的竞争关系向合作服务关系方向转化。

将全生命周期服务的概念升级到通信机房层面或数据中心层面时，围绕通信机房或数据中心的服务就会衍生出围绕某类标准进行的从规划到设计、建造再到运维的咨询和认证辅导的服务业务，进而衍生出通信机房或数据中心的扩容服务和升级优化服务。

我将全生命周期服务的能力建设和业务推广同步推进，在**"禁止四不"**的"意识形态教育"的协同作用下，整个服务团队从总部到区域服务中心开始拥抱服务业务创新，驱动服务资源和服务行为向新的服务机会进发。

服务销售增长的方向、路径和方法找到了！但在销售增长之外，服务利润额外增长的道路在哪里？我在提出发展全生命周期服务，以全生命周期服务的理念丰富了服务业务的内涵，解决了服务可持续发展的基础之后，进一步提出了**调整服务业务结构**的策略。在 2007 年以前 90% 的网络能源产品销售发生在通信运营商的市场，2007 年之后逐渐在行业市场发展网络能源产品的渠道销售；艾默生在并购莫贝克之后着手进行产品销售的市场结构调整，聚焦发展 UPS 和机房空调产品在行业市场的渠道销售。艾默生在并购莫贝克后的 10 年内，特别是后 5 年内，成功地将 75% 的 UPS 和 75% 的空调产品通过渠道商销往行业市场或非通信市场，这使公司在 2016 年的产品销售结构相比艾默生并购莫贝克时有了巨大的变化，产品在运营商的销售占比已从 2000 年的 71% 降低至 2016 年的不足 30%。由于通信运营商市场的产品销售毛利相对低，而行业市场的产品销售毛利相对高，这个特性就决定了即使通信运营商的集中采购压低了产品销售的毛利，但由于其销售占比降低，高毛利的产品销售占比提高，因此产品销售的总毛利依然能够不断改善。它山之石可以攻玉，显然服务销售的主存量市场已不再是通信运营商市场，而是行业市场。行业服务的存量市场既有销售增长空间更有利润增长空间。反观 2016 年的服务业务结构，通信运营商的服务占比是 73%，行业服务占比是 27%。**服务业务调结构就是要在不断提高服务业务总量的前提下，不断提高行业服务业务的占比**。只要实现了行业服务占比提高的目标就能够实现服务利润增长快于服务销售增长的目标。

以破釜沉舟之战冲破重重障碍，开启服务业务可持续发展之门

狭路相逢勇者胜，面对五大挑战，我没有退路，只能带领整个服务团队逆水行舟迎难而上，见招拆招，逢山开路、遇水搭桥，先置自己和服务团队于死地然后再谋生存与发展之道。

我将行业服务销售占比提高的目标纳入服务业务管理考核，行业服务销售不仅在销售额上要每年增长，而且在销售结构中的占比也要每年增长。我将行业服务业务占比提升的目标设定为：**2025 年前，在服务业务增长快于公司国内业务增长的前提下，行业服务的业务占比要提高到 50%；在 2035 年前，行业服务业务的占比要提升到 70%**。没有梦想就没有未来，我所带领的服务团队正是在这个目标的牵引下，在每年的服务业务增长快于公司业务增长的前提下，实现了行业服务业务占比的稳步提升。

我以提高 UPS 与机房空调产品服务销售目标和提高行业服务销售目标的方式成功驱动 30 个区域服务中心落地实施了这个调整后的增长策略。这个增长策略解决了 2016 年服务销售的额外增长和服务利润的额外增长难题。

面对 2016—2017 年铁塔基站监控改造议标采购要求大幅降价的挑战，服务销售团队坚决顶住了来自产品销售团队和客户的要求大幅降低改造工程价格的压力，**在给客户象征性地做了一点让步后无论客户如何施压都坚决不降价**。服务团队的这个坚持拯救了监控产品线，也救了监控产品业务。在铁

塔基站监控改造的议标采购中，服务销售团队在守住了价格的情况下最终**拿下了 9 万个基站监控改造的服务销售项目。**

面对唯一的监控工程与监控服务合作商毁约的困局，我采用了"以它山之石攻本山之玉"的策略，成功解决了这个可能会毁了服务团队也会毁了我个人职业生涯的难题。监控工程属于弱电工程，眼下虽然没有弱电工程资源，但服务团队在各省有足够多的机电工程合作伙伴。我应对监控工程危机的策略就是**培训各省的机电工程合作伙伴来承接铁塔基站的监控工程**。于是，我全力推动产品工程部将分布在各省的通信电源工程合作伙伴、UPS 工程合作伙伴和空调工程合作伙伴动员起来，由监控产品线和监控服务部向这些机电工程合作伙伴提供监控工程安装培训和协议调试技能培训。将监控协议开发人员、监控技术支持人员和监控服务人员部署到各省，带领这些机电工程合作伙伴实施无线基站的监控工程。产品工程团队携手机电工程合作伙伴经过 3 个月的艰苦努力终于翻过了 24 万个基站监控工程这座"山"，按期完成了基站监控产品工程和改造工程，并借此重新在各省发展起支撑监控业务的监控工程与监控服务的合作伙伴，还将那家知名的 IT 服务商扔下的 100 多个烂尾监控工程收尾，顺利交付客户使用。

2016—2017 年对我而言是除了胜利已无路可走的两年，也是"山重水复疑无路，柳暗花明又一村"的两年。恶化的外部环境与企业内部潜在的政治汇流差一点吞没了我和所带领的服务团队。我带领服务团队破釜沉舟背水一战，以勇和智战胜了五大挑战并走出了困局。最终，2016—2017 年服务销售都实现了 8% 的净增长，服务利润实现了 10% 的净增长，行业服务销售占比提高了 2 个百分点。从此，没有任何东西敢于阻挡我所推动的服务业务改革和服务业务创新，服务业务终于走上了可持续发展之路。

第五篇

在变革中揉入创新，以挑战不可能的方法论，拓展和延伸企业可持续发展的航道

1 破解当下服务业务负增长难题，让服务的远大理想启航

　　网络能源的全球公司在 2014—2017 年一直未能走出增长的困局。全球在第一波互联网建设和云平台建设浪涌之后，以数据中心、云服务，SaaS（软件即服务），PaaS（平台即服务）等概念所拉动的数据中心基础设施需求趋缓，几乎所有基础设施供应商都进入了业务增长的平台期。对世界 500 强企业而言，业务规模增长和利润率不断改善是永恒的主题，当这两个指标都无法改善时，企业的业务重组就成为改善业务运营的必然之选。

　　艾默生网络能源全球公司为解决销售增长和利润率改善问题的第一个努力是试图沿着电力电子的技术路线通过收购进入工业基础设施领域，为此艾默生收购了位于法国的克劳瑞德公司，该公司向工业客户提供工业 UPS 产品。但艾默生的收购计划没能解决将克劳瑞德公司的产品技术向亚太地区和美洲地区转移的问题，也没能实现在亚太区和美洲区工业市场进行工业 UPS 业务扩张的目的。工业 UPS 技术转移困难的客观原因是工业 UPS 产品百分之百是非标准产品，需要根据不同工业客户的具体需求进行定制。要解决好欧洲之外的工业市场的客户定制问题和及时供货问题，就必须将克劳瑞德公司的产品技术转移到亚太区和美洲区网络能源公司的技术和制造平台上，而让标准化的技术和制造平台接受客户定制化的技术转移，其本身就是一件难

以落地的事（基因不同），加上克劳瑞德公司员工为了保住自己的饭碗而软抗技术转出，因此这项技术转移没有获得成功。受制于此，亚太区和美洲区的工业 UPS 市场也难以开拓，最终艾默生不得不将克劳瑞德公司卖掉。

艾默生网络能源为解决销售增长和利润率改善问题的第二个努力是试图凭借自己在数据中心市场的优势通过收购进入 IT 设备管理市场。为此，艾默生收购了艾伟讯。艾伟讯公司为 IT 客户提供的是 IT 设备的带外管理产品，是一个以软件为主的公司，产品的利润率要比基础设施类的产品高。由于是跨领域收购，艾默生没有注意到 IT 设备的带外管理技术已经是一种夕阳技术，相关的企业已开始把 IT 设备管理的需求设计进芯片，将芯片直接内嵌到 IT 设备内进行带内管理，IT 设备带外管理技术即将被带内管理技术所替代，IT 设备带外管理的市场也已是一个进入需求萎缩阶段的市场。因此，艾伟讯的产品并没有成为艾默生网络能源公司业务的新增长点。

由于网络能源公司所处的市场特点，整个行业的利润率水平都比传统工业电气领域低，网络能源的利润率水平一直达不到艾默生公司的总体水平，因此艾默生决定将网络能源业务从艾默生剥离，先私有化再走独立上市的路。随后艾默生与美国铂金公司约定在 2017 年年内完成收购，并将艾默生网络能源更名为维谛技术。

由美国社保基金构成的铂金公司承接了网络能源公司的私有化工作，铂金公司有信心通过对网络能源供应链的优化、组织优化和新领导人的植入在 5 年内让网络能源业务实现继续增长。铂金公司为此次收购设立了一个雄心勃勃的计划：维谛技术在 5 年内实现利润总量的翻番。铂金公司非常看重网络能源业务中的服务业务，其从财务数据中发现服务业务有着销售稳定、利润稳定、利润比产品好的特点，只要解决好服务业务增长问题，服务就可以成为拉动维谛业务增长的发动机。为此，铂金驱动维谛公司在总部建立了一个对各大区域的服务业务进行垂直管理的服务与软件事业部。

维谛全球服务与软件事业部的建立，为区域服务业务的成长提供了组织保障。各大区域的服务团队及其业务不再是孤军和信息孤岛，在制定全球服务业务发展规划之外，通过相互学习，分享各大区的服务经验与最佳实践，这无疑是促进全球服务增长的最佳途径。

然而，2017 年年末，在制定维谛中国 2018 年的年度预算时，出乎我意料的是自己所辖的服务销售团队所给出的 2018 年服务销售预算竟然是 -7%。服务销售团队给公司提供的这个预算数据比 2015 年全公司业绩下滑时的情况还要糟糕。维谛中国公司的管理层不接受服务业务负增长的预算。

我与服务销售团队的管理者讨论，要求提高服务销售预算，但该提议无果，服务销售管理层给出了若干个导致负增长的因素。我认为，对服务业务增长有间接影响的因素是公司产品销售已连续三年没有超出 2014 年的历史最高点水平，而服务销售在 2017 年已经超出 2014 年的历史最高水平。我认为对服务业务增长有负面影响的直接原因是通信运营商的服务需求下降，因为服务销售的 70% 来自通信运营商市场。2016—2017 年，政府为避免无线通信基站的重复建设，提高通信基站的复用率，在通信行业建立了一家独立的铁塔公司，由铁塔公司承接、建设和运营所有通信运营商的无线通信基站基础设施，三大运营商在将自己的通信基站基础设施移交给铁塔公司之后再租用铁塔基站的基础设施，铁塔公司则以公共基站的形式尽可能地在一个基站内为三家运营商的主设备提供共用的基础设施。维谛中国的通信电源和基站监控两个产品属于通信基站的基础设施，通信行业的这个改革直接冲击了本公司这两个产品的销售业务，也冲击了这两个产品的服务业务。

无论有何困难，对公司而言增长是硬道理，解决困难达成增长目标是企业管理者的责任。我在服务销售管理层没有接受的情况下，将 2018 年服务销售的预算调整为比 2017 年有 1% 的微弱增长。公司管理层在了解了电信服务需求下降的情况后最后接受了由本人调整后的 2018 年 1% 增长的年预算。

然而，从 -7% 到 1% 之间有 8 个百分点的销售业绩差，2018 年需要从哪些方面提升销售来弥补这 8 个百分点的业绩缺口？当时的公司服务业务分为产品服务和场景服务两类，产品服务占 80%，场景服务占 20%。我认为可以从 20% 占比的场景服务中挖潜。2017 年的场景服务是通信机楼、通信基站和数据中心的代维护服务，这类服务需求除通信基站代维业务受影响外，通信机楼和数据中心的代维护服务不受通信运营商的拆分影响。于是，我将 2018 年的代维护服务的销售增长率设定在 30%，试图通过代维护服务的销售增长将 2018 年的服务销售总量拉到比 2017 年有 1% 的微增长的水平。逆水行舟不进则退，30% 的代维护服务年度增长目标无论能否实现，我们都要勇往直前！

2 变革协同创新，用双引擎成功驱动本企业在逆势中可持续增长

客户满意度对企业销售而言是激励因子还是保健因子之辩

客户满意度在"客户是上帝"的市场经济中无疑是一项重要的需要企业精心经营的指标：要改善业绩必须先改善客户满意度，这是业界的共识。客户满意度真的能够刺激客户重复购买企业的产品或服务吗？

客户满意度是业界对一个企业做同行评价的标准维度。客户满意度水平在行业之间不可比，但在同行业内是可以对比的。客户满意度水平不仅用来评价企业所提供的服务，也用来评价企业本身。**狭义的客户满意度**是用来评价企业所提供的具体服务的，评价的依据是客户对每次所接受服务的响应速度、服务质量、服务结果的感受或体验。**广义的客户满意度**是用来评价企业的，这种评价覆盖的方面涉及企业的研发、创新、制造、供货周期、物流、新产品迭代、产品竞争力、产品质量、服务、品牌知名度、技术交流等。狭义的客户满意度数据一般是由企业对每次接受服务后的客户进行电话回访而获得的；广义的客户满意度数据一般是企业每 2—3 年聘用专业的调查公司对企业提供调查名单中的客户进行面对面采访或电话采访后由统计获得的。

企业的实践经验表明，客户满意度对客户的产品采购和服务采购而言只是保健因子，不是激励因子，换句话说，客户满意度对客户的产品采购和服务采购是必要条件而不是充分条件。客户满意度低，客户肯定不买企业的产品或服务，但如果客户满意度很高，客户也未必因此而购买企业的产品或服务。客户满意度是企业品牌影响力的重要组成因素，在现实竞争中就像企业的面子，对客户有影响作用，但不起决定性的影响作用。对企业而言，不可不关注（企业需要投入资源经营好客户满意度），但也不可过于迷恋。企业可以根据客户满意度中变化项的分析或对标行业水平，或对比目标竞争对手的落后项的分析来改进自身的工作，维护好企业的客户满意度。

"净推荐率"在一定程度上能够帮助企业获得新的服务客户。现代企业在客户满意度之外增加了**"净推荐率"**指标来强化客户满意度的作用。净推荐率是**客户在使用了本企业的服务后在多大概率上向其同行推荐使用本企业的服务**，这个指标直接聚焦于服务业务，是对企业服务口碑传播的一种数据化计量。根据本企业的实践经验，净推荐率对新客户购买本企业的场景服务或解决方案型服务有帮助、对发展需要提供综合服务的客户有帮助、对以前没有购买过本企业产品服务的老客户购买本企业的产品服务有一定的帮助。

传统服务增长的玻璃天花板

我接手服务业务时对业务做了摸底。产品是"树"，服务是树上的"果实"，摸底的目的是盘整出在网运行的设备数量对服务增长有多大的支撑。产品的全生命周期按8~10年计算，以8年为例，如果每年销售的产品数量大于8年前上网设备的退网数量，在网运行的设备总量（"树林"）是扩张的，从理论上说，这个设备总量（"树林"）支撑服务（果实）的扩张；如果每年销售的产品数量等于8年前上网设备的退网数量，在网设备总量（"树林"）就是无增长的，从理论上讲，服务增长就遇到了"玻璃天花板"；如果每年销售的产品数量小于8年前上网设备的退网数量时，在网设备总量（"树林"）就是萎缩的，服务增长是堪忧的。

我接手的可做产品服务的树林是一个在网设备总数无增长的树林，这意味着服务业务增长有着理论上的玻璃天花板。当 70% 的产品销售都来自渠道商且在网运行设备中的 50%~60% 的设备服务是由渠道商自己做而不是本公司做的时候，我面临的就是一个在产品服务上实际存在着的"玻璃天花板"。这个天花板阻碍着将服务销售提高到占公司总销售额 50% 目标的达成。

从设备的全生命周期中寻找服务成长的机会

2016—2017 年服务业务的生死之战迫使我从服务营销中找到了在玻璃天花板阻隔下产品服务的增长方向与路径。我基于产品全生命周期服务的概念，突破预防性维护（维保）、备件与维修和大修这老三样的传统服务内容，推动服务技术团队和服务营销团队协同创新推出新三样服务，即设备健康测试与评估、产品维护收费式培训、设备延寿等新的产品服务内容，从而将每个产品的服务内容由三项扩展出六项，这意味着在产品 8 年的生命周期内（除 2 年质量保证期以外）每年都可向客户推广适用于在网设备运行不同年限所需要的不同的产品服务。当我将产品级全生命周期服务概念提升到系统级时，就新浮现出对第三方产品服务的需求，包括系统健康测试与评估的需求、系统优化升级改造的需求、系统延寿的需求；当我将全生命周期的服务提升到通信机楼和数据中心时，就又新浮现出对机房规划与设计、建造和运行维护的咨询及认证辅导的需求、机房优化与改造的需求等。有思路才有出路，向思路要服务增长的空间。

从场景应用中寻找服务业务发展的机会

上述是基于设备服务衍生出的新服务业务。当我脱离开设备服务寻找有设备场地的其他服务需求时发现，通信机楼和数据中心需要综合性的驻场值守运维服务，这是 24 小时 ×365 天监管各系统正常运行的服务。这是一种以运维人力需求为主的服务，这种服务需求主要发生在托管型或出租型的数据中心，部分发生在不愿意自己雇专人值守数据中心的客户。

以服务无边界的概念扩展客户边界和行业边界，将服务业务拓展到新领域

我在驱动服务团队将上述服务营销的概念和服务产品找机会落地时发现，每 10 个理论上的机会每年能落地的不会超过 5 个。因为每个服务员工的技术背景不同，这些服务员工在面向客户推广服务新业务时不自觉地只推自己熟悉的业务领域的服务。根据服务员工的这种行为习惯，基于用人所长的原则，我提出了基于能力找新客户的新服务营销理念，这个理念就是"服务无边界"。新营销理念的提出，进一步解放了员工扩展服务业务的思想：以前是在老客户中推广新的服务产品，现在是将服务产品推广给新的客户。这种服务无边界的营销理念驱动整个服务团队不限于已有的产品服务，同时还将服务能力作为一种服务产品推广给新客户，典型的把服务能力作为服务产品推广给客户的服务业务是机电改造服务、基础设施运维服务和咨询与认证辅导的服务。无论何种行业都需要机电服务和基础设施运维服务，追求品质和追求运维管理能力提升的客户还需要咨询与认证服务。对本公司缺乏基因但又必须占领的服务制高点的咨询与认证辅导服务，我采用先在总部设立专职岗位专注实践这个业务并由此植入业务基因，在项目落地阶段，再让区域服务中心人员进入项目中进行学习和实践，通过咨询与认证项目在各个省的客户端落地，以此方法在服务部门内部广泛播撒咨询与认证辅导服务的能力火种，继而在服务总部设立专职部门来推动 30 个省的服务中心发展咨询和认证辅导的服务业务。

以服务差异化和服务客户化驱动利润增长高于销售增长

要使服务利润增长高于销售增长有三种路径：一是提高服务价格，但是这并不适合充分竞争市场，因为这会导致客户减少对服务的购买，会影响服务销售量的增长；二是多卖利润好的服务，提高利润好的服务在服务销售中的占比，如多卖有技术壁垒的服务，增加在价格敏感度低的行业和客户的销

售，等等，这个方法只起部分作用，因为产品服务销售是受运行产品数量制约的，这种利润增长高于销售增长是有限度的；三是在各类服务业务上提供差异化的带有独特性的服务，以差异化的服务获得溢价，这是一条随着服务销售量增长，进而实现利润持续增长的路径。将服务的差异化和服务的客户化结合起来，是一种长期有效的让服务利润增长跑赢服务销售增长的策略。要实现第三种策略，需要服务营销团队协同服务技术支持团队和产品开发团队共同进行产品服务的差异化开发和客户化定制。

要用产品开发团队支撑服务差异化和服务客户化的竞争，就需要分产品线走正式的开发流程和制定相应的服务产品（Service Offering）路标规划。这个流程就是 NPDI 流程，即新产品开发与导入流程（New Product Development and Introduction）。服务团队要在新产品开发或优化的流程中植入服务销售的需求，就需要通过制度性的安排确保服务营销人员和服务技术支持人员参与研发流程，共同制定服务产品的路标规划，在产品的**可安装性、可维护性、可维修性**需求之外，增加**服务可销售性**的开发需求。

差异化服务和客户化服务可以通过创新服务工具和服务方法来实现，新的服务工具与服务方法可以提升客户对不同供应商的服务体验。体验的差异化可以为收费服务提供溢价支撑。

将"数据中心建造的总包3.0"发展为"服务4.0"

如何进行服务工具与服务方法的创新？公司将总包事业部与服务部融合的一个重要考量就是要把总包做规划、设计与建造在工具创新和方法创新方面的能力应用到服务领域，以服务工具和服务方法的创新来推动好的毛利的服务业务的增长。总包之所以能够实现后来者居上的竞争优势，除提出工厂制造的数据中心概念之外，主要依靠的是工具创新和方法创新。总包依靠应用数字化 VR 设计技术（BIM）自主开发了 BIM+ 虚拟设计与建造的平台，用这个数字化平台实现了数据中心设计与建造的数字化、虚拟化和可视化，总包的这个"三化"就是总包的 3.0 技术。总包团队继而将总包数字化 3.0

技术与增强现实技术结合，发展了数据中心从规划设计、工厂制造到现场乐高工程，再到数据中心运行与维护中应用的数字孪生技术。

我基于曾带领总包团队进行改革与创新的实践，将总包 3.0 的数字化技术概念发展为服务 4.0 的数字化技术概念，即服务的数字化、虚拟化、可视化和自动化。在服务 4.0 的技术中，服务工具数字化是基础，基于数字化工具的基础延伸出虚拟化和可视化。服务的对象是形形色色的设备，设备的健康状况跟人的体检一样要用采集到的数据与标准进行对照或用阈值来衡量。服务数字化工具就是通过采集运行设备上监控单元内的数据并与后台技术库中的标准或阈值进行比对的方式来诊断设备健康状况的。工具采集的数据是电子的，是可存储、可统计和可分析的，也是可以被自动导入数字化电子服务报告模板内的；服务人员在对设备进行维护处理后当场写的服务报告也是数字化的电子报告，电子报告中包含数字化工具采集到的设备监控单元内记录的数据。数字化电子服务报告在发送给客户的同时自动存入服务的数据湖，当数字化服务报告累积到一定的量，就可以围绕某种用途或目的进行大数据分析，通过对采集到的设备运行数据进行大数据分析，可以确定在所有设备故障中，多少是工程安装问题导致的、多少是生产制造中的缺陷导致的、多少是开发问题导致的、多少是批量器件问题导致的、多少是机房的电网质量问题导致的、多少是机房环境导致的、多少是使用不当导致的、多少是维护不当导致的。数字化服务的魅力就是，一旦把需要管理的最小颗粒度单元确定好并赋予其数据特性，就可以对其进行可计量、可统计、可分析、可追踪和可优化的管理。这是由数字化工具创新带来的差异化服务。

有了数字化服务的基础，将这些抽象的数据与设备做对应，并在电脑上或显示屏上呈现出来，这就是虚拟化和可视化的技术，数据不再是一堆马铃薯，而是结构化的，数据可以用图形、曲线、波形等呈现出来，在后台或远程的屏幕上点击设备就可以看到运行的数据。虚拟化和可视化服务技术是客户最喜欢的服务，客户不用到现场就可以对设备的运行状况了如指掌。

基础设施的运维服务传统上需要人在现场进行 24 小时值守，每天有规律地、重复地巡查和手工抄录设备与系统运行状况。24 小时人工值守需要 3 班人轮流倒班做这项工作，而我推动技术支持部与机器人公司合作开发了巡检机器人，用一个巡检机器人至少可以替代 2 个人做 24 小时轮回巡查工作，机器人能够读取所有设备的运行数据，并将数据发送到后台，机器人发现问题会自动报警，还可以发现人眼无法观察到的潜在风险，如电缆过载发热、侦测有害气体等。

我带领技术服务团队在数据中心和互联网行业率先创新、应用和发展了数字化、虚拟化、可视化和自动化的服务 4.0 技术。

从服务交付报告入手推行数字化服务

在实现工具数字化之后，必须推行数字化服务。数字化服务要通过两种服务行为来落地：一是进行设备服务时，一端通过电脑连接公司后台的产品技术库，一端连接设备监控单元，将设备监控单元里记录的数据收集到服务人员的电脑，与后产品技术库的基准值或阈值进行比对，并对漂移项、偏离项和告警项进行现场处理；二是服务人员在做完服务后要现场生成数字化服务报告。

数字化服务报告是一个模板，服务人员在连接设备的监控单元时就已经自动把采集到的设备运行数据导入数字化报告模板中，其自动与后台产品技术库中的基准值或阈值进行对标，自动显示漂移项、偏离项和告警项；在服务人员处理完漂移项、偏离项和告警项后，这些被处理的数据值会呈现正常数值并自动导入数字化报告模板。服务人员只需要附加很少的文字说明就可以在电脑上生成本次的数字化服务报告。服务人员要将电脑上的服务报告呈给客户审阅，请客户做服务确认及电子签字。为方便客户阅读服务报告并做电子签名，公司给所有服务人员配置了工业级的屏幕可以翻转的手提电脑。在客户签名后，服务人员可以立即联网发送该服务报告，一份发给客户存档，一份发送到公司后台的服务报告数据湖中。

服务人员按照上述要求给客户提供数字化服务，需要改变服务人员 20

年来形成的习惯：服务报告是纸面的报告，这些报告不是在服务现场写，而是在执行了一批服务交付项目之后集中写。这个习惯有三个致命的问题：一是事后靠回忆写的报告其信息会失真甚至缺失；二是这些纸面报告是死档案，无法利用其信息进行相关分析；三是书面报告没有统一的模板，服务人员写的报告不仅千差万别还花费了很多时间，甚至有服务人员反映，对一些简单的服务，其写服务报告的时间要长于做服务的时间。数字化服务报告解放了服务人员写报告的时间，服务人员做服务的过程就是服务报告生成的过程，减少了服务人员专门写报告的时间；数字化服务报告解决了服务信息非数字化问题、信息不准确问题和信息遗忘问题；数字化服务报告解决了让客户及时了解服务内容、服务结果和认可本次服务的问题，能让客户体验到本公司与其他公司服务的差异化，因为本公司向客户所呈交的数字化服务报告的模板、格式和内容因向其提供的服务内容不同而不同。

然而，这个数字化服务行为的改革却遭遇了一线做交付业务的服务人员的"软抗"，原因是在数字化服务的标准下，无论做何种服务，都必须对每台服务设备监控单元的运行数据进行服务前后的两次采集；在一个场地里无论有多少台设备，无论这些设备是否有异常数据，无一例外都要做设备监控单元的运行数据采集。数字化服务的这个要求无疑增加了服务人员在现场服务的工作量。为此，我采取组织措施，每个月开一次专门的会议来审视30个区域服务中心中有哪些区域服务中心没有推行数字化服务和提供数字化服务报告，每个月都要由业务职能主管对排在最后5名的区域服务中心主任和交付经理做一对一的沟通，推动其改变。在30个区域服务中心都执行了数字化服务之后，我每个月开一次专门会议审视服务人员个人执行数字化服务的状况，每个月都要列出区域服务中心排在后10名的服务人员，由业务职能主管对其做一对一的沟通，推动其改变。我用上面的方法，按月推进数字化服务的改革，历经两年的时间终于改变了服务人员传统的服务习惯，30个区域服务中心、所有的服务人员都面对客户全面实现了数字化服务。这项改革的成功为全面推行服务4.0奠定了坚实的组织行为基础。

从抓交付人员工作行程轨迹着手改善对交付人员个人的效率管理

要使服务利润增长快于服务销售的增长，除了前文阐述过的提高销售量、通过差异化溢价改善销售结构的开源之法，按合同进行预算决算管理、降低服务资源外包成本的节流之法，还有一个方法就是效率法。效率法有个人维度、业务维度和资源复用维度。这里先介绍个人维度的效率改善。

我在接手服务业务时向呼叫中心要了一份连续三年的分区域服务中心人均每天处理客户问题的派工单数据，令我吃惊的是，只有一个区域服务中心平均每人每天处理两单客户问题，其他 29 个区域服务中心每人日均处理不到一单客户问题。单从这个数据上看，可以得出服务人员冗余过多，工作量严重不饱满，应该减少服务人员的结论。而当我巡视区域服务中心业务时，几乎所有的区域服务主管都抱怨服务的活太多，服务人手不够。究竟哪个是真相？我私下从区域交付人员的聊天中得知，服务人员为了保持较高的首解率（一次出现场就把服务做好）指标，对多次出现场做一项服务的单数只申报一单。显然，要抓个人效率首先要盘整出符合事实的人均工作量，再在人均工作量基础上研究如何提高工作效率。

为盘清真实的人均工作量，我一是将首解率指标的计算与派工单数量脱钩；二是要求所有服务人员如实申报服务的工作单数；三是将 30 个区域服务中心的每天人均派工单数作为增加还是减少服务人员的判定准则。这三个措施使服务派工单数还原到了实际的情况。有了真实的人均工作量基础，就需要设置衡量服务人员的人均效率指标——**人均利用率**。人均利用率反映的是在 5×8 小时的工作时间内服务人员做客户服务的时间占比，这个占比的合格线设为 80%。这个管理理念强调的是要把服务人员的时间最大限度地用在客户服务上，区域服务中心申请增加服务人员的前提是其人均利用率必须超过 80%。

为盘整服务人员每个派工单的客户服务时间，我推动技术支持部和呼叫中心基于微信系统联合开发了一个电子派工单执行反馈系统，该系统从呼叫中心派单开始，到服务人员完成服务离开客户时结束。服务人员要对这一服务过程中每个关键时点做电子反馈：①呼叫中心发出工作单指令的时点。②服务人员收到服务指令的反馈时点。③服务人员联系客户确认上门服务的时点。④服务人员反馈出发去客户处的时点。⑤服务人员反馈到达客户处的时点。⑥服务结束离开客户处的时点。①—③计量的是服务人员的服务响应时间；④—⑤计量的是服务人员服务路途时间；⑤—⑥是在客户处的服务时间。从每个服务派工单的工作效率看，①—③和④—⑤的时间要短，⑤—⑥的时间相对长，因为⑤—⑥是服务创造价值的时间。①—③体现的是服务人员时间管理能力，④—⑤体现的是服务派工单是否派给了离被服务客户最近的服务人员，⑤—⑥体现的是服务人员的服务能力和服务效率。

服务是一种特殊的在客户场所内的生产。服务的个人效率管理是对在诸多不确定性因素下完成确定性的服务交付的管理，这种管理需要一套制度和流程来帮助其实现。

从抓8小时工作制的服务作业完成率着手，改善服务效率

有了电子服务派工与执行的反馈系统，我就可以通过统计数据查看服务人员每天的服务作业在8小时工作时间内完成的占比是多少。这是一项新增加的用以提高服务人员时间使用效率的管理。最初的统计数据显示，平均每天每个服务人员服务工作量的50%~60%是在8小时正常工作时间内完成，40%~50%是在晚上或节假日加班完成的，这种工作时间安排有其客观原因，如供配电系统维修、改造等服务全部安排在网络流量低谷期进行，一般都是在夜晚，因此服务人员每个月的加班费很高。为推进有效工作时段内的人均利用率管理，我每个月组织一次会议专门审视每条产品线的服务工作量在工作日8小时内的完成占比。这个会议坚持了一年，终于将每条产品线80%的产品服务工作量控制在了工作日8小时内完成，减少了服务人员的加班时间和相应的加班成本。此外，为杜绝以挣加班费为目的的行为，我对加班进

行每月的预先申报审批制度（应急服务加班除外），所有加班都需要列明客户、服务内容，由区域服务主任审核、服务交付主管批准。

魔鬼都在细节中，服务交付工作的效率和成本的管理需要归结到服务人员的行为管理上才能有成效。通过服务行为的效率管理才有可能降低每个服务合同的服务成本，从而改善每个服务合同的利润。

以数字化管理解决服务资源配置和服务效率之间的平衡难题

有了一系列交付效率的数字化管理，围绕业务成长和绩效改善两个目标的平衡来配置资源的问题就有了正确的解决方法和准则，人均派工单数、人均年度服务金额数、人均年度工程工时数、人均年度服务销售数等就成为相关服务资源的配置标准。为提高服务效率，每年都要提高上述人均贡献数的标准，并以此标准配置服务人力，管理服务外包的增加或减少。

我对服务效率几年如一日的管理所获得的成效是，在2016—2021年的五年间，服务销售量和服务交付量呈两位数增长，服务利润增长比服务销售增长每年都要高两个百分点，而服务人力的年均增长率只是服务销售和服务交付年均增长率的一半。这是继通过服务销售组合的改善和服务差异化后，再通过服务效率的改善，使服务利润增长率高于服务销售增长率。

用"服务全员营销"概念，基于既有的服务资源为服务业务开源提供支持

增长是硬道理，要实现服务业务占公司业务一半的愿景和使命，就需要服务业务不停步地进行开源。在传统服务业务的框架内，服务业务永远实现不了占据半壁江山的使命，要持续增长就必须不断打破现有的服务边界，不断地把服务业务向更广阔的市场扩展。要打破现有产品的服务边界向外扩展服务业务，只有一种路径和方法可以帮助我和团队实现这个目标：**既要解决服务资源投入和独特服务能力的建设问题，又要解决以服务能力作为扩展边界和业务的新抓手和新"产品"去扩展服务的市场问题**。本公司的技术基因是

提供基础设施领域的"风、火、水、电"类的产品以及服务和管理。"风、火、水、电"加基础设施管理的服务是所有领域和行业都需要的服务，只是它们对"风、火、水、电"及其基础设施管理的需求规格和需求内容有差异而已。

服务营销的作用就是要在客户有需求时能够首先想到你并能够选择你

基于这个认知，产品服务本质上不需要服务营销，因为对在线应用中的产品服务，客户自然会找原厂供应商提供服务。但是，当把"风、火、水、电"及其基础设施管理的服务能力作为独特产品推向广阔的市场时，服务营销就成为不可或缺的行为，通过服务营销活动，能够让各行各业各领域的客户认识你、认可你和需要你。

在公司不能增加资源投入但又要不断提高服务业务贡献的鱼和熊掌都要的业务运营目标下，我进行了**复用所有服务资源**的策略创新，提出了"**服务全员营销的概念**"，**通过将"服务全员营销"概念落地以同步解决资源投入和服务业务开源并举的两个问题**。服务全员营销有四个维度，第一个维度是服务产品团队和服务技术支持团队的营销工作，这项工作首先解决的是本公司服务体系的包装、服务资源的包装、服务能力的包装、服务产品的包装、进入新领域新行业分类服务业务的包装、大服务故事的包装等营销内容的工作；其次解决的是通过参加相关行业和领域的展览会，通过组织行业、客户的推广会和技术交流会，通过服务类技术文章的撰写与发布，通过各种成功服务故事的分享与传播、针对具体服务项目的面对面客户交流，以及组织客户培训等形式来开展服务营销工作。第一个维度的服务营销解决的是在新行业、新领域和新客户群的公司服务知名度问题，解决的方式是通过使用空中营销火力和远程营销炮火，为本公司服务进入新行业、新领域和新客户清理出进入的通道。实践表明，每次大型推广与交流会后，总会有新客户、新需求、新服务项目出现；总会或多或少获得进入新领域、新行业和新客户的机会。

第二个维度是将服务创新与满足客户化服务需求结合起来的营销。扮演这个职能的团队是服务销售、服务产品、服务技术支持和服务交付团队的联合体。第二个维度的服务营销是用我们已有的创新工具与方法为客户提供客户化的有竞争力的服务方案。有竞争力的服务方案体现的是服务价值、差异化和客户体验。这个层面的营销故事解决的是客户突破、行业突破、领域突破的问题。

第三个维度是服务人员、工程人员、客户培训人员在做完服务后要向客户介绍所提供服务的价值，通过改善客户的服务感知、服务体验来增强本公司的服务口碑。这个层面的服务营销故事是小故事，但小故事的大作用是要促进客户重复购买本公司的服务业务，同时向其同行推荐本公司服务。

可见服务营销不仅是服务销售人员、服务产品人员和服务技术人员的工作，更是全体服务人员的工作。不同的服务团队成员依据自己的工作职能借助一切面对客户的机会，讲不同层面的服务营销的故事，其中包括大故事、中故事和小故事。

第四个维度强调的是最广泛的服务机会的导入和捕获。服务营销工作的所有投入都要落实到服务商机的导入和捕获上。服务商机的导入和捕获不仅仅是服务销售人员的责任，因为服务销售资源只占服务总资源的十分之一，仅靠服务销售人员导入和捕获商机是远远不够的，这就需要所有面向客户工作的服务人员在发现服务商机、捕获服务商机和导入服务商机上发挥作用。由于服务交付人员、服务工程人员和服务技术支持人员面对客户工作的时间最长、与客户的沟通最多，而且客户所有的设备问题、系统问题和基础设施运行中的问题都是由这三类服务人员帮助解决的，他们对客户场地的基础设施最了解，也最有机会从服务现场发现客户基础设施运行中潜在的问题，并且客户对他们最为信任也最依赖，因此，推行**服务全员营销**是有条件和有基础的。基于上述的认识，我推动服务人员在每次做完服务并提交数字化服务报告给客户审阅和签字时，要进行第三个维度的服务营销：向客户透露在服务中顺带发现的需要处理，但与本公司产品无关的基础设施潜在问题和潜在风险。客户需要处理的问题就是服务的机会，服务人员需要将潜在的服务机会带回公司并注册在公司的客户管理系统中，将其作为后续服务销售的机会进行跟踪和管理。

为便于服务团队全员参与服务商机的发现和捕获，我推动服务销售团队在公司主业务系统中开辟服务团队全员的服务商机注册窗口，由服务销售团队进行**服务商机输入的管道管理（Pipeline management）**。服务商机管理每月刷新一次，服务管理层**每月要审视一次服务商机的净增长量**，这个净增长量是在去除了已转为服务订单的商机、丢单的商机、13 个月没有刷新进展的商机、消失的商机之后并对本年度服务销售可以做贡献的商机的净增量。**服务商机的净增长量是服务销售可持续增长的唯一基础**。基于服务销售要按季度和年度持续增长的管理要求，也是基于对服务商机转化成功率的考虑，我将**服务商机注册量管理的合格线**设定在**滚动的年度服务销售计划的三倍（要考虑商机转化为订单的成功率）**。

服务商机管理界面也是服务营销管理和服务销售管理的握手界面。后续服务销售管理中的服务销售组合管理、服务业务类型和服务结构管理、分客户群的销售管理、服务销售增长可持续性管理，等等，都要从服务商机管理的源头抓。魔鬼和惊奇都藏在管理的细节里。

在服务业务开源中解决和平衡产品销售和服务销售之间的矛盾

任何一个企业管理者对业务增长的要求都是**既要、又要和还要**，既要产品销售增长，又要服务销售增长，还要服务销售的增长高于产品销售的增长。正是这种既要、又要和还要的管理要求使产品销售团队和服务销售团队面对同一客户时在不能两者兼得的情况下就有了取舍：保产品销售还是保服务销售？从逻辑上讲，要优先保产品销售，如果没有产品销售就没有后续的产品服务，只要还有后续给服务挣钱的机会就可以暂时牺牲服务销售来保产品销售，或者先解决产品销售问题再解决服务销售问题。因为在客户端，产品采购的决策链和服务采购的决策链是不同的，但在客户的最高层决策时又是统一的。如果只有产品销售且产品销售的利润很低，没有后续服务销售的机会，则要优先保服务销售，甚至可以放弃无服务机会的低毛利产品的销售。

在产品销售和服务销售两利不能兼得的情况下，区域分公司的产品销售团队和服务销售团队就要基于上述原则进行沟通决策，决策的依据是公司的利益最优化。为了在利益不能兼得的情况下使分公司的管理层能够在公司利益最优化的原则下达成一致意见，公司管理层通过给分公司设立绩效考核机制的方式来解决决策中的人性问题，即分公司的代表、销售主任和服务主任为分公司的管理层，共同承担包含产品业务和服务业务在内的总销售业绩、总利润业绩和总回款业绩的考核。这个考核"分享"机制是为了解决分公司在两利不能兼得的情况下如何在产品销售和服务销售之间进行平衡和取舍的决策问题而设立的。

以提高服务资源复用率为手段，发展服务团队的综合服务能力

为提高服务资源的利用率，我驱动服务交付团队进行交付业务变革：将单产品服务交付向多产品服务交付和综合服务交付方向提升和发展；与此对应，基于单产品服务人员培养多产品服务人员和综合服务人员。为培养多产品服务人员和综合服务人员，我协同服务培训部和公司人力资源部共同制定和推行了"三星、五星和七星"的服务人员培训、培养和使用计划：一颗星代表能够提供一类产品服务、三颗星代表能够提供三类产品服务、五颗星代表能够提供系统级和解决方案类服务、七颗星代表能够提供总包服务。我用这个服务人才发展计划将全生命周期服务从单产品服务向多产品服务发展，从产品级服务向系统级服务发展，再从系统级服务向机房级服务和数据中心级服务发展。当服务无边界的实践向新领域推进时，服务人员和服务能力的不足就是迫切需要解决的问题，不解决这个问题就无法解决服务利润增长快于服务销售增长这个经营管理上的难题，因为建立新的能力是需要巨大的额外成本和资源投入的。我驱动的"三星、五星和七星"服务交付人员培训、培养和使用计划就是一个以低成本方式复用现有的服务交付资源，通过将现

有服务人员的单产品服务能力提升到多产品服务能力，再从多产品服务能力提升到综合服务能力的方式，支撑和实现综合服务业务的发展。

这个计划由服务交付组织发起，由拥有单产品中级服务技术等级资质的服务人员自愿报名，服务培训中心组织和提供线上与线下的星级培训课程，公司人力资源部组织考试，呼叫中心给通过星级考试的服务人员派发服务工单进行多产品服务、系统级服务和综合服务实践，通过星级培训和考试的服务人员在累积了一定数量的多产品服务、系统级服务和综合性服务的实践后，就可以向公司人力资源部申请做星级服务资格和能力的认证。通过星级认证的服务人员会获得技术等级的相应晋升和薪酬的相应调整，同时承担对应的多产品服务、系统级服务和综合服务的交付。

服务人员的能力提升与使用计划是一项制度创新，我将这项制度创新和发展综合服务的业务创新相结合，既解决了以低成本方式提升团队服务能力的问题，又解决了在一个客户的场地内需要提供一个产品以上类型的服务时只派一个有星级资质服务人员就能提供多产品服务、系统级服务和综合服务的难题。星级服务对客户而言，只需对接一个服务人员就可以解决所有的问题，客户对这种服务的体验和对本公司的服务感知远比对其他服务商要好。星级服务对本公司而言，既提高了在一个场地内的多种产品服务效率，又降低了传统上需要派多个服务人员出现场的成本。随着获得星级认证服务人员的增多，整个服务团队的综合使用效率获得了进一步的提高。服务改革与服务创新相结合创造出新的服务效益，为维谛全球公司既树立了标杆，也提供了最佳实践。

以提升数字化工程能力为手段，基于单产品工程发展机电改造工程业务

当我要将单产品工程向机电改造工程方向发展服务开源业务时，如何将现有产品工程团队的能力提升到集成工程水平和总包工程水平是一个必须解决的问题。不解决这个问题，公司就需要增加更多的人力和成本来发展集成

工程服务业务。为了提升产品工程能力、改善工程业务效益，我从以下四个方面进行了变革。一是将产品工程部更名为总包工程二部，将总包工程二部人员的任职资格统一规定为二级建造师，通过公司人力资源部推动总包工程二部的员工去考取国家的二级建造师技术资格，将获得二级建造师资格的工程人员派到总包事业部的大型和超大型总包工程项目中进行总包工程实践，以此提升原产品工程人员的机电工程能力。二是推动总包项目工程二部和机电设计部全员学习和使用BIM+的设计平台和设计工具，推动其按照总包事业部的最佳实践，以数字化的设计工具解决机电改造工程在设计和实施中的各种界面管理、进度管理、变更管理、外购管理、成本管理、设计方案与场地现实拟合管理等难题。三是采用按项目进行成本预算与决算管理的原则实行合同的损益管理。四是将上述的能力提升和三项变革的措施同步落地到区域服务中心，将机电服务的能力建立在区域服务中心。我通过上述四个方面的变革，在仅增加少数机电设计人员的前提下推动起了各区域机电服务业务的发展，机电服务业务的年均增长率连续三年都在30%~50%。这是一项将总包事业部的数字化方法、能力和最佳实践辐射到产品工程团队的成功实践。

以向多领域拓展为目标、数字化运维工具为手段，领军运维服务市场

运维服务是一个可以跨行业、跨领域发展的服务，其传统上是一种人力值守的基础设施的服务，即便是在数据中心这个为全社会提供数据计算、存储和传送的行业，其基础设施的运维也是人力值守式的服务。制造业升级本质上是一种以数字化技术为基础的工业4.0的新表述。不管以何种方式走向工业4.0，所有制造业和服务业的实体经济的数字化转型是一个大的不可改变的趋势。特别是在人工智能技术快速兴起和应用的今天，制造业特别是服务业的数字化转型就成为迈向未来的智能制造和智能服务不可或缺的关键基础。

为建构基础设施运维业务差异化竞争力、提升运维服务进入新领域和新

客户的渗透力，**我在业界首创了服务开发部**，服务开发部负责开发基础设施运维服务所需要的数字化工具和数字化运维业务管理平台。这个数字化运维管理平台是将数据中心运维的国际标准（Uptime 标准）和国内质量管理部门的 CQC（中国质量认证中心）的运维标准相结合，将运维标准融合在数字化运维业务和运维管理的流程中，将基础设施运行维护中的"计划管理、人员的工作管理、事件发现与处理管理、资源使用管理、故障处理与关闭管理"等的过程管理全部实行数字化和电子化。数字化运维管理工具的开发与使用，既提升了本公司在运维服务业务上的差异化竞争力，又为提升运维行业的服务水平、改善服务质量、优化运维成本提供了新的标杆和发展蓝本。

2016 年我接手服务业务时，在交付的运维服务项目有 96 个，规模为 1.2 亿元。我将运维工具的数字化和自动化创新与运维业务拓展相结合，到 2023 年，在交付的运维服务项目超过了 200 个，年交付规模和服务业务收入达到 4 亿元。本公司的基础设施运维业务起步于通信机楼运维，发展于数据中心运维，在人工智能技术的驱动下，本公司的科技运维开始向工业园区和工业基础设施领域发展。

占据服务业务的制高点，发展咨询业务，为所有的服务业务保驾护航

全生命周期服务除了向客户提供实体服务，还可以提供虚拟服务。基础设施全生命周期咨询服务是一种虚拟服务，咨询服务是服务业务皇冠上的明珠，它包含按国际 Uptime 标准和国内 CQC 的标准，给客户提供基础设施规划、设计、建造、运维四个阶段的咨询服务和达标认证的辅导服务，是一种提升客户的规划、设计、建造和运维能力的软性服务。这种软性服务架设在全生命周期的实体服务业务之上，是一种将服务营销与服务业务融为一体的前导性服务业务，也是一种能够或多或少帮助后续的产品销售和服务销售的前卫型服务业务，可以为所有的服务业务保驾护航。我将咨询服务作为拓展

新客户的抓手业务，主要用来拓展没有购买过本公司产品和服务的客户。咨询服务也是一种将服务能力作为服务产品卖给客户的典型实践，本公司的实践证明，1000 万元的咨询服务业务可以带动上亿元的产品销售和服务销售业务。

强力落地服务业务开源策略，解决阻碍"服务无边界"发展的资源瓶颈

服务无边界是跨越现有服务市场边界和服务业务边界的一种创新的服务，这种创新跨出了公司现有研发平台、技术平台和供应平台的支撑范围；发展"服务无边界"的业务，不仅要解决做跨界服务业务的思想意识问题，还要解决跨界服务的资源短板问题。我解决资源短板问题的方法是建立一种能够组织和利用外部优秀资源的能力。我将组织和利用外部优秀资源能力的职能首先叠加在服务采购部的组织职能上，其次叠加在负责服务无边界业务推广的服务营销部门和负责服务无边界交付的交付部门的组织职能上。我以"以战养战"的概念驱动服务团队相互协作，通过服务无边界的项目来牵引外部资源的寻找、导入和使用，通过一系列的实际项目的运作，逐步建立和完善起支持服务无边界业务的外部资源池。只要客户有购买力并愿意购买，我们就可以将公司自有资源与外部资源组合起来为客户提供客户化的服务方案。"服务无边界"就是最大的服务业务的开源策略。

我带领整个技术服务团队，以服务营销变革为先锋，以服务销售业务可持续拓展为龙头，以服务交付能力持续提升为支撑，经过几年全方位的、小步快跑式的组织、业务、工具和方法的变革与创新，在外部环境持续没有改善的情况下，实现了服务业务显著的持续增长。即便是在新冠疫情最严重的时期，我所带领的服务业务不仅依然实现了两位数的销售增长，还继续保持着服务利润的增长快于服务销售增长的势头。到 2021 年年末，我用 5 年的时间将服务业绩翻了一番，其中每年的服务利润增长率比销售增

长率高 2 个百分点，服务业务占公司国内业务的比重从 18% 提高到了 30%，并继续奔向 50% 的目标。到 2023 年年末，我所创立的不足 60 人的总包业务团队，经过 10 年的内部创业努力，实现了总包业务年均增长率超过 35% 的卓越成绩。

3 重整监控业务，以数字化及 AI 技术驱动公司进入新领域

具有20年发展历史的监控产品线再次出现生存危机

我与监控产品线有不解之缘。1997 年刚加入莫贝克，我就被临时借调到销售部去解决该产品通过国家电信总局的技术检测问题。我协同全公司的资源使监控产品顺利通过了国家电信总局的技术检测，拿到了该产品进入通信网的许可证，成功获得了第一个省级通信运营商的客户准入，并代表监控产品线与该省级通信运营商签署了本公司历史上第一个产品采购框架协议；随后利用 2M 抽时隙监控传输技术的差异化战胜了所有竞争对手，使该产品不仅在刚刚兴起的无线通信局（站）独占鳌头，还使该产品线在诞生的第四年就一跃成为业界第一市场份额的产品线。

然而，在所有的竞争市场，任何技术和产品的领先都是暂时的，监控产品线起初因为莫贝克要被出售、母公司拿走了监控软件开发资源而被关闭。我以需要维护客户在线运行的监控产品为由，巧妙地为该产品线保留了一点"火种"——产品维护和服务的资源。其后，我就是利用这点保留下来的资源在艾默生时代燃起了监控产品线重启的火种。

在监控产品线从关闭到重启的 2~3 年时间内，中国本土的监控供应商迅

速崛起，技术差异化迅速缩小，随着通信主设备商进入监控产品市场和通信运营商集中采购政策的实施，本公司监控产品线的利润先是被压缩，而后市场份额第一的地位被通信主设备商夺走，同时伴生的是产品线内部管理问题：第一是工程在可部署性和可维护性上一直没有得到改善，监控的工程部署成本占据了项目成本的 50%；第二是在产品迭代升级开发中各个版本之间互不兼容，导致软件功能的客户定制功能不能在不同版本上复用；第三是监控软件平台技术逐步被竞争对手超越，监控产品线更换了三任领导都没有解决上述问题。

2019 年，监控产品线同时出现销售受困和市场受困：因复杂的交付和验收问题，产品销售人员不愿意卖这个产品；通信网的监控需求下降加上缺乏有竞争力的数据中心监控产品，导致监控业务绩效下降。在此背景下，公司管理层决策，将监控产品线划归技术服务部管理，将技术服务部改名为服务与软件解决方案事业部（Service and Software Solution BU）。

向变革和创新要监控产品线的生存出路

这是我第 N 次临危受命拯救一个走向衰败的业务。针对监控业务运营管理中一直暴露但一直不能解决的问题，我采用理顺业务管理体制、搞清业务衰退真相、以变革的方式从解决短期问题入手解决业务发展的长期问题，最终以技术和产品创新带领监控业务团队走出了困境，迈向成长之路。

第一步是通过理顺监控业务的管理体制来改善业务管理的效率。监控业务本质上不是产品业务，它类似于总包业务，带有浓厚的工程色彩，这类业务的特性需要采用从前端到后端进行垂直贯通管理的体制。为此，我采用"监控与软件事业部"的体制来解决监控业务的客户需求和满足客户需求的信息能够贯通营销—销售—研发—工程—服务全流程的问题。

第二步是搞清监控业务走向衰败的真相。监控业务损益表显示，监控产品销售规模已经不能支撑研发平台的成本，监控产品在项目竞争中的方案成本高于业界水平，销售费用和研发成本占产品销售的 40% 以上，监控业务的期间费用占据了监控产品销售额的 50% 以上。监控产品销售虽然还有低位毛利率，但运营利润（OP）是亏损的。有希望的是监控服务的销售规模接近监控产品的销售规模，监控服务销售的毛利率和运营利润率处于服务总体业务的平均水平。但将监控产品业务和监控服务业务合并后，其监控产品线的损益表上运营利润仍然是 −2.5%，监控产品线的业务有毛利但没有净利润。

从财务损益表上看，监控产品线业务走向衰败的表象是产品销售低迷、研发成本过高、产品方案的成本率高于业界水平、销售费用过高。从市场竞争的立场看，监控产品线业务走向衰败的根本原因是产品技术缺乏竞争力导致方案成本过高，产品销售竞争力下降从而产品销售下降，产品销售量下降导致了研发费用和销售费用在产品销售中的比重超高；尽管监控服务销售仍然是个挣钱的好业务，但监控服务的利润不能弥补监控产品业务的亏损。这就是公司让我接手监控产品线时的业务实际情况。

如何拯救监控产品线？我从短期止损和长期改革两个方向着手拯救监控产品线。在短期止损上，我给监控与软件事业部提出了"三降两提高"的运营策略："三降"即降低监控产品方案成本、降低产品销售成本、降低研发平台的成本；"两提高"则是用服务团队帮助提高监控产品的销售，将监控服务销售在监控销售中占比提高到 50% 以上。通过短期的止损策略先解决了监控产品线亏损的问题。我在 2019 年 3 月接手监控研发产品线业务，经过 3 个季度的努力，到 2019 年结束时，监控产品线的实际业绩在销售和利润上都比预算要好，监控服务业务在监控与软件事业部业务中的占比首次超过 50%，初步实现了监控业务的止损。

驱动长期改革，制订和推行30项拯救监控产品线业务的行动计划

监控产品线逐渐步入衰落不是一朝一夕的事，且已经"病入膏肓"：监控业务累计在网运行的有 4 个版本的软件系统和与其相关联的硬件系统，由

于开发管理上的问题，4 个版本的软件开发采用不同的开发平台和技术，导致 4 个软件之间相互不兼容，这种状况大幅增加了软件和系统的维护工作量和维护成本，因此造成不同版本的软件要用不同技术资源去维护；各功能软件之间缺乏对接口协议的统一定义，系统的互联互通费时、费工、费钱；缺乏结构化的以客户为单位的和以设备商为单位的可查询可管理的协议库建设，每遇到一个协议问题都要从协议池中以试错的方式进行大海捞针式的寻找。上述 3 个问题导致监控系统的工程部署成本和维护成本居高不下，没有一个监控工程能够按期完工，监控工程部署成本占到项目成本的 50% 以上。此外，由于市场需求的管理问题，网上运行的 4 个版本的监控产品都是围绕通信局（站）的监控需求开发的，而通信局（站）监控市场已经是一个萎缩型市场。数据中心监控市场是成长型的市场，但现有监控产品的性能、功能和技术平台都在满足数据中心基础设施的监控需求上缺乏技术竞争力和成本竞争力。监控业务的开发管理问题、营销管理问题和运营管理问题搅和在了一起，造成了本公司监控业务的困局。

治病得治根。监控产品线业务三个方面的问题需要从病根上入手进行改革。为此，我制订了拯救监控业务的 30 项改革计划，并将这 30 项改革计划和监控与软件事业部的全体员工进行沟通，从解决短期问题入手解决监控业务发展的长期问题。

关于监控业务改革的计划共包括 4 个方面 30 项改革内容。

——改善监控产品销售，消除长期增长障碍

① 实行监控业务增长的关联考核：监控与软件事业部对监控业务的总业绩负责，各销售单位对所承担的监控业务的业绩负责，监控与软件事业部对各监控销售单位的监控业绩做考核。

② 通信运营商的监控集中采购工作由服务销售和市场销售部协同工作。

③ 监控产品的在谈项目由各省代表处的服务销售团队和市场销售团队协同管理。

④ 新增监控产品项目信息由代表处的服务销售团队和市场销售团队共同

分享。

⑤ 以项目奖金激励监控交付工程师抓住铁塔监控的零星改造机会。

⑥ 发展行业 IT 集成商作为行业监控销售的渠道，拓展行业的监控市场。

⑦ 开发监控方案配置器装备监控销售人员。

⑧ 监控技术应用部对监控方案的技术竞争力、成本竞争力和可部署性负责。

⑨ 监控营销团队对监控业务的宣传、客户交流和投标中标率负责。

——改善监控工程与监控交付效率

⑩ 项目经理负责制：合并监控工程与监控交付岗位，工程与服务一体化。

⑪ 监控项目经理对监控工程造价的竞争力和损益负责。

⑫ 技术资源前置到一线：合并监控协议开发团队与监控技术支持团队。

⑬ 由监控软件开发部负责软件的客户定制和软件界面的客户定制。

⑭ 区域服务中心和监控技术服务部协同管理区域的监控服务资源。

⑮ 监控服务人员的一级考评在区域服务中心，二级考评在监控技术服务部。

——改善研发效益，变革监控技术，建立下一代技术平台

⑯ 建立监控方案成本和外购成本优化工作组，降低监控方案的料本率。

⑰ 建立软件平台升级支持工作组，统一在网运行的软件版本。

⑱ 建立软件远程服务开发工作组，逐步实现软件服务的远程化。

⑲ 建立工程易安装性可开发工作组，缩短安装工时及减少安装材料种类。

⑳ 发展中小数据中心的监控产品，提供软件二次开发功能。

㉑ 改善软件外包开发的绩效管理。

㉒ 建构新一代监控软件技术平台，新版本软件必须兼容所有旧版本的软件。

㉓ 建立客户历史遗留问题解决工作组，逐个关闭客户的历史遗留问题。

㉔ 研发考评：以当年的专项任务目标达成度进行考核。

——改善监控业务运营效益

㉕ 监控业务实行按监控合同进行预算—决算管理的台账管理制度。

㉖ 建立跨开发、服务和采购的工作组，优化监控部署成本。

㉗ 监控服务部研究辅材按场地实际状况精准发料的问题。

㉘ 服务运营管理部研究改善监控业务的现金流管理。

㉙ 设立月度运营评审会议，逐月监督业务绩效的过程改善。

㉚ 分监控产品、监控服务和监控事业部三张损益表进行财务管理变革。

我推动的这 30 项监控业务改革的行动计划是全方位的监控业务改革计划，覆盖了监控业务开源，监控工程与部署中的的降低成本与节流，监控技术的改善，监控技术平台和监控产品的优化，中小数据中心的监控产品开发，监控产品的易销售、易部署、易合作的开发，发展监控软件的远程服务技术、统一网上监控产品版本，监控业务按项目进行损益管理等。

为解决软件开发中忽视软件工程易部署性和各功能软件互联互通的问题，我将监控协议开发组从开发部前置到工程部署和服务团队，以监控项目部署为龙头建立被监控设备的、结构化的、分客户的、分设备供应商的易查询的协议库，以此提高协议开发效率、提高协议的复用率、解决工程部署难题；站在易部署性的立场以统一的 API（应用程序编程接口）标准规范每个功能软件的接口开发，以此解决软件之间的互联互通问题。

为提高监控工程和监控服务交付资源的利用率，我将监控与软件事业部下属的监控服务部的职能定义为销售、建设与维护职能一体化的团队。其中的销售是指服务销售，建设是指监控工程部署，维护是指监控系统的维护服务。监控服务部是一个 100 人的团队，这个 100 人的团队每年要承担超过 3 亿元的监控工程与服务交付业务，同时承担 2 亿元以上的监控服务销售任务。

以需求为导向，以创新和变革为抓手，实现技术突围和业务突围

上述 30 项改革行动计划，在随后的若干年的时间里逐步得到了落实。其中监控销售的开源是重点，监控产品的技术提升是支撑。要解决监控销售的开源问题，就必须将监控产品的销售由萎缩的通信监控市场向数据中心监控市场转移。但这种销售市场的转移需要监控产品技术给予支撑，而现

有的监控产品技术不能完全满足数据中心监控市场的需求。公司不可能对亏损的产品线提供额外的资源来开发数据中心监控产品，监控与软件事业部也不可能等到有了数据中心监控产品再去拓展数据中心的监控市场。既然两个都是不可能，**那就把两个不可能的事情放在一起来寻找可能的解决之道。**为此，我提出了开发数据中心监控的项目，以多个数据中心项目的交付成本作为投入来分步开发数据中心监控技术平台及其监控产品。这是"就汤下面"式的把两个不可能变成可能的策略，这里的"汤"就是数据中心监控项目，这里的"面"就是数据中心监控技术平台及其监控产品。我推动监控开发部在预先制定好的数据中心监控技术平台发展规划的前提下，从多个数据中心项目的非标开发中搭建出数据中心监控的技术平台和数据中心的监控产品。

说干就干，有个著名的互联网头部企业招标数据中心监控，销售团队买了招标书却不敢去投标，原因是监控开发部认为我们的监控产品技术不能满足招标要求，需要投入大量的资源做非标开发，而非标开发成本很高，又不能确定这个项目能否挣到利润。我推动监控事业部先用 DEMO（演示版）去投标，所有的技术指标都先承诺，赢得项目后再用项目费用去开发所承诺的技术指标和功能。很幸运，我们赢得了第一个超大型数据中心监控的合同，并以此走上了"就汤下面"式的新监控技术平台建设和数据中心监控产品的开发之路。虽然这个项目的交付过程很痛苦、很艰难，但最终我们获得了成功。有了第一个大型数据中心监控项目成功交付的案例，监控与软件事业部接二连三地赢得了其他互联网头部企业数据中心监控合同和数据中心托管企业的数据中心监控合同。监控与软件事业部通过这些项目交付中的非标开发，逐步完善了数据中心监控技术平台和数据中心的监控产品。我的"就汤下面"策略，既解决了拓展数据中心监控市场的难题，又解决了数据中心监控产品开发的难题。在公司没有对监控和软件事业部业务追加投资的情况下，以战养战，用一系列非标合同的交付成本作为投入，开发出了极具竞争力的监控软件平台和数据中心监控产品，成功闯出了一条以销售项目养新产品开发的新路径。

令人欣喜的是，通过以上创新性实践，监控软件平台得到了统一，为解决新软件版本与所有旧监控版本兼容的问题，监控开发部将两个版本的软件开发团队合并成一个软件开发团队，将软件的技术平台升级到 V.6 版本（简称 S6）。S6 不仅解决了技术平台领先竞争对手 2~3 年的问题，也解决了用同一个版本应对通信基础设施和数据中心基础设施监控的问题。S6 的第一版实现了电信监控与数据中心监控的功能兼容问题；第二版解决了电信监控和数据中心监控功能的技术融合问题；第三版解决了电信监控和数据中心监控的数据库融合问题。至此，监控产品彻底解决了项目方案成本的竞争力问题。

瞄向中小数据中心市场，发展出监控工作站

监控与软件事业部在大型数据中心监控市场获得突破和成功之后，我进一步推动其基于 S6 的监控技术平台开发一款应用于中小数据中心的监控产品。中小数据中心与大型和超大型数据中心监控产品的差异很大，它是竞争对手的优势市场和盈利市场，也是公司监控产品线一直想进入又无法进入的市场。这个市场的特点是每个监控项目的金额不大，功能简单但齐全，产品要求易部署、易维护，因为大部分是通过渠道商进行销售，所以要求产品易于合作（渠道商可以做二次开发满足客户的一些报表开发上的要求）。基于这种状况，我将上述的中小数据中心监控开发放到了 30 项改革的行动计划中。

监控与软件事业部为中小数据中心开发了一款以软件集成硬件的，集采集、计算和存储于一体的监控工作站（work station）。该监控工作站承载了轻量版的 S6 数据中心监控系统，该监控软件在工厂预装和激活，现场只要将传感器通过 RJ45 的接口接入工作站，监控系统即可开始工作。监控营销部为工作站开发了配置器，监控销售人员和渠道商在了解客户需求后可以用配置器自己配置监控系统。监控开发部开发了一个软件二次开发包，渠道商

可以用这个二次开发包自己根据客户需求开发非标报表。监控工作站还能够支持软件的远程服务，客户或渠道遇到协议问题和软件问题可以向本公司的软件远程服务中心救助，由该中心远程提供软件服务。监控工作站完全实现了30项监控改革计划中监控产品易销售、易部署、易合作、易服务的"四易"要求，既可以进行直销，也可以由渠道进行分销。

监控工作站以其"四易"的特性和功能及性能的优势，稳步渗透进分布广泛的行业数据中心监控市场。

向软件业务转型，以新产品渗透工业制造业和公共基础设施服务业市场

软件业务虽然具有很好的客户黏性，但由于本公司的监控产品起步于中国通信运营商市场，在通信市场监控产品的招标和采购中是将软件以硬件产品的形式进行招标和采购的，软件体现不出自身的价值。随着通信运营商通过硬件集中采购的方式压低价格，通信运营商的监控市场对供应商而言逐步失去的了价值，各监控产品的供应商也停止了对监控软件平台的升级开发。但是，在以行业市场为主导的数据中心监控市场，客户或多或少承认监控软件的价值，这就是为什么在数据中心监控市场的竞争中客户一定要以 DEMO 方式来对比各供应商的软件功能界面，而不是像通信运营商那样只对比各供应商硬件采集器的原因。

本公司是通信运营商监控市场的最早进入者，曾经是通信监控市场的主流供应商，正因为在通信监控市场获得的成功阻碍了监控技术平台向数据中心监控方向的发展，少数在通信监控市场发展不成功的供应商转向投入中小型数据中心的监控产品开发反而获得了成功。当本公司意识到通信监控市场需求开始萎缩而转向数据中心监控开发时才发现，这个市场留给公司的拓展空间已经很小，因为中小数据中心的大规模建设期已过，能做的是中小数据中心的监控改造和替换市场。大型和超大型数据中心监控市场需求增长快但总体需求规模不大，所不同的是其技术要求要远比中小数据中心的监控技术

要求高。当我带领监控与软件事业部发展出数据中心监控产品并成功进入了数据中心监控市场时发现：由于通信监控市场作为主需求市场还在继续萎缩，即便是解决了在数据中心监控市场的销售增长问题，也不能解决监控业务在总规模上继续增长的问题。因此，监控业务需要进一步改革，改革的方向一是要将监控产品从硬件销售方式转向软件销售方式；二是要以监控平台作为基础发展工业制造业基础设施和公共基础设施管理软件，以拓展工业基础设施和公共基础设施的数字化管理市场。

将监控产品由硬件化销售转向软件化销售的意义不仅是软件销售可以享受政府软件退税的好处，更重要的是随着人工智能技术的发展和其在基础设施的管理优化中的应用，软件在提升工业和服务的数字化水平上将发挥越来越重要的作用。管理软件技术与 AI 技术的叠加为工业制造业数字化和工业服务业数字化提供了软件解决方案，以数字化和智能化开启的产业化升级和这个升级所推动的数字经济就是一个以软件业务为主导的新市场。

监控与软件事业部随之开始将 AI 技术叠加到监控软件技术上，以推广软件业务的形式在老的监控客户中推广基础设施的节能优化软件业务，如空调的 AI 节能软件、电池的 AI 管理软件业务，将监控的硬件销售形式向软件销售方向转化，客户也开始接受这种转变。传统监控客户的这种转变一旦成功并普及化，本公司就可以基于原有的监控硬件市场以管理数字化叠加 AI 的管理智能化软件来重新推动一场满足监控数字化管理需求的软件升级，就可以进一步将监控的软件平台向工业基础设施和公共基础设施数字化管理软件平台方向转变。

中国是世界工厂，监控业务最大的新业务增长市场是改革开放 40 年来留存下来的巨大的工业制造业市场，这个市场的数字化水平比数据中心和 IT 行业要落后 10 年。我国政府制定的环境保护目标，给以软件技术进军工业制造业服务业和公共基础设施服务业提供了机会和可能。为抓住这个未来的市场，我推动监控软件事业部基于具有技术竞争力的监控技术平台，以监控接入技术为基础，发展企业版的综合能源管理软件。该软件以工厂的电、水、气、油等综合能源供应与消耗的计量为基础，帮助工厂盘整出产品生产过程的碳足迹和在线实时进行碳披露，未来还可以支持碳交易。

此外，以数字化的软件技术可以帮助工厂进行综合能源管网的健康管理、综合能源供应的安全管理、综合能源消耗的效率管理、厂务基础设施的健康管理和支撑工厂的数字化厂务运维管理等。

该综合能源管理系统一经发布，本公司很快就获得了某大型汽车制造工厂、某玻璃制造工厂、某机电设备制造工厂、某数据中心企业和某通信运营商等企业的迅速响应，这些企业开始采购和应用本公司的综合能源管理软件。

基于综合能源管理软件，我进一步推动监控与软件事业部将其软件功能继续扩展到用户侧的储能站及储能安全管理、工厂和工业园区的绿电使用计量管理，这样，综合能源管理软件就能够进入工业园区和商业园区进行使用。综合能源管理软件未来会迭代发展成工厂和企业的碳管理软件。由**综合能源管理软件升级为碳管理软件的三个撒手锏功能是：在线碳披露、自动生成碳报表、为客户自动提供产成品的碳标签。碳披露的功能满足政府监管的需求；碳报表满足上市公司的需求；碳标签满足客户将自己的产品植入目标客户的绿色供应链的需求。**

碳管理市场是未来最为广阔的市场，碳管理软件未来的用户会覆盖所有的行业和领域，我在退休之前，将本公司的软件业务引领到了面向未来的航道口。

提高软件开发成熟度水平，夯实软件发展的基础，变身为软件企业

我将软件定义为帮助服务业务拓展新领域和新客户的抓手。软件要从使用情景单一的通信局站和数据中心迈向使用情景多样且复杂的制造业服务业和公共基础设施服务业，软件技术平台要从互联网迈向物联网，其软件开发

的技术成熟度就成为最重要的软件发展的基础。为此，我推动监控与软件事业部在 2019 年获得了 CMMI3 的认证、在 2020 年获得了 CMMI5 1.0 版本的认证、在 2022 年获得了业界软件开发成熟度最高水平的 CMMI5 2.0 标准认证。这标志着本公司的软件开发在过程优化、持续创新、定量管理和持续改进方面达到了业界最高的标准；标志着本公司的软件开发表现出了高度的工程能力和管理能力，表现出了组织目标实现的能力，在业界保持了竞争优势。

在强调信息安全的年代，将监控与软件业务从互联网领域推向物联网领域时，除技术成熟度外，软件安全是一个必须解决的问题。为此，我推动监控与软件事业部在 2020 年获得了欧盟的软件开发安全体系认证、2021 年获得了软件企业资质、2021 年获得了公安部三所的软件和硬件的安全测试认证、2022 年获得了软件的 CCC 认证和 CE 认证。

我带领监控与软件事业部通过落实 30 项改革与创新的行动计划，彻底改变了监控业务的颓势，重新获得了新的竞争优势，在守住通信监控市场的同时开拓了数据中心监控市场，并开始渗透工业制造业服务业和公共基础设施服务业市场。监控业务从原来拖后腿的衰退型业务变身成为拓展服务新领域和服务新客户的尖刀型软件业务。

监控业务在 2019 年当年就实现了止损，2020 年开始盈利，到 2023 年监控服务业务继续增长，在监控业务总体持续增长的基础上监控服务业务支撑起监控与软件事业部 80% 的销售和 100% 的利润。

可喜的是，维谛全球其他区域的公司对中国团队将软件业务创新性地扩展到工业服务业和公共基础设施服务业的实践表现出浓厚的兴趣，开始与中国团队探讨将中国的软件产品应用到欧洲、中东和亚太地区的可能性。

4 在新经济环境下企业重整再出发

通信业务发展进入天花板时代给业务增长带来挑战

1995 年本公司作为创业公司，起步于中国通信网的发展，一路成长也得益于中国通信网的发展，伴随 2G、3G、4G 和 5G 通信技术的部署，包括本公司在内的以进口替代为主题的中国本土通信产业的发展蓬勃兴起。但是潮起就有潮落的时候，当中国的通信运营商将各类通信网和互联网部署完之后，通信网和互联网建设就进入了天花板时代，依靠通信网投资而生存的企业也就进入了成长的瓶颈期。我国通信网市场依然是拥有一定存量需求的市场，是一个充分竞争且客户强势的市场。在这个市场，供应商的研发投入只能在集中采购中以微利的方式换取一定的销售份额，这个销售份额对企业的功能已经不是获取利润而是摊薄生产线或供应链在产成品上的单位制造成本。所以这个市场不能放弃，仍然需要保持规模。

互联网业务发展趋缓给业务增长带来的挑战与新机会

中国互联网市场是继中国通信网之后跳跃式发展的市场，这个市场的辉煌期也是在 2021 年之前，辉煌的标志是中国市场服务器采购量的持续增长。在此期间，中国 5 大互联网头部企业高速扩展数据中心建设，托管型数据中心的企业数量和企业规模快速增长，如云服务业务、网购服务业务、互联网金融、网络娱乐等。正是中国互联网市场的跳跃式发展，帮助本公司实现了销售市场结构的转型，这个转型始于 2010 年左右，发展于 2014—2021 年，本公司利用这个互联网大发展的窗口，基于 UPS 和机房空调产品，基于工厂制造的集成化数据中心解决方案，通过提升数据中心规划、设计与建造能力，加强互联网市场服务能力建设，并拓展服务业务，重整基础设施管理软件业务，成功抓住了这个机会窗口。公司正是因为抓住了这为期 10 年的互联网业务大发展的机会窗口，弥补了通信网市场需求下降带来的业务不足，使公司在守住了通信网这个市场的同时发展起了互联网和数据中心领域的业务，拉动了总体业绩的稳步增长，公司在维谛全球公司业绩中的地位排序也因此不断提高。

然而，自 2022 年开始，中国互联网市场发展放缓，原本可以在人工智能新科技带动下拉起互联网第二波发展浪头的市场，与中国所有其他市场一样，因受国际关系变化和国际贸易变化影响依然呈现放缓状态。中国政府在提出发展数字经济战略的同时，进一步提出加快形成以国内大循环为主体、国内国际双循环相互促进的新发展格局战略。在这个战略下，尽管有挑战，但中国互联网市场依然保持一定的发展速度，其发展的动力部分来自中国本土发展人工智能的政府和商业双重驱动，部分来自工业向智能制造升级中工业物联网和工业数字化转型的推进。

在宏观经济低速增长环境下投资者要求年回报率达两位数给企业管理者带来的挑战

我服务的公司是扎根中国本土的国际化上市公司，公司的经营决策受投资者驱动。在上市公司中，有实际控制人和没有实际控制人的体制在经营决策上是有差异的。本公司是有实际控制人的上市公司，公司的实际控制人具有投资者和经营者双重身份，实际控制人不仅要经营的结果，也参与企业的经营决策。这种机制就决定了企业经营决策更多的是站在投资者的立场，而不是企业自身的立场。

无论宏观经济如何，销售增长要两倍于所在国的 GDP 增长是总部对旗下所有企业编制年度预算的标准要求，此外，无论销售增长如何，利润增长率的底线是两位数，而且要比销售增长高若干个百分点。这些绩效指标对所有企业经营者都是大考。

中国的宏观经济呈现出的是个位数的增长。在此条件下，2024 年本公司承接的销售增长率指标是要达到 GDP 增长的两倍，其利润增长率指标达 15%，是中国 2023 年 GDP 增长率的近三倍。本公司的企业经营管理者如何挑战这个不可能？！

企业需要新的成长方向和进行新的突围：在增量市场不足的环境下从存量市场寻找突围方向

本章前两节阐述了本公司赖以生存的通信网市场和互联网市场，通信网市场的发展早已进入天花板，互联网市场在经历了长达 10 年的跳跃式发展后进入缓慢增长期。显然，这两个市场都不能支撑本企业的利润增长近三倍于 GDP 增长的业绩目标。这需要本公司基于自身的能力基因去寻找新的可以进入的市场，需要通过扩大能给本公司产生利润的"土地"的面积来满足利润增长目标。在无明显增量市场可寻的情况下，我们只有把眼光转向 40 年改革开放沉淀下来的存量市场，这个存量市场就是庞大的中国制造业和将 14 亿人口连接起来的公共基础设施服务业。中国制造的总量是美国、德国和日本制造的总和，中国公共基础设施是把 14 亿人口及其居住、生活和工作场地连接起来的公共基础设施，中国的公共基础设施包含机场、高铁、地铁、港口等在内的基础设施，其规模超越了世界上 GDP 排名分别为第一、第三和第四的美国、德国和日本的总和。本公司要基于自己的能力基因，在坚守住通信网市场和互联网市场的基础上，向工业制造业和公共基础设施业的存量市场方向突围。

企业管理者永恒的作业：不断重整再出发—进军中国智能制造市场和公共基础设施市场—产品与服务

将企业发展为百年老店是所有企业经营者的梦想，要实现这个梦想就需要每一代的企业经营者不断挑战不可能。**"从不可能中寻找可能"**是**"挑战不可能"**的方法论。对本企业而言，要突围冲向中国智能制造市场和中国数字化公共基础设施市场，首要做的是对自己的能力基因进行改造。本公司初始的技术基因是**"风、火、水、电"**，是基于通信网和互联网基础设施以电力电子技术为背景的供配电、制冷（风冷与水冷）、基础设施管理软件的基因；为突破通信网市场的增长瓶颈，在随后的发展中，本企业发展起基础设施集成化设计、建造能力的新基因，这个新基因帮助本公司成功地从产品型公司迈向了解决方案型公司。正是这个转型，帮助公司抓住了互联网大发展的机遇。为了使企业的利润增长快于企业的业务增长，本公司率先在业界以加快发展服务业务的方法，再造了服务能力的基因，这个基因将产品服务、解决方案服务和总包服务串成了可以独立发展的生生不息的业务生态链，将基于数字化的虚拟化、可视化和自动化服务技术与基础设施实体结合起来，发展出数字孪生的服务技术。总包服务能力基因的成功再造，帮助本公司顺利地从产品型公司和解决方案型公司向总包服务型公司方向转化。这种转化确保了本公司的服务业务、软件业务和总包业务在产品业务增长维艰的情况下继续稳步增长，服务业务继续在向占据企业业务半壁江山的方向奔跑。服务业务携手软件业务已开启迈向工业制造业服务和公共基础设施业服务之旅：服务业务开始以服务 4.0 的营销概念、以制造业数字化厂务运维服务和公共基础设施数字化运维服务、以制造业基础设施机电服务和公共基础设施机电服务、以工程产品化服务、以综合能源管理和碳管理软件服务渗透中国智能制造服务市场和公共基础设施服务市场。

2024 年是本公司进行产品技术基因再造的元年，当本公司进入智能制造和公共基础设施市场时，"风、火、水、电"产品能力适应性就成了瓶颈，这需要基于现有的分产品线开发的能力基因再造出适应新领域和面向未来的进行跨产品线设计和开发新产品的能力基因。中国的"双碳"战略为这种"基因再造"提供了有力的政策支持和市场激励。在可见的未来，基于用户端的"双碳"政策落地，本公司将增加以太阳能为主的即发即用的光电集合型产品、光储光伏型产品、直流—交流混合微网产品、与 ESG 相关的碳盘整碳管理产品等。本公司需要以新的跨产品线设计和开发能力基因的再造来挑战目前的这种不可能；敢于挑战才有出路，敢于挑战才有未来，敢于挑战才能将不可能变成可能！

5 以企业人才的可持续发展造就公司的可持续发展

企业从人才流入到人才流出的转换是社会发展的活力所在

企业发展依靠人才，创业企业存活和发展更加需要人才。本企业创业起步于市场经济改革初期的 1995 年，恢复高考后，体制内多年积累的人才资源为创业企业提供了丰富的人才储备，那些在各类研究所、各类大学的专业人才是那个时期所有创业企业的创新源泉。如果没有恢复高考后十多年的各类专业人才的积累，就不可能有创业企业雨后春笋般的发展。

然而，企业发展是经历不同阶段的，各个阶段对人才需求的特性也是有差异的。对初创企业而言，招募销售与开发这两类人才对企业的生存和发展最为重要，销售人才解决产品从企业到客户的问题；开发人才解决产品从无到有的问题。当企业发展到一定规模时，营销人才和供应链人才就会成为企业重点招募的人才。而此时的销售人才需求类型也会发生改变，企业在创业初期需要的是个人销售能力很强的，有单兵作战能力的销售人才，当企业发展到一定规模后是由销售组织来解决产品从企业到达客户的问题，此时的销售人才除个人能力外，较高的团队协同作战能力就成为企业新的阶段对销售人才的能力要求，早期进入公司单打独斗的销售人才如果不能适应这个要求，则要么在企业内部转岗，要么辞职加入其他处于创业期的企业。开发人员也是一样，创业企业初期都喜欢招募开发的多面手，一个开发人员可以做宽频的开发工作；当企业发展到一定规模之后，开发的分工会越来越细，此时，企业更喜欢招募的是窄而精的开发人才，在此阶段，那些早期进入企业的宽频式开发人才要么升为开发主管，要么内部转岗流动到面对客户工作的产品营销岗位或销售岗位，要么辞职。企业所有的岗位都存在人才流动，这种人才的流入和流出对本企业而言是人尽其用，保持岗位和组织的活力，对社会而言是市场这只"无形的手"作用下的人才资源配置。没有人才流动就没有企业的组织活力，社会也就没有了活力。

头部企业"黄埔军校"的宿命

所有行业的领头羊企业无论是否愿意都扮演着为社会培养人才的孵化器功能。本企业自创业开始至今 29 年，每年的主动离职率远高于被动离职率。被动离职属于绩效优化的离职，主动离职主要是因被竞争对手挖走而离职，少数属于自己辞职去创业的。这些创业公司大都从创业者原来工作过的公司招募员工。从 2005 年第一波员工辞职创业算起，18 年间本公司员工出去创业开办的公司不少于 15 家，其中已经上市的至少有 7 家。行业领头羊企业不自觉地承担了技术辐射和人才孵化的双重社会责任。从技术辐射上看，本公司员工出去创业的，100% 都是在本公司的技术领域里进行创业，部分创业企业还形成了与本公司的竞争，但大部分创业企业后来都是在新领域发展业务。

将"铁打的营盘流水的兵"作为保持企业组织活力的策略，但要防止出现人才断层

从本企业的实践经验来看，如果连续几年年均人才流动率低于 5%，企业和企业中的组织就会出现人才沉淀，其沉淀的表现是职业创新减少，大部分人的工作如同流水线上的重复劳动。如果连续几年年均人才流动率超过 15%，企业就会出现人才断层，严重的会影响组织的正常职能。本企业

每年从大学招募的员工远大于从社会招募的员工，本企业的实践表明，3年内的新员工和8年以上的老员工是企业最稳定的员工层。大学招募的新员工在进公司的前两年基本处于学习和实习阶段，其对公司的贡献很少但培养成本很高，该阶段每个新员工每年的培养成本大约在几十万元人民币，新员工第三年才开始独立承担工作职责并为企业做贡献。竞争对手最喜欢从行业头部企业猎挖3年以上8年以下的员工，其原因是这个工龄段的员工猎挖的性价比高，竞争对手可以简单地提高被猎挖员工的薪酬就把能独当一面的人挖走，竞争对手因此而减少了培养熟练员工的成本。8年以上的老员工要么已经位居管理岗位，要么已成为技术或业务骨干，要么是只求稳定工作环境不求更高的职业发展的员工。如果企业连续几年每年流出的15%的员工中主要是3~8年员工的话，这个企业连同相关组织也会渐渐地丧失创新能力和组织活力：工龄3年以下的员工基本没有创新能力，8年以上的绝大多数员工的创新能力也严重减弱，因为这部分老员工已经习惯于以老套的工作方式来达成业务目标。对企业和组织而言，最有创新能力的员工是工龄在3~8年的员工。基于上述的分析，要保持住企业和组织的活力及创新能力，企业人力资源管理的核心就应该是通过人力资源政策，将企业人才的流动和置换率控制在5%~15%，在这个前提下，提高8年以上员工的流动率或置换率，提高3~8年员工的保留率。维持这个结构是保持企业和组织活力及创新力的人才基础。

将"0到1"的人才与"1到N"的人才组合以应对企业在不同发展中的难题

0到1的人才是稀缺资源，这类人才的作用是把事情从无做到有，能破解别人解决不了的难题，是能为企业看清技术发展方向的人、能看清市场发展方向的人、会识别人和用人所长的人、勇于尝试新方法和新路径去追求目标的人。0到1的人才一是难招，二是难留。难招是因为迄今为止人力资源系统还没有一套有效识别出0到1的人才的方法，0到1的人才难留，如果不能被放到发挥作用的岗位上很快就会流失。因此 0 到 1 的人才是可遇不可求的人才。企业管理者和企业人力资源管理者要在现有企业人才中发现并使用好 0 到 1 的人才。要使企业可持续发展，将其发现的 0 到 1 的人才用在技术创新、业务创新、市场创新、运营创新和管理创新上是投入最小效益最大的人力资本投资。

企业的创业者自己就是 0 到 1 的人才，创业企业能否成功也依赖于创业者能否为关键岗位招募到 0 到 1 的人才。成熟企业的技术创新、产品创新、市场突围、企业发展方向的调整、企业能力基因的改造等也都需要 0 到 1 的人才。如果一个企业面对困境时从上到下都一筹莫展，首要的问题就是这个企业在各个层面都缺乏 0 到 1 的人才。

1 到 N 的人才是最广泛的也是最适用的人才，企业规模性发展要在找到了发展轨道和导入发展轨道之后，主要依靠 1 到 N 的人才来放大和扩张创新的成果。从这个角度看，1 到 N 的人才是 0 到 1 的人才的追随者。企业的可持续发展需要依靠企业的管理者和人力资源管理者有机地将 0 到 1 的人才与 1 到 N 的人才在企业的各个业务层面进行组合，将创新与规模化实施结合起来。

我在本公司的 27 年中，成功破解难题的实践就是有机地将 0 到 1 的人才和 1 到 N 的人才组合使用的实践：将创新与变革落地，将落地变成规模，将规模变成业务发展的引擎。

培养人才的思维方式是企业培养人才的关键

我在本公司 27 年的实践证明，只对现有人才做技术培训和岗位培训并不能解决企业人才与企业共同发展的问题，因为所有的技能和岗位职能都会随着企业的发展而过时，企业的培训往往是落后于实际需求的；不解决人才与企业一同成长的问题，管理者在人才使用上会深陷于**"南辕北辙"**的窘地，企业最经济的人才培养策略就是将**"外驱型"**的现有人才转变成**"内驱型"**的能够**"自我突破"**的可发展人才。绝大多数的人才属于"外驱型"人才，只有少数人天生属于"内驱型"人才。我在本公司的 27 年里之所以能够不断创新，并将创新成功落地转化成企业成长动力，原因之一就是我对所管理过的团队进行思维方式培训和培养，我将其总结为**"职业经理人成长的十大军规"**。我对自己直接管理的团队做"十大军规"课程培训，并将"十大军规"培训的内容磨碎在日常的业务沟通中进行讲解。职业经理人成长的十大军规如下。**①走下象牙塔：放低自我。②永远有追求：目标、激情、投入一个不能少。③机会从来不平等：准备在先。④从无知走向高认知的捷径：掌握方法论。⑤做正确的事：保证方向正确。⑥将平凡的事做得有灵魂。⑦提高自己的情商：MBA 学不到的能力。⑧做一个打不倒的人：市场不相信眼泪，不同情弱者。⑨失败，要从自己身上找原因，让失败成为成功之母。⑩追求崇高：忠诚、正直、有底线、外圆内方和不断做得更好。**

我的"十大军规"培养的是团队人才的成熟心智：随着环境的变化和业务的发展要不断否定自我，不能让昨天成功的经验成为自己走向未来的绊脚石，凡事要首先从自己身上找原因，掌握解难题的方法论，敢于直面竞争和困难，勇于接受挑战，不求做得最好但求做得更好，等等。我给所带领过的产品与营销团队、西安公司团队、总包团队、服务团队和监控与软件团队等都做过不止一次"职业经理人成长的十大军规"的培训，我所管理的所有业务的成功都离不开这些团队的各级经理和骨干人才的自我成长。"内驱型"人才的培养是解决企业人才与企业同步发展的方法。

以人才储备策略应对人才流失，保障人才供应不间断和可持续

在市场化的环境中，企业间的人才竞争和人才流失是不可避免的，企业保留人才的策略受成本约制，任何政策都不能完全解决人才流失问题。企业间相互挖人的大战，都是围绕核心人才展开的，挖人的手段无非是高薪酬，或给予股权激励，或画个未来上市的饼，或给予更高的职务等。而恶性挖人的企业则是以摧毁与其竞争公司的创新能力为目标，进行大面积的挖人。所以，企业要保持创新的不间断和创新的可持续性，除了要设立保留人才的政

策，还要建立各类管理人才的后备梯队。当管理人才被挖之后一是要防止其带走骨干，二是要立刻用替补者接手管理岗位，稳住团队并保证业务的连续性。所以，管理人才的储备是一项由更高阶的主管亲自操刀与人力资源部门共同实施的"做而不说"的备胎计划。大部分企业的备胎计划都是由现任主管给自己选择1~2个接替者。我基于人性的观察发现：在下两级主管给自己选择接替者的计划中真正有能力接替的人选不多，因为，选择者担心自己被接替。所以，我为每位所辖的下两级管理者都选择了三个接替者，将这三个接替者分为"即时可以接替者、一年后可以接替者、两年后可以接替者"，这是为明天和后天储备各级管理者的策略，这个备胎计划每年要审视和滚动刷新一次。我的这个策略成功应对了竞争对手的连续疯狂挖人行动，极端的例子是以储备的人才对同一个管理岗位连续做了三次替补。人虽被挖走，但公司业务仍然按照既定的航道前行。

用数字化、自动化和AI技术来应对人力资源短缺和人才流动

从创新实践看，将人才的经验和智慧沉淀到数字化工具和数字化技术平台是应对人才流失的最好的手段。数字化的工具和数字化技术平台在解决经验分享和降低人才技能要求上有着独到的作用。数字化技术平台可以把原来需要有经验的人才能进行的检测、测量、描述、要素组合和要素管理的能力先进行标准化的能力颗粒度界定，再赋予这个能力颗粒度一个唯一的数字代码，以唯一的数字代码把人才的能力沉淀在数字化工具和数字化技术平台上供从业者分享。普通的从业者只要学会了数字化工具和数字化技术平台的使用方法，就可以承担原来需要有经验的人才能从事的工作。我创建的总包事业部之所以能够成功应对人才不断被挖和流失给总包业务发展带来的影响，其秘密武器就是用混合现实技术（将增强现实技术的数字化工具与虚拟现实技术的数字化工具拟合使用）和4大系统及其20多个子系统的逻辑仿真结合形成数字化孪生技术平台（虚拟与现实1∶1的，可以进行互动的数字化、智能化和自动化的技术平台），以这

个数字孪生的技术平台训练总包的新进入者。在数字孪生技术平台上，只要花很少的时间，新进入者就可以借助数字化工具和平台在熟手的指点下独立承担起资深架构师、资深设计师和资深工程项目经理才能承担的总包工作。2023 年发布的 ChatGPT 和 2024 年发布的 Sora（以文字直接生成视频的技术）已经可以让数字孪生技术承载更多的人的经验和智慧供普通人使用。数字化工具和技术平台在 1+N 人才竞争上是最好的防守工具，同时也是业务上最好的进攻武器。我认为，无论数字化技术如何发展，即便是达到了"元宇宙"的水平，工具仍然不能解决如何留住 0 到 1 的人才的问题。0 到 1 的人才保留需要企业管理者的眼界和智慧，需要有对 0 到 1 人才的正确使用方法，更需要有包容创新的文化和与之配套的人力资源政策。

企业的可持续发展离不开企业人才的可持续培养和使用！